駿甲相三国同盟

今川、武田、北条、覇権の攻防

黒田基樹

角川新書

はじめに

戦国大名は、存続のために隣接する大名と戦争と外交を繰りひろげていた。戦国大名の外交戦略として最も重要であったのが、他国の大名家との同盟であった。戦争には費用がかかり、人的・物質的な損害も大きく、戦争をし続けることは難しい。また抗争関係にあった相手と、同じように敵対関係にあった大名家とが、共同して相手にあたることは効果的な戦略であった。このような戦国大名家の同盟戦略は、戦国時代も半ばを過ぎた頃、各地で一国以上を領国としたものが登場すると、頻繁にみられるようになる。

戦国大名家同士の同盟には、いくつかの性格のものがあるが、相互の結び付きが最も強固であったのが、婚姻関係を媒介にした攻守軍事同盟であった。その同盟は、「親子兄弟同前の間」と認識され、互いに援軍を送りあう、というものであった。戦国大名家同士の同盟といえば、織田信長《おだのぶなが》と徳川家康《とくがわいえやす》の「清須《きよす》同盟」が例としてよくあげられるが、それは信長・家康が著名であるからにすぎない。むしろ戦国大名家同士の同盟関係として、その規模・期間の長さからいって、最も代表的とみなされるのは、本書で取り上げる「駿甲相《すんこうそう》三国同盟」であった。一般的に戦国大名家の同盟は、二つの大名家間のものであったが、この三国同盟は、戦国時代のなかで唯一、三つの大名家で結ばれたものであった。そこからも、この同盟の特異性がうかがわれるだろう。

駿甲相三国同盟は、駿河《するが》今川《いまがわ》家・甲斐《かい》武田《たけだ》家・相模《さがみ》北条《ほうじょう》家の三つの戦国大名家が、互いに婚姻関係をともなって結んだ強固な攻守軍事同盟であった。「甲相駿三国同盟」と呼ばれることが多いが、決まった名称があるわけではない。現在の外交関係においても、日本側が「日米」「日中」などというのに対して、相手方が「米日」「中日」などというのと同じである。そのため「甲相駿」と呼ばれてきたのは、あくまで慣例上のことである。三大名家のなかで、かつては武田家の研究が進展していたためにその呼称が多用され、定着したにすぎない。

本文でも述べるように、当時の朝廷や室町《むろまち》幕府は、三大名家について序列を明確にしており、それは今川家・武田家・北条家の順であり、その序列が乱れることはなかった。三大名家の立場は、戦国大名家としての社会的地位は同等であったが、政治的地位には格差が存在し、朝廷・幕府の中央勢力はその序列に基づいて三大名家を扱っていた。そのため、この三国同盟については、三大名家の政治的序列に従って、「駿甲相三国同盟」と称するのが最も適切であると考えられるため、本書ではこれを使用する。

この駿甲相三国同盟は、戦国時代も後半を過ぎた天文《てんぶん》二十年（一五五一）に形成され、それから一七年後の永禄《えいろく》十一年（一五六八）に解体、足かけ一八年におよんで続いた。なお形成時期は、一般的には天文二十三年とされることが多い。しかしそれは、同盟にともなう婚姻関係が最終的に成立をみた時期にあたり、同盟関係の成立と同義ではない。三大名家相互の同盟関係は、同盟にともなって結ばれた三組の縁組みの婚約が成立した天文二十年ととらえるのが妥当である。つまり、互いの同盟が形成されるのとあわせて、縁組みの婚約が成されたと理解すべきである。そのため本書では、三国同盟の成立は、互いの婚約が成立した天文二十年とする。

三国同盟が成立した時期、三大名家それぞれの当主は、今川義元《よしもと》（一五一九～六〇）・武田晴信《はるのぶ》（のち法名信玄《しんげん》、一五二一～七三）・北条氏康《うじやす》（一五一五～七一）であった。最年長は氏康で、最年少は晴信であったが、その年齢差は六歳にすぎず、いずれも同世代であった。その後、今川家で義元から氏真《うじざね》（一五三八～一六一四）に、北条家で氏康から氏政《うじまさ》（一五三九～九〇）に当主が交替されて、二代に及んで三国同盟は継続されるものとなる。その二代目も、ともに同世代にあたっていた。

また同盟成立時、今川家は駿河・遠江《とおとうみ》と三河《みかわ》の大半を領国とし、武田家は甲斐を本国に信濃《しなの》経略をすすめていて、およそ川中島《かわなかじま》四郡・木曾《きそ》郡・下伊那《しもいな》郡以外を領国化していた。北条家は相模・伊豆《いず》・武蔵《むさし》南部（河越《かわごえ》領以南）・下総《しもうさ》（葛西《かさい》領・千葉《ちば》家領国）・上総《かずさ》北部を領国化していた。いずれも全国的に有数の領国を形成する大規模戦国大名として存在していた。その三大名家が、互いに婚姻関係をもつ強固な攻守軍事同盟を形成したのである。

三大名家は、互いに婚姻関係をともなったことで「親子兄弟同前の間」の政治関係にあり、また「鼎《かなえ》の三足」のように互いに連携しあった。それはまさに一つの政治勢力として存在し、周囲の政治勢力からもそのように認識された。三国同盟によって、三大名家が一体となった巨大な政治勢力が東国に創り出されたのであり、その後の東国の戦国史の動向を大きく定めていった。それにより今川家は東海地域で、武田家は信濃・上野《こうずけ》で、北条家は関東でそれぞれ領国の拡大をすすめていき、さらに三大名家の存在を大きくしていった。東海・中部・関東に及んだ三大名家の領国は、列島規模でみても当時最大の政治勢力となっていて、周囲の政治勢力に多大な影響を与えるものだった。

戦国時代において、戦国大名家同士の同盟は数限りない。しかし三大名家による同盟は、この三国同盟が唯一の事例といっていい。しかもそこでは、三大名家相互に婚姻関係が結ばれた。この相互に三組の縁組みがおこなわれている事例も、いうまでもなくこれが唯一となる。この三国同盟は、戦国史上において希有《けう》の存在であった。三組の縁組みは、以下である。

今川義元嫡男氏真と北条氏康四女早川殿《はやかわ》（蔵春院《ぞうしゅんいん》殿、一五四七か～一六一三）

武田信玄嫡男義信《よしのぶ》（一五三八〜六七）と今川義元次女嶺寒院殿《れいかんいんでん》（貞春尼《ていしゅんに》、一五四二か〜一六一二）

北条氏康嫡男氏政と武田信玄長女黄梅院殿《おうばいいんでん》（一五四三〜六九）

しかもこれらの結婚は、互いに嫡男とその時点での嫡出長女との間で結ばれた。これはたまたま、三大名家の当主が同世代で、さらにたまたま三大名家に結婚適齢期にあった嫡男と嫡出の娘がいたことで可能になった。もしどれか一つでもが欠けていたら、三国同盟は、実際の歴史のようには展開しなかったかもしれない。そのことを思うと、三大名家の当主が同世代で、かつちょうど結婚可能な嫡男と嫡出の娘がいたということは、とてつもない偶然というほかはない。

こうした偶然の条件にもとづきつつ、駿甲相三国同盟は形成され、三大名家は相互に援軍を派遣しあったり、協調して政治活動をおこなったりして、その後の東国戦国史の展開を大きく規定していった。しかしその三国同盟も、一七年後には解体してしまう。その遠因は、解体の前年における武田義信の死去であり、三組の縁組みの一つが消滅してしまったことにあった。そこから今川家と武田家の政治関係に綻《ほころ》びがみられるようになり、ついには三国同盟そのものを解体させていくことになる。これは同盟関係の継続において、婚姻関係の存在がいかに重要な要素であったのかを、如実に示している。

本書では駿甲相三国同盟の形成から解体までの動向について取り上げていく。三国同盟の存在は広く知られているものの、その動向を丹念に追った研究はこれまでみられていなかった。そのため、初めて三国同盟について通史的に明らかにするものになる。実際に三大名家相互の政治交流がどのようなものだったのか、さらに周囲の政治勢力の動向にどのように影響を与えていたのかについて追究していくことにしたい。なかでも武田家と北条家による信濃・上野での上杉輝虎《うえすぎてるとら》（長尾《ながお》景虎《かげとら》、法名謙信《けんしん》）への共同の軍事行動の展開や、足利義昭《あしかがよしあき》・織田信長の台頭が三国同盟に及ぼした影響などについては、これまでの関連研究においても十分には取り上げられていない内容になろう。

これから駿甲相三国同盟の全貌《ぜんぼう》に迫ることにしたい。

目次

第一章　今川・武田同盟の成立

三国同盟前史

駿甲相三国同盟の前提には、今川家・武田家の同盟（駿甲同盟）があった。この両家の同盟に北条家が加わることで、三国同盟が成立した。今川家・武田家の同盟は天文六年（一五三七）に成立したが、それまでの三大名家の関係は、それとは逆に、今川家・北条家が同盟関係にあり（駿相同盟）、武田家と抗争するというものであった。今川家・北条家が武田家との抗争を開始したのは、四五年もさかのぼる明応《めいおう》元年（一四九二）のことになる。

当時、北条家の始祖にあたる伊勢《いせ》宗瑞《そうずい》（一四五六～一五一九）は、今川家の御一家衆の立場にあり、甥《おい》の今川家当主・氏親《うじちか》（一四七三～一五二六、義元の父）の後見役であったから、

駿甲相三国同盟関係系図

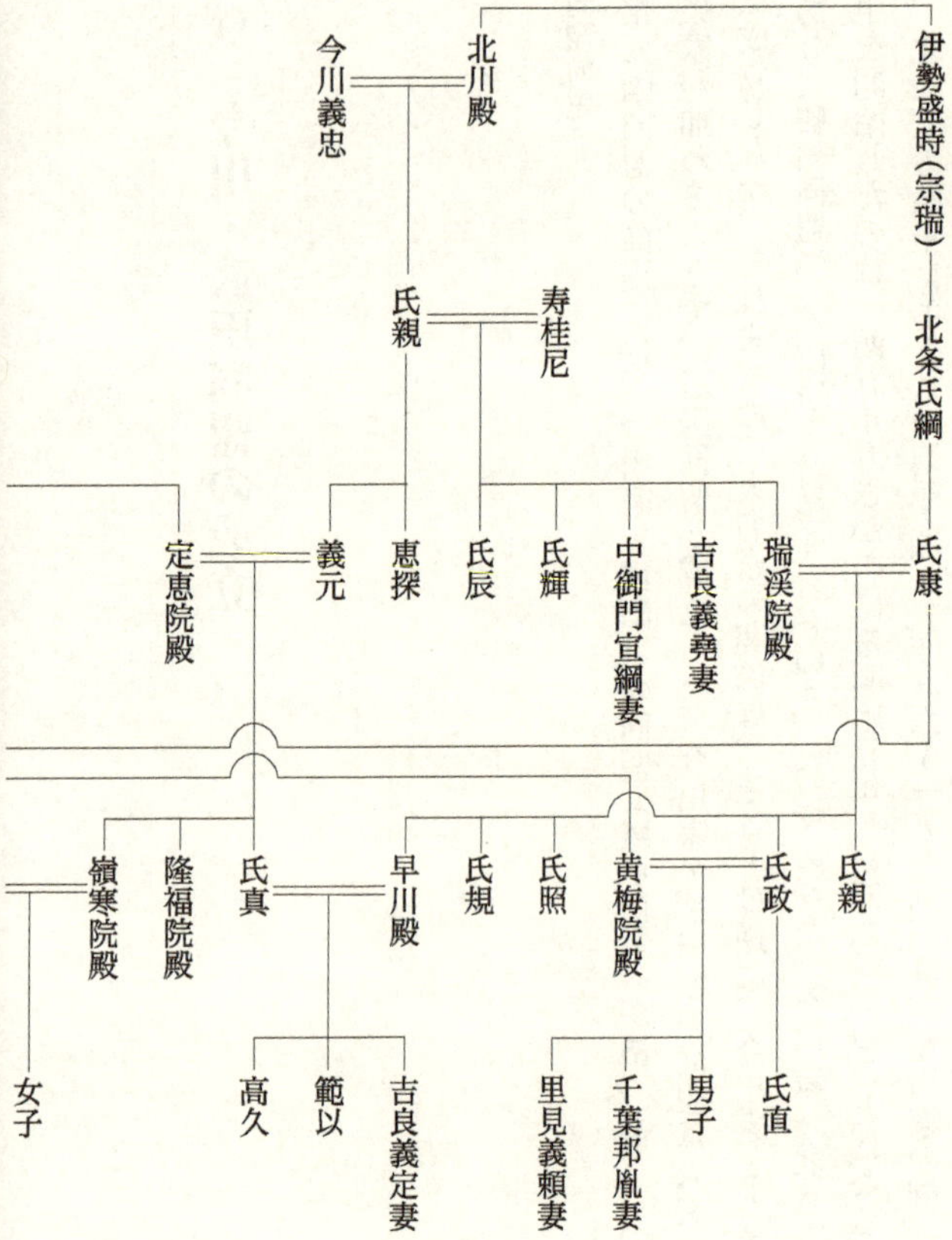

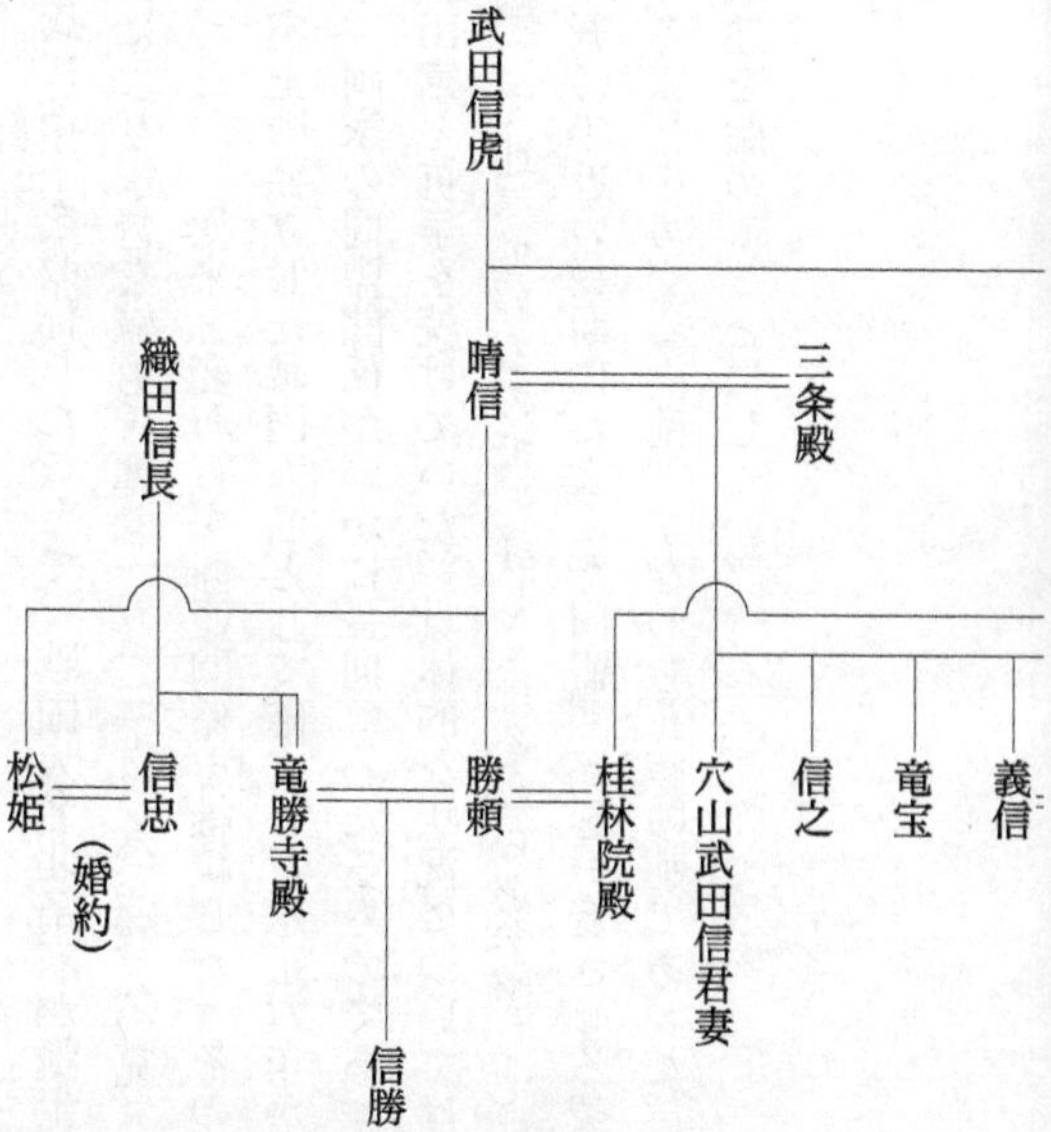
武田信虎
晴信
三条殿
義信
竜宝
信之
穴山武田信君妻
桂林院殿
勝頼
竜勝寺殿
信勝
織田信長
信忠
松姫
(婚約)

両者は一体的な政治関係にあった。しかし伊勢宗瑞が永正《えいしょう》六年（一五〇九）から相模・武蔵経略を本格的に開始したことで、今川家の後見役としての役割を果たせなくなり、独立した戦国大名としての立場を確立していくことになる。

そして宗瑞の家督を継いだ嫡男氏綱《うじつな》（一四八七〜一五四一、氏康の父）が、大永《だいえい》三年（一五二三）に伊勢氏から北条氏に苗字《みょうじ》を改称したことで、戦国大名北条家が誕生する。今川家も同六年に、氏親の死去により家督を嫡男氏輝《うじてる》（一五一三〜三六、義元の兄）が継承した。両家は双方で代替わりがあったが、従来と変わらず同盟関係を継続した。その関係は四五年の長きにわたり、宗瑞が事実上の独立した戦国大名として確立した永正六年から数えても、三〇年近くにおよんでおり、両家の同盟関係がいかに長期にわたるものであったかがわかる。そしてその間、両家は武田家と抗争を続けていた。具体的な状況については、拙著『戦国大名・伊勢宗瑞』『北条氏綱』で述べているので、詳しくはそれらを参照してほしい。

この今川家・北条家の五〇年近い長期におよんだ同盟関係を一変させる契機になったのが、天文五年の今川家における家督をめぐる内乱、すなわち花蔵《はなぐら》の乱であった。そのため本書では、この花蔵の乱から叙述を始めることにしたい。

今川家の花蔵の乱

花蔵の乱勃発《ぼっぱつ》の契機になったのは、今川家当主氏輝とその同母弟の氏辰《うじとき》（彦五郎《ひこごろう》、氏親四男、実名については拙著『徳川家康と今川氏真』参照）の死去であった。天文五年（一五三六）三月十七日、今川氏輝・氏辰兄弟が同日に死去した。これにより今川家は、当主とその後継候補を同時に喪失してしまった。氏輝の兄弟には他に、ともに庶出で出家していた、氏親次男の花蔵《はなぐら》殿恵探《えたん》（一五一七〜三六、母は家老福島《くしま》氏娘）と氏親三男の善得寺《ぜんとくじ》殿承芳《しょうほう》（のち義元、母は御一家衆・蒲原《かんばら》氏徳《うじのり》娘）の二人がいた。今川家の事実上の家長であった寿桂尼《じゅけいに》（今川氏親後室、氏輝・氏辰母、一四八六頃〜一五六八）は、三男承芳を新当主に擁立した。氏親生前の時期から、恵探と承芳では、承芳のほうが政治的序列が上に設定されていたとみなされるので、この選択は順当なものであった。

寿桂尼は、四月には室町幕府に、承芳の家督相続と承芳への将軍偏諱《へんき》（実名の一字）の授与を申請したと推定される。これについては承認され、五月三日に室町幕府将軍足利義晴《よしはる》は、「今川五郎」（承芳）の家督相続を承認し、「義」字の偏諱を授与する御内書（将軍が出す公的な書状）を出した。これをうけて承芳は、還俗《げんぞく》し、実名を「義元」に改名することになる。もっともそれらの御内書が今川家のもとにもたらされたのは、戦乱終息後のことであったろう。戦乱により通路は塞《ふさ》がれていたであろうから、使者はそれまで下向できなかったと考えられる。

実際に承芳が還俗し、実名義元を使用しているのが確認されるのは、八月五日からになる。それまでには御内書が届けられたことがわかる。のちに触れるように、戦乱は六月十日には終息しているので、それからしばらくして届けられたことであろう。それでも八月までには二か月の期間がある。その間に義元の発給文書が残されていないので、実態は判明しない。もし八月まで義元の実名を使用していなかったとしたら、出家姿であった義元が、俗人に相応《ふさわ》しく総髪《ふき》になるまで待っていたのではないか、という推測も出されている（大石泰史『今川氏滅亡』）。ともかくも義元は、戦乱が終息するまでは承芳を名乗っていたので、以下では、戦乱中までは承芳で、戦乱後から義元で表記することにする。

承芳が新当主になることについては、庶兄の恵探とそれを擁立する家老福島家が反発し、蜂起したとみられ、御内書が作成される以前の四月二十七日に内乱が開始された。この戦乱を、一方の当事者の花蔵殿恵探に因《ちな》んで「花蔵の乱」と称している。恵探はそれまでは駿府に居住していたとみられ、これは恵探が駿府から退去し、入寺していた花蔵遍照光院《へんじょうこう》（藤枝《ふじえだ》市）近くの花蔵城（葉梨《はなし》城）に入城したと推測される。これが戦乱勃発を示したと思われる。

ちなみにそれに先だって、寿桂尼は恵探に、「注書」（住書・重書）を渡したととらえられる。内容は判明していないが、おそらくは恵探の進退維持に関わるものであった可能性が想定される。これに関してはかつて、寿桂尼は恵探を支持していたという見解が出されていたが、それは史料の誤解釈により成立しない。ただし、寿桂尼が恵探に与えた「注書」を、義元が花蔵城攻略の際に奪還したこと、その奪還を果たした家臣岡部親綱《おかべちかつな》に、末代までの感謝を示しているので、義元にとって手元に取り戻すべき書類であったことは確かであった（拙著『今川のおんな家長　寿桂尼』）。しかしそれが恵探を支持していたという理由にはならない。恵探は花蔵城に在城しており、それは駿府から退去したものであった。もし寿桂尼が恵探の家督相続を支持していたのなら、駿府に居住させ続けたに違いないからである。

承芳と恵探の抗争は、五月十日には北条家のもとにも伝わっている。同月二十四日になると、寿桂尼と親しい重臣であった福島越前守《くしまえちぜんのかみ》が、恵探方に応じて蜂起する情勢がみられたらしい。そのため寿桂尼は、駿府城下の福島越前守屋敷を訪問して、挙兵を制止しようとした。しかし福島越前守は応じなかった。翌二十五日未明に駿府で合戦があり、福島越前守は敗退して、久能城《くのう》（静岡市）に逃れてそこに籠城《ろうじょう》した。これは駿府の承芳勢が福島越前守を攻撃した結果と考えられる。

戦乱は、駿府、久能城、由比《ゆい》城（静岡市）、方上《かたのかみ》城（焼津《やいづ》市）、花蔵（葉梨）城で展開された。駿府から花蔵城にかけての地域だけでなく、駿府の東方でも戦乱が生じているので、戦乱はかなり大規模であったことがうかがわれる。そのためであろう、寿桂尼は、同盟関係にあった北条氏綱に援軍を要請した。氏綱はこれを容《い》れて、大軍を援軍として駿河に派遣した。そうして六月十日に、北条軍を中心にした承芳軍は花蔵城を攻略し、恵探を滅亡させた（「常光寺年代記」〈小和田哲男『今川義元』参照〉）。

戦乱はこれによって終息したとみなされる。以後、義元は領国の再把握をすすめていった。またこの年、武田軍が北条家領国の相模津久井《つくい》領に侵攻したことが確認される。武田軍は青《あお》根《ね》村（相模原《さがみはら》市）で「足弱」（老人・女性・子供など）一〇〇人を掠奪《りゃくだつ》し、蓮真坊《れんしんぼう》を放火したという。時期は判明していないが、おそらくは北条軍が駿河に進軍していた隙を衝《つ》いたものと思われる。花蔵の乱のなか、武田家と北条家は引き続いて抗争関係にあったことを示している。

にわかに崩壊した今川家・北条家の同盟

今川家では、花蔵の乱という内乱を克服するかたちで、今川義元という新当主の確立をみた。そこでは北条氏綱の全面的支援がされていた。通常なら、今川家と北条家の同盟関係は、その後も継続されたことであろう。ところが事態はそうならなかった。義元は戦乱終息から半年ほどしか経っていない時期に、武田家と婚姻関係をともなう攻守軍事同盟を結んでしまい、これに氏綱が激しく反発して、今川家・北条家の同盟関係は崩壊し、両家の全面戦争が開始されてしまうのである。戦乱は駿河東側の河東《かとう》地域の領有をめぐるかたちでおこなわれたので、この戦乱は「河東一乱《かとういちらん》」と称されている。

そもそものきっかけは、義元が武田家と同盟を結んだことにあった。花蔵の乱が終息してからまだ半年少ししか経っていない、天文六年（一五三七）二月十日に、今川義元はそれまで敵対関係にあった武田信虎《のぶとら》（一四九八～一五七四、晴信の父）の長女定恵院《じょうけいいん》殿（一五一九～五〇）と結婚した。これによって今川家と武田家は、婚姻関係にもとづく攻守軍事同盟を形成した。婚姻関係をともなっているので、その交渉は数か月前からすすめられていたと考えられる。したがって交渉は天文五年のうちからおこなわれていたと思われる。義元が内乱を克服し、領国の再把握をするなかでのことであったろう。

ちなみにこれまでの研究では、花蔵の乱のなかで、武田信虎は義元に味方するようになったと想定されたことがあった。天文五年六月に、信虎が家臣前島《まえじま》氏一門を上意に背いたとして誅殺《ちゅうさつ》したことについて、それは前島氏が恵探残党を匿《かくま》ったためとする推測が出されているが、傍証はなく、単なる推測にすぎない。また同年七月に、武田信虎の嫡男晴信は、公家の転法輪三条公頼《てんぽうりんさんじょうきんより》の次女（三条《さんじょう》殿・円光院《えんこういん》殿）と結婚したとみなされるが、それを記す武田家を主題にした軍記史料「甲陽軍鑑」（『甲陽軍鑑大成』）では、義元の仲介によるとしている。しかしそれも確証はなく、むしろ信虎は京都政界と独自の外交ルートを形成していたからであるとみるのが妥当である（拙著『武田信玄の妻、三条殿』）。したがってそれらのいずれも、花蔵の乱後に義元と信虎が政治関係を形成したことの明証にはならない。

今川家と武田家の婚姻の動向を察知した北条氏綱は、種々の妨害工作を実施したという。しかし義元の決意は変わることはなく、結婚は実現された。そのため氏綱は、結婚成立後に、義元に手切れして、駿河河東地域に侵攻し、同地域を占領するのである。こうして「河東一乱」が勃発するのであった。

ところで今川義元は、なぜ武田信虎と同盟を結んだのであろうか。氏綱の反発を考慮しなかったのであろうか。義元にとって武田家との同盟は、父氏親・兄氏輝以来の今川家の外交政策を反転させるものであった。今川家は天文三年・同四年に、北条家とともに甲斐に侵攻していた。かつ北条家は依然として武田家と抗争関係にあった。そうした状況を踏まえると、義元が氏綱との関係を解消してまで、武田家と同盟を結ぶ理由は見当たらない。

おそらく義元としては、内乱を克服しての家督相続をうけて、領国の安定化を第一に考えていたことであろう。抗争関係にあった武田家との抗争を終息させ、同盟を形成するのが良策と考えたのではなかろうか。対する武田信虎としても、今川家・北条家との抗争の継続は重い負担であったことであろう。天文元年までは信濃諏方家とも抗争していた。しかもそれらの抗争にともなって、国内の国衆がしばしば敵方に味方して叛乱《はんらん》してもいた。そのため今川家の代替わりをうけて、今川家に外交路線の変更を働きかけたのではないかと思われる。

そして義元は、それに応じたのであろう。しかしその際に、同盟者の北条氏綱から事前にそのことについて了解をとることをしなかった。ところがかつて大永四年（一五二四）、氏綱は武田信虎と一時的に和睦《わぼく》を結んだ際に、それについて今川家から了解を得ておこなっていた（拙著『北条氏綱』）。同盟関係にある場合、共通の敵方について、勝手に和睦を結ばない、というのは、ごく普通に取り決められることであった。しかしこの時、義元は氏綱から了解を取ることなく、武田家との同盟形成をすすめたのであった。

義元がなぜ氏綱から了解を取ることなくすすめたのかはわからないが、今川家は北条家に対して本家筋のような立場にあったことからすると、義元は北条家を、対等の同盟関係にあるものとは認識していなかった可能性がある。そのため氏綱に了解を取らなかったのかもしれない。しかしこのことは氏綱の面目を失わせた。何しろ義元の新当主としての確立は、氏綱の軍事支援の結果によったからである。それを無視されることは、氏綱の体面をそこなわせるものであった。氏綱はその報復のために、義元に手切れしたと考えられる。こうして今川氏親と伊勢宗瑞以来、およそ五〇年近くにおよび続いていた今川家と北条家の同盟関係は、にわかに崩壊したのであった。

河東一乱が勃発

天文六年（一五三七）二月十八日に、北条氏綱は鎌倉鶴岡八幡宮《かまくらつるがおかはちまんぐう》に駿河出陣のための祈禱《きとう》を依頼した。同月二十一日には、氏綱は駿河河東地域の諸郷村・寺社に禁制を出している。おそらく先陣が駿河に侵攻したことによろう。そして二十六日に、氏綱は小田原を出陣し、駿河に進軍した。

河東地域東側の駿東《すんとう》郡のうち、南部の葛山《かずらやま》領を支配する葛山氏広《かずらやまうじひろ》は氏綱の実弟にあたっていた。当然ながら氏綱に味方した。同地域北部の御厨《みくりや》領を支配する垪和左衛門大夫《はがさえもんのだいぶ》もすぐに味方に付いた。こうして駿東郡は氏綱の勢力下に入った。三月四日には、氏綱は、河東地域西側の富士《ふじ》郡南部、富士下方《ふじしもかた》地域の拠点である吉原《よしわら》城（富士《ふじ》市）に到達している。こうして氏綱は、ほぼ河東地域全域の占領を遂げた。氏綱の進軍をうけて、今川義元は武田信虎に援軍を要請し、それにより武田軍は御厨領に進軍した。富士郡にも軍勢を派遣したとみられ、甲斐河内《かいかわち》領万沢《まんざわ》（南部《なんぶ》町）で重臣於曾《おぞ》氏が戦死している。しかし三月四日には退陣したとみられる。同時に、武田家と同盟を結んでいた、武蔵河越城（川越《かわごえ》市）を本拠とした扇谷上杉《おうぎがやつうえすぎ》家の軍勢も、北条家領国に侵攻してきたらしい。しかしこれも同日までに退陣したとみられる。ちなみに扇谷上杉家の当主朝興《ともおき》は、これよりしばらく経った四月二十七日に武蔵河越城で死去しているから、あるいは朝興が病態になるなどの理由で退陣したのかもしれない。

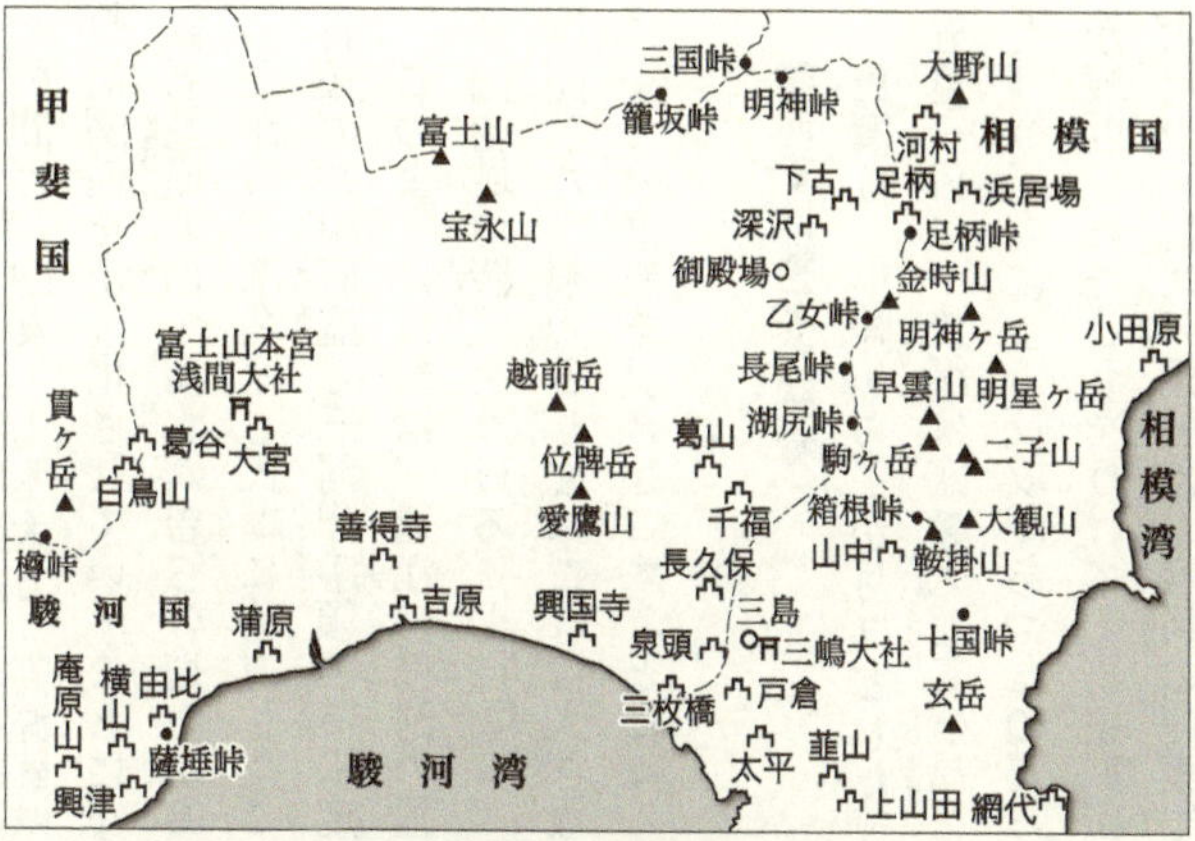

河東一乱関係図
（黒田基樹『図説 北条氏康』掲載図を基に作成）

北条軍はさらに、富士川を越えて庵原《いはら》郡興津《おきつ》（静岡市）まで進軍し、放火したという。そして吉原城を最前線拠点として確保した。三月七日には、北条軍が富士郡北部の富士《ふじ》上方《かみかた》地域を支配する富士家攻略のため、同地域に進軍している。四月二十日に富士下方地域で北条家への叛乱があったものの、吉原在城衆が撃退した。富士上方地域の国衆・富士《ふじ》宮若丸《みやわかまる》は、五月十五日までは今川方として確認されるが、その後は北条家に従属したとみなされる。これにより氏綱は、河東地域全域を勢力下に置いた。

それだけではなかった。氏綱の勢力は今川家領国であった遠江・三河にもおよんだ。三月二十五日の時点で、遠江見付《みつけ》領の堀越《ほりこし》今川氏延《うじのぶ》と三河田原領の戸田《とだ》宗光《むねみつ》が氏綱に味方していることが確認される。氏綱は、この年から同八年までの間に、四女・山木大方《やまきのおおかた》（高源院殿《こうげんいんでん》）を今川氏延嫡男・六郎《ろくろう》（正覚寺殿《しょうかくじ》）と結婚させて、政治関係を密接化させていくことになる（拙著『北条氏綱』）。また遠江相良庄《さがらのしょう》（牧之原市《まきのはら》）に、家老笠原綱信《かさはらつなのぶ》・清水綱吉《しみずつなよし》らの進軍があった。相良庄は今川家御一家衆・瀬名氏貞《せなうじさだ》の所領であったから、瀬名家も氏綱に味方したことがわかる。さらに三月二十九日の時点で、遠江井伊谷《いいのや》領の井伊直盛《いいなおもり》と三河作手《つくで》領の奥平定勝《おくだいらさだかつ》が氏綱に味方していることが確認される。

このように氏綱は、遠江・三河の国衆を味方に付け、義元に対抗させた。義元はにわかに、領国全域で叛乱《はんらん》をうけることになり、家督相続早々にそれに対処しなくてはならない事態に直面した。義元としてはこれは大きな誤算であったに違いない。武田家との同盟締結が、ここまでの事態を引き起こすことになるとは想定していなかったことであろう。

駿河では戦況が膠着

氏綱は、出陣から二か月ほどした天文六年（一五三七）四月頃に帰陣したと推定される。五月一日に、氏綱は家老大道寺盛昌《だいどうじもりまさ》を駿河に派遣している。それは吉原城防衛のためであった。今川方による反攻があったのだろう。ちなみにその月、氏綱は上総真里谷《まりやつ》武田家で内乱が展開されたことをうけて、当主武田信隆《のぶたか》を支援して援軍を派遣しているが、敗北している。六月十三日に、氏綱は二度目の河東出陣をおこなった。十四日に今川軍と一戦してそれに勝利し、敵兵数百人を討ち取ったという。

ところが二十八日に、扇谷上杉軍が武蔵に進軍してきて、府中神太寺要害《ふちゅうじんだいじ》（調布市《ちょうふ》）を取り立てた。扇谷上杉家と同盟を結んでいた武田家の働きかけによるものであろう。そのため氏綱は帰陣を余儀なくされたとみられる。氏綱は七月十一日に、武蔵に向けて出陣し、十五日に扇谷上杉家の本拠・河越城を攻略し、さらに二十日に、扇谷上杉朝定《ともさだ》が河越城から後退して入った松山城《まつやま》（吉見町《よしみ》）まで攻撃したうえで、二十三日には帰陣した。こうして氏綱は、扇谷上杉家の本拠の攻略を果たし、同家の衰勢を決定付けることに成功した。武蔵・上総・駿河の多方面で軍事行動を余儀なくされていたが、着実に成果をあげていたとみられる。

河東地域については、天文七年二月二十日に、葛山領で武田軍と合戦があった可能性がある。これをうけてであろうか、四月頃に氏綱は三度目の駿河への出陣をおこなったとみられる。五月十六日に、北条軍は武田家領国に進軍し、甲斐郡内領吉田《よしだ》（富士吉田市《ふじよしだ》）に侵攻した。しかしすぐに武田方と和睦して帰陣している。氏綱は八月頃まで駿河に在陣していたようだ。そこでは主に、今川家支援のため進軍してきた武田軍と抗争がみられたことがうかがわれる。

そうしたなか氏綱は、十月二日に古河公方《こがくぼう》足利晴氏《はるうじ》の要請をうけて、それと対立していた小弓《おゆみ》公方足利義明《よしあき》攻撃のため小田原を出陣し、七日の第一次国府台《こうのだい》合戦で小弓公方軍と戦い、足利義明を戦死させるなどの大勝利をあげた。そして氏綱は、その功賞として足利晴氏から関東管領職《かんれい》に補任される。これにより氏綱の関東政界における政治的地位は、公方足利家を補佐する関東管領として、一躍ナンバーツーの座につくこととなった。さらには翌年に、氏綱五女・芳春院殿《ほうしゅんいん》を足利晴氏の正妻にする婚約を成立させ、同九年に結婚を実現させた。こうして氏綱は、古河公方足利家の外戚《がいせき》としての政治的地位をも獲得し、関東では随一の戦国大名の立場を確立するのであった。

天文八年閏《うるう》六月一日に、今川義元は「その地」在城の重臣・松井貞宗《まついさだむね》に、在陣の労をねぎらっている。松井が在城したのは、北条方への最前線拠点と推測されるだろう。今川方は引き続いて、北条方への臨戦態勢を継続していたことがうかがわれよう。同年七月、氏綱は四度目の駿河出陣をおこなったとみなされ、同月八日に今川方の最前線拠点であった蒲原城《かんばら》（静岡市）を攻撃するが、攻略できなかった。そして二十九日までに小田原に帰陣した。氏綱は蒲原城を攻撃したものの、すぐに帰陣しているところをみると、この時の出陣は今川方への牽制《けんせい》の意味合いがあったように思われる。

この時の出陣をもって、以後は、氏綱の駿河出陣はみられていない。そうして河東地域をめぐる今川家と北条家の抗争は、蒲原城を最前線とする今川方と、吉原城を最前線とする北条方とで、まさに富士川を挟んで対峙《たいじ》が続くことになった。氏綱は当初、今川家の滅亡をも考えていたことであろう。だからこそ遠江・三河の国衆を味方に付け、義元に叛乱させたのであろう。ところが今川方の蒲原城を突破することはできなかった。そのため氏綱は、あえて無理に経略をすすめることはせず、河東地域占領を維持することにしたのだろうと思われる。

しかしこの氏綱の態度が義元にとっては好都合になった。義元は遠江・三河での叛乱勢力の鎮圧に専念できることになったからである。そうして義元は、その後は遠江での勢力回復をすすめていった。義元の遠江制圧の過程については、これまで必ずしも明確にされてはいないが、その概要を追ってみることにしたい。

この天文八年八月一日までに、義元は御一家衆・瀬名貞綱《さだつな》（氏貞の子）の所領・遠江浅羽《あさば》庄（袋井市《ふくろいし》）を経略していることが確認される。以後、同年中において遠江中央西部の山名《やまな》郡・豊田《とよだ》郡について所領安堵《あんど》などをおこなっていることから、それらの地域の経略を果たしただろうと思われる。次いで天文九年正月から七月にかけて、義元は遠江西部についても確保したとみられ、同地域に所在していた瀬名貞綱の所領・蒲御厨《かばのみくりや》（浜松市《はままつし》）も確保していたことが確認される。それにより瀬名家・井伊家は義元に従属したととらえられる。同年八月に瀬名氏貞は駿河に帰国を果たしている。

そして天文十年五月には、義元は堀越今川家の本拠・見付（磐田市《いわたし》）を確保していたことが確認される。これにより堀越今川家は義元に従属したとみなされる。ただし氏延は滅亡したと推測され、その嫡男六郎・山木大方夫妻は北条家領国に移住したと思われる。堀越今川家の家督は、氏延の弟貞朝《さだとも》が継承したと推測される（拙著『徳川家康と今川氏真』）。こうして義元は、およそ天文十年五月頃には、遠江全域での勢力回復を遂げたとされる。しかしながら三河については、国衆の自立化がすすむ状況がみられた。義元による三河経略は、全くの振り出しに戻ってしまった。遠江の回復に四年の年月がかかっていること、三河への政治的影響力を失ったことからすると、義元にとってこの河東一乱の展開は、まことに痛恨のきわみであっただろう。

武田家と北条家の代替わり

義元が遠江の勢力回復を遂げた直後頃に、武田家と北条家で相次いで当主の代替わりがあった。すなわち、武田家では信虎からその嫡男晴信に、北条家では氏綱からその嫡男氏康に、ともに当主の交替であった。こうして今川義元・武田晴信・北条氏康という、駿甲相三国同盟を成立させた三大名家の当主が揃うことになった。義元は二三歳、晴信は二一歳、そして氏康は二七歳であった。この後、東国戦国史の展開はこの三人の動向を中心にして繰り広げられていくことになる。

もっともそのうち、武田家の家督交替は平和裏におこなわれたのではなかった。六月十四日に嫡男晴信が、父で当主の信虎を駿河に追放するというクーデターによるものであった。晴信は義元と相談して、信虎を駿河に追放し、今川家のもとで隠遁《いんとん》させることとし、義元はそれを受け容れた。晴信がクーデターをおこしたのは、この時期、領国甲斐が一〇〇年にもなかった大飢饉《だいききん》に見舞われていて、信虎はそれに有効な対策をとることができず、国外勢力の侵攻や国内での一揆《いっき》蜂起を抑止するため、武田家と甲斐の存続を最優先させたためであった。このクーデターに際して、国内ではこれに対する反対運動はみられなかったから、国内勢力もそれに同意したことがうかがわれる（平山優『武田信虎』）。

また義元が晴信のクーデターに同意したのは、武田家や甲斐で内乱が生じることを嫌ったためであろう。いまだ河東地域をめぐって北条家と敵対関係にあったなか、有力な同盟者であった武田家で内乱が生じてしまうと、北条家との抗争に悪影響をもたらしかねない。義元はそのように判断したと推測される。こののちしばらく、義元は信虎の面倒をみることになるが、それは晴信に対しては大きな貸しとなったことであろう。それにより晴信は、義元に対して大きな負い目を感じ続けたことは想像にかたくない。戦国大名家の隠居が、同盟関係にあったとはいえ、他国の戦国大名家に保護されるという事例は他例をみない、極めて特異な事態である。それだけ今川家と武田家の信頼関係が厚かった、ということにもなろう。

対して北条家の代替わりは、七月十七日に北条氏綱が病死したことで、嫡男氏康が北条家当主になったものである。前当主の病死をうけての嫡男による相続という、極めて順当な相続であった。ちなみにこの時点での氏康の政治的立場は、父氏綱以来の、関東管領および古河公方足利家の外戚《がいせき》というもので、その領国は相模・伊豆・武蔵半国・下総大部分・上総・駿河半国におよぶ広大なものになっていた。すでに関東では随一の政治勢力であり、今川家・武田家と比べても領国規模は両家を凌駕《りょうが》していた。しかし駿河では今川家・武田家、武蔵では山内上杉《やまのうちうえすぎ》家・扇谷上杉家、上総では安房里見《あわさとみ》家と抗争関係にあり、関東では政治的に孤立する状態にあった。氏康の置かれていた情勢は、決して楽観視はできなかった。

反撃を開始した今川義元

武田晴信は家督を継いだ天文十年(一五四一)に、軍事行動をおこなっていない。山内上杉家が信濃佐久《さく》郡に侵攻してきて、佐久郡を経略されてしまうが、それに反撃はしていない。甲斐は深刻な飢饉状態にあったので、軍事行動ができなかったととらえられる。そしてちょうど一年後の同十一年六月に、信濃諏方領に侵攻し、同領を支配する諏方家を滅亡させ、同領を経略した。これが晴信による本格的な信濃経略の開始にあたる。諏方家はそれまで、武田家と同盟関係にあったが、山内上杉家の佐久郡侵攻において、武田家との協定を破棄して山内上杉家と和睦していた。これが晴信にとって、諏方家の裏切りと認識され、その報復のための侵攻であった。

北条氏康も、天文十年、さらに翌同十一年に軍事行動をしていない。代替わりにともなう政治の遂行に専念したためとみられる。北条家の領国も隣接する甲斐と同じく、飢饉状態にあったとみなされるので、その復興に尽力したと思われる。天文十年の十月に、敵対する山内上杉家・扇谷上杉家によって領国に侵攻をうけたため、それを撃退し、さらに北武蔵まで追撃したものの、それ以降は軍事行動をおこなっていない。氏康が本格的な軍事行動を開始するのは、天文十二年に上総真里谷武田家の内乱に軍勢を派遣してからのことになる。それまでは領国の維持に努めたと推測される。

対して今川義元は、天文十一年になると、河東地域の奪還に向けて本格的に動くようになる。その年の六月十二日に、義元は富士上方《ふじかみかた》の大石寺《たいせきじ》（富士宮市《ふじのみや》）に禁制を与えている。義元が上方地域の勢力回復を開始したことがわかる。翌同十二年四月十四日には、駿東郡大岡《おおおか》庄山王社《しょうさんのうしゃ》（沼津市《ぬまづ》）の神主に所領を安堵している。これは義元が、駿東郡支配の回復を開始したことを示している。さらに同年四月から九月にかけては、富士上方地域について領国支配を展開している。これらの状況は、義元が富士上方地域を領国として回復したことを表していると考えられる。それは上方地域の国衆・富士家を帰参させたことによると考えられる。

こうして義元は、天文十一年から同十二年にかけて、富士上方地域の奪還をすすめ、それを遂げたと考えられる。国衆・富士家も今川家に帰参したと思われる。これにより河東地域における北条家の勢力は、富士下方地域と駿東郡に縮小することになった。これをうけて義元が、さらに河東地域での勢力回復に乗り出してくることは当然のことであったろう。こうして「河東一乱」は、にわかに動き出したのであった。

第二章　河東一乱の決着と三大名家の和睦

武田晴信と北条氏康の和睦

今川義元が河東地域の奪還に動いてきたことをうけて、北条氏康は驚くべき行動をとった。それまで敵対関係にあった武田晴信に、和睦《わぼく》を申し入れたのである。晴信と氏康の政治関係が確認される最初は、天文十三年（一五四四）正月二日のことになる。氏康の御馬廻《おうままわり》衆・桑《くわ》原九郎右衛門尉盛正《はらくろうえもんのじょうもりまさ》が、武田家親類衆で甲斐郡内谷村《やむら》領の小山田信有《おやまだのぶあり》のもとを訪問して、甲府から赴いてきた晴信側近家臣の駒井高白斎政頼《こまいこうはくさいまさより》と対談し、駒井から「御条目」を渡されている。対談には、武田家家臣の向山又七郎《むこうやまたしちろう》が同席していた。駒井から桑原に渡された「御条目」は、「御」が付けられているので、いうまでもなく主人の晴信が作成したものと推定される。内容は判明しないが、氏康からの使者である桑原盛正に渡されているのだから、当然ながら氏康に出されたものとみなされる。これはすなわち、氏康と晴信が、和睦交渉を開始したことを意味する。

晴信と氏康は、家督相続の時点では敵対関係にあった。ところが氏康は、前年から上総の戦乱に介入するようになっている。そしてこの直後から、上野の山内上杉家との抗争を本格化させていくようになる。一方の晴信は、二年前から信濃経略を本格的に開始するようになっていた。そこで共通の敵として存在するようになっていたのが、山内上杉家であった。武田家と山内上杉家は、晴信の家督継承の時期までは同盟関係にあった。ところが晴信の家督継承の際に、それは更新されず、さらには武田家が経略していた信濃佐久郡を経略してしまい、敵対行動をとってきた。そして晴信は、前年から佐久郡の経略を開始していた。

氏康と晴信ともに、共通の敵である山内上杉家と抗争を展開するようになった。ここで両者が和睦交渉をすすめているのは、まさにそのためであった。山内上杉家と敵対しているもの同士、互いの抗争を停止しよう、というものである。ただしこれは、あくまでも停戦和睦にすぎない。互いに援軍を送りあう、強固な攻守軍事同盟ではなかった。この時点では、それは考えられなかった。というのは、晴信は当時、今川義元と同盟関係にあり、氏康はその義元とは駿河河東地域の領有をめぐって抗争関係にあったからである。そうしたなかで両者は、実現可能な範囲で停戦を取り決めた、と思われる。

　こうした晴信と氏康の動向のなか、この年の十月に義元と氏康は富士上方で抗争したとみなされる。義元が晴信と氏康の和睦交渉の動きを知っていたのかは確認できないが、それと無関係であったとは考えられない。十月二十八日付けで義元が富士郡近所に在住する家臣佐野孫四郎に出した朱印状には、「今度敵取り懸けるの処」とあり、上方地域で今川家と北条家の抗争があったことがうかがわれる。上方地域は前年に義元が奪還していたとすれば、これは氏康から逆に奪還を図って侵攻したものであったかもしれない。

　かたや北条家側でも、十月十四日付けで氏康が市川甚三郎にあてた「上田」での戦功を賞する感状、十月二十八日付けで小田原衆で家老松田《まつだ》盛秀《もりひで》の同心衆である蔭山《かげやま》長門守《ながとのかみ》家広《いえひろ》に、「上方の内かなや・みのわ両郷」代官職を与えた朱印状がみられる。前者は、氏康の花押型の変遷状況から年代は天文十三年に比定される可能性が高いものであったが、「上田」の場所が特定できていなかった。後者は年紀が記されているものの、「上方」の場所が不明であった。しかし天文十三年十月に、富士上方で今川家と北条家の抗争があったことを前提にすると、それらはそれに関わる史料と考えることができるであろう。なかでも蔭山家広の寄親《よりおや》の松田盛秀は、翌年に富士下方地域の拠点の吉原城の城将を務めていることが確認されるので、その同心衆が上方地域で代官職を与えられていることとは整合する。

おそらくこの時の抗争によって、義元は上方地域の維持を果たしたであろう。逆に氏康は、上方地域を完全に喪失したことであろう。これにより河東地域の領有をめぐって、氏康は義元との抗争が本格化していくことを予想したのではないか。さらに義元からは、室町幕府将軍足利義晴や公家筆頭の摂関家・近衛稙家《たねいえ》を通じて、和睦をはたらきかけられていた（大石泰史「足利義晴による河東一乱停戦令」黒田基樹編『北条氏康』所収）。時期は明確ではないが、氏康はその要請を拒否している。この十月における抗争は、氏康の拒否をうけて、義元が報復のため上方地域に侵攻して生じたものかもしれない。

晴信と氏康の和睦交渉について、少し時間があいたものの同年十二月に進展がみられた。今度は晴信から氏康に使者が派遣された。使者は小山田信有の家老・小林宮内助《こばやしくないのすけ》であった。小林らの太刀はすべて金飾りされていて、この豪華さは、北条家でも、初代の伊勢宗瑞の時以来、見たことがないとまで噂されたほどであったという。この時の使者派遣の用件については判明しないが、小林が氏康に対面したらしいことからすると、先に晴信から桑原盛正に渡された条目への返書にあたるものを、氏康から渡されたのではないか、と考えられる。それらの条目は、和睦にともなう条件規定、あるいはその申し合わせ書のようなものではないだろうか。互いに条目を交換して、それによって両家の和睦が正式に成立をみたと思われる。

義元が氏康へ和睦を働きかける

義元は天文十四年（一五四五）に入ってからも、同じく近衛《このえ》家を通して数度におよんで氏康に和睦を働きかけた。三月二十六日に、近衛家出身の聖護院道増《しょうごいんどうぞう》が駿河から相模に赴いていて、四月二十四日にそれに同行していたと推定される室町幕府直臣・進士晴舎《しんじはるいえ》が、駿河蒲原城に在城していた今川家重臣・飯尾乗連《いのおのりつら》の便宜をうけて上洛の途についていることが知られる。これらの状況から、三月から四月にかけて、義元から氏康に、和睦の働きかけがあったことがわかる。この時も氏康は、それを拒否したとみられる。直後に再び義元から氏康に和睦が働きかけられるからである。

義元は前年から、将軍足利義晴・摂関家近衛稙家を通じて、氏康に和睦を働きかけるようになっている。義元としては、氏康との抗争は和睦で決着させたい、と考えていたのであろう。しかし氏康は、義元からの和睦提案を二度におよんで拒否した。理由は判明しないが、おそらくは義元が提示してきた和睦条件に合意できなかったためであろう。その条件の内容も判明しないが、その後の展開をもとにすると、氏康の河東地域からの全面撤退であった可能性が高いのではないだろうか。駿河は今川家の本国であったから、義元としては駿河全域を領国として把握する必要があった。そのため氏康に河東からの全面撤退を求めたのであろう。

対して氏康は、戦争に敗北したわけでもないのに領土の全面割譲には応じられない、という考えであったと思われる。河東地域は父氏綱の代に領国化したものであり、氏康はそれを受け継いだのであった。父が領国化した地域を、理由無く割譲することなどは考えられなかったのであろう。

こうして氏康は、二度にわたる義元からの和睦提案を拒否したが、その直後の五月に、興味深い事態がみられる。同年四月に、晴信は伊那《いな》高遠《たかとお》領、次いで箕輪《みのわ》領に侵攻した。武田軍が箕輪領侵攻をしているなか、五月二十二日に、今川家と北条家からの援軍が武田軍のもとに到着している。史料には「駿州（今川家）・松川（相州、北条家）より御加勢」と記されている。また別の史料には「御合力勢、駿州（今川家）より三百、相州（北条家）三百」とあり、氏康から派遣された援軍は三〇〇人であったことが知られる。

すなわちそこでは、義元と氏康の双方から晴信に援軍が送られて、今川勢・北条勢は戦陣をともにしているのである。義元と晴信は攻守軍事同盟の関係にあったから、ここで今川家から武田家に援軍が送られていることは不思議ではない。しかし氏康は、晴信とは停戦和睦にすぎなかったにもかかわらず、援軍を送っているのであり、こうしたことはあまりみられない。氏康があえて武田家に援軍を派遣した理由は判明しないが、おそらくは晴信との政治関係を密接にしたいという思惑があったと考えられる。

氏康が晴信に援軍を送ったのは、義元からの二度目の和睦提案を拒否した直後にあたっていた。氏康はそれらの要請を拒否し続けたから、義元との関係がさらに悪化すると見通していたことであろう。そのため氏康は、義元と同盟関係にあった晴信との関係を親密化しようとし、わざわざ援軍を派遣したのだろうと思われる。いまだ敵対関係にあった今川家と北条家の軍勢が、武田軍のもとで同時に味方として存在したという状況は、なかなか興味深い事態といえる。

六月になると、義元は何と三度目の和睦提案を氏康におこなった。義元としては、北条家との抗争をできるだけ早く決着させたかったようだ。それはおそらく、河東一乱の展開にともなって喪失した状態にあった、三河の回復に一刻も早く取りかかりたいという思いがあったように思われる。この時の和睦の働きかけも、近衛家を通しておこなった。六月七日付けで近衛家から氏康に和睦に応じるよう要請する書状が出されている。しかしこの時も氏康は同意しなかった。七月七日には、和睦交渉のため相模に赴いていた聖護院道増が駿河に帰還している。ここでも氏康は、和睦を拒否した。理由は判明しないが、やはり義元から提示された条件が、受け容《い》れられるものではなかったからであろう。

ここにきて義元は、ついに氏康との和睦を断念した。三度におよんで和睦を提案したものの、それを氏康からことごとく拒否された。これは義元の面目を潰《つぶ》すに十分な事態であった。

そのため義元は、三度目の和睦提案が拒否されてからすぐの七月末に、氏康への報復として河東地域に進軍した。義元は実力によって河東地域から北条家の勢力を排除することにしたのであった。

義元と晴信による河東進軍

天文十四年（一五四五）七月二十六日付けで、今川家重臣の太原崇孚《たいげんそうふ》雪斎《せっさい》が富士下方多津《たど》多門坊《たもんぼう》（富士市）に戦時禁制を出している。この時期に今川軍の下方地域への進軍があったことがわかる。それは、北条方の最前線拠点であった下方地域の吉原城の攻略を図ってのことであった。八月朔日《ついたち》付けで、氏康が家臣の石川某に「原之縄手」での戦功を賞した感状があるが、これはおそらくこの時のものの可能性が高い。宛名の石川某は、苗字《みょうじ》のみ記されているので、おそらく氏康には陪臣にあたるとみられ、吉原在城衆の松田盛秀か狩野介《かののすけ》の家臣であったかもしれない。

「勝山記」（『山梨県史資料編6上』所収）は、義元による吉原城攻撃に続けて、氏康（「サカミノ屋形」）は吉原城に在城した、義元の援軍として晴信が吉原に出陣すると、氏康は晴信に「大儀」を思って、伊豆三島《みしま》（三島《みしま》市）に後退した、と記している。ただし以下にみる「甲陽日記」（同前書所収）から知られる動向からすると、氏康がこの時に最前線の吉原城まで進軍してきたとは考えられないように思われる。

「甲陽日記」をみると、八月五日に武田家家臣の駒井高白斎政頼と温井《ぬくい》丹波守が、甲斐郡内領本栖《もとす》（身延《みのぶ》町）まで行き、七日に帰還し、九日に駒井だけ再度本栖に行っている。これは義元から晴信に、援軍として出陣の要請があったことをうけて、義元と武田家との連絡の遣《や》り取《と》りを示すものととらえられる。駒井は十日に、義元の本陣とされていたとみなされる富士下方の善得寺《ぜんとくじ》（富士市）に赴いて、晴信の書状（「御一書」）と口上の内容を、太原崇孚と武田家への取次を担当していた今川家家臣の高井兵庫助《たかいひょうごのすけ》・一宮出羽守《いちのみやでわのかみ》に渡している。そして十一日に、駒井は義元に対面して、義元はその眼前で起請文《きしょうもん》に血判をすえている。

それは、晴信が援軍として出陣するにあたっての取り決め内容が取り交わされたことを意味している、と考えられる。おそらく駒井が今川家に渡した晴信の書状（「御一書」）は、晴信から義元への起請文であったのだろう。それをうけて義元も晴信に起請文を出して、晴信出陣に関わる取り決めが成立した、ととらえられる。そして駒井は、義元の起請文を携えて、十三日に甲府に帰還している。

これをうけて晴信は、義元への援軍として河東地域に出陣することになり、九月九日に甲府を出陣、その日は向山に着陣した。十二日に本栖に着陣し、先陣を務めた家老の板垣信方《いたがきのぶかた》と親類衆の栗原伊豆守《くりはらいずのかみ》（天文二十一年死去の信友《のぶとも》か）は富士上方の大石寺まで進軍した。

こうして晴信は、義元からの要請により、義元への援軍として駿河に向けて進軍し、先陣は駿河に入国した。そうしたところ十四日、晴信のもとに氏康からの書状が到着している。氏康は、晴信の出陣をうけて書状を送ったことがわかる。その内容は、その後の経緯からみて、義元との和睦の仲介を依頼するものと考えられる。氏康は、再三にわたる義元からの和睦要請を拒否してきたが、ここにきて義元が本格的に進軍し、それに晴信も援軍として進軍してくることになって、ついに義元との和睦を検討せざるをえなくなったのであろう。

晴信は十五日に駿河に入国して大石寺に着陣した。そして十六日に吉原城は自落した。氏康は同城を開城し、在城衆を三島に後退させた、とみなされる。「勝山記」が、氏康が同城を開城して三島に後退した、と記しているのは、実際には在城衆のことと考えられる。ただし氏康が吉原城まで進軍していた可能性を全く排除はできない。先にあげた八月朔日付けの感状は、現地にいたからこその日に出している可能性もあるからである。氏康は十四日に晴信に書状を送っていたが、その場合、晴信に要請したのは、吉原城の開城を申し入れ、同城からの安全な退去の保証の取り計らいについてであったことになる。晴信はそれをうけて、義元に氏康の吉原城からの退去について働きかけたと思われる。この時に氏康が、「勝山記」が記すように吉原城まで進軍していたのかどうかについては、さらなる検討が必要と思われる。

今川軍と武田軍が駿東へ

晴信は、吉原城開城について取り計らうにあたり、馬見墓《うまみ》（富士宮市）に在陣していて、開城後に、善得寺在陣の義元と、その中間で対面した。おそらく義元と晴信の対面は、これが初めてのことであったと思われる。対面が互いの陣所の中間でおこなわれているのは、両者の対等性を表現するためであった。どちらかが相手方の陣所に赴いて対面した場合は、赴いた側が服属の姿勢を示すことになってしまう。そのためわざわざ中間に出向いて対面したのである。

そのうえで翌九月十七日、晴信は義元本陣の善得寺に赴いた。この時の戦争の総大将は義元であったため、戦略の相談は義元の本陣でおこなわれたのであろう。そして義元と晴信は、河東地域の経略を目指し、駿東郡東部まで進軍することになった。十八日に出陣し、今井見付に着陣、十九日に千本松（沼津《ぬまづ》市）に着陣、二十日に晴信は岡宮の近所の原に着陣し、義元は北条方の最前線拠点になっていた長久保《ながくぼ》城（長泉《ながいずみ》町）近所に着陣し、二十一日に陣屋を構えた。そして二十七日に、駿河・伊豆国境をなす黄瀬《きせ》川に舟橋をかけた。この時にはすでに駿東郡東部で両軍の合戦がおこなわれていた。

その間の十九日、今川家の御一家衆で駿東郡の国衆の葛山氏元《うじもと》（氏康の妹婿、氏広の養嗣子）が、長久保城を攻撃して、戦功をあげた家臣に感状を出している。葛山氏元は、その直前まで北条方に味方していたから、吉原城開城を機に、北条家から離叛《りはん》して、今川家に帰参したと考えられる。そもそも長久保城は、葛山家の領国内に所在していた。そこに北条軍が在城するようになっていた。葛山氏元は、今川家に従属したため、その忠節を証明する必要があり、今川方の先陣として、北条方の拠点である長久保城の攻略にあたった、と考えられる。

続いて二十五日に、長久保城近所の土雁原《とがりはら》（長泉町）で合戦があった。義元は二十八日、戦功をあげた大村弥三郎に感状を与えている。北条方でも感状が出されていて、同日の二十八日に、氏康は相模三浦衆の山本《やまもと》太郎左衛門尉（家次《いえつぐ》）に感状を与えている。義元の長久保城攻撃は、葛山家だけでなく、義元の本軍によってもおこなわれたことがわかる。そのうえで義元は、黄瀬川に舟橋をかけたのであった。長久保在城衆の動きを封じたうえで、いよいよ伊豆に進軍する姿勢をみせた、ということであった。

しかも義元は、河東地域進軍にともなって、関東の山内上杉憲政《のりまさ》と連携した。義元は上杉憲政に、北条家領国への侵攻を要請したと考えられる。それをうけて上杉憲政は、扇谷上杉朝定《ともさだ》を誘って、九月二十六日に、北条方の武蔵における最前線にあたった河越城を包囲してきた。上杉憲政はさらに、この時期に氏康と政治的に疎遠になっていた古河公方足利晴氏に、河越城包囲陣への参加を要請した。そうして十月二十七日、足利晴氏も河越包囲陣に着陣してくることになる。これによって氏康は、関東武家政界の頂点に位置した古河公方足利家から追討をうける立場になってしまった。

なお河越城には、家老で城代の大道寺盛昌に加えて、御一家衆の北条宗哲《そうてつ》（氏康の叔父）と同綱成《つなしげ》（氏康の妹婿）も在城した。北条宗哲と同綱成の在城は、両上杉家の進軍をうけて、援軍としてであったことは確実だが、入城の時期は判明していない。この年五月、氏康は山内上杉方の武蔵忍《おし》領の成田《なりた》家を従属させていて、上杉憲政はその報復のため成田家攻めを標榜《ひょうぼう》していたことからすると、あらかじめ成田家支援のために援軍として派遣されていて、河越城に入城していた可能性が考えられる。そこに両上杉家が、ほとんどの総力をあげて攻めてきたということであったかもしれない。

義元と氏康の和睦成立

義元は伊豆進軍の準備を整えたあと、半月ほど動きをみせていない。おそらく晴信が、義元と氏康の和睦の仲介に本格的に動いたのだろうと思われる。晴信は、氏康からも仲介を要請されていたと考えられるが、それだけでなく、今川家からも、義元義母で義元父の氏親後室であった寿桂尼から、和睦仲介を依頼されていた。氏親と寿桂尼の三女・瑞渓院《ずいけいいん》殿は氏康の正妻になっていた。寿桂尼は、「北条の事は骨肉の御間」のため、晴信に和睦仲介を要請していた。晴信はそれをうけて和睦仲裁にあたったのであった。

もっともこのことは、今川家の重臣たちには報《しら》されていなかったらしく、またそれに疑問の声もあったらしい。そのため晴信は、和睦成立後の十一月九日に、和睦の経緯と有効性について、今川家重臣の松井貞宗に説明している。そこでは、今回、氏康を滅亡させたとしても、一〇年ほどが過ぎると、山内上杉家ら「関東衆」が相模・伊豆を経略してしまえば、また領国境をめぐる抗争が生じて、現在の状況と変わらなくなってしまう。だから氏康を存続させて、和睦しておくのがよいのだ、と主張している。ただこれは今川家にとってというよりも、晴信自身にとり、氏康を存続させたほうが有益であった。というのは先に触れたように、晴信は信濃佐久郡をめぐって山内上杉家と敵対関係になっていたからである。晴信としては、山内上杉家の勢力拡大は、自身の佐久郡経略の障害になり、それよりも氏康と共同で山内上杉家と抗争していくのが有益と考えたに違いない。

十月十日に、氏康は相模鎌倉の鶴岡八幡宮に願文《がんもん》を捧《ささ》げて、「駿豆両国の取り合い」について、氏康の本意を遂げられるよう祈願している。「本意」の内容はわからないが、すでに晴信から和睦の打診があったであろうから、その和睦成立についてではなかったかと思われる。そして晴信による和睦交渉は、十月十五日に本格的に開始された。その日、板垣信方《いたがきのぶかた》・

向山又七郎と駒井政頼の三人は連署状を作成し、駒井は北条家家臣の桑原盛正の陣所を訪問して、連署状を渡した。武田方の向山、北条方の桑原は、すでにみてきたように互いの取次を務めた存在にあった。その後、二十日、駒井は長久保城に検使として赴いて、城主の御宿《みしゅく》某は自害した。和睦交渉の条件が、長久保城を北条家から今川家に引き渡すことにあったとみなされ、氏康はそれを受け容れて、まず同城の城主の自害がおこなわれたと考えられる。

二十四日、駒井のもとに、上杉憲政（「官領」）・義元・氏康の「三方和」の起請文が届いた。動作主体が記されていないが、おそらく氏康からと思われる。駒井らの三人の連署状をうけてのことと考えられるからである。晴信は氏康に、義元・上杉憲政との三者間和睦を提案したのであろう。氏康はそれを受け容れて、両者と和睦する起請文を送ってきたのであった。これをうけて駒井は、太原崇孚の陣所を三度におよんで訪問した。義元に和睦成立を承認させる交渉をおこなったのであろう。義元もそれを了承し、二十六日（「廿二日」と記されているが、「二」は「六」の誤写であろう）に義元と氏康の間で停戦が成立した。ついに義元と氏康は停戦を成立させたのであった。

二十九日、駒井は今川家家老とみなされる朝比奈佐渡守の陣所に赴いている。そこで太原崇孚・朝比奈佐渡守と、氏康との和睦に際して、義元と晴信との間で三か条の誓約が取り決められた。内容は、①氏康が境目に城を取り立てて、正当な理由無く攻めかかってきた場合、

②義元が氏康との和睦を破棄したら、晴信もすぐに出陣する、③今回の和睦が破談した場合、晴信は氏康を見限って義元に味方する、というものであった。義元は、今回、晴信の要請を容れて氏康と和睦を成立させるが、その後に、氏康が敵対姿勢をとってきたならば、義元は和睦を破棄し、その時には晴信は義元に味方することを取り決めるものであった。そのことを記した条書に、太原崇孚・朝比奈佐渡守が署判をすえて、板垣信方・駒井政頼に宛てて出された。いわば家老同士で条件の確認がおこなわれたものであった。

こうして義元と氏康の停戦和睦が成立し、十一月六日に長久保城の在城衆はすべて同城から退去した。そして長久保城は今川家に引き渡された。これにより氏康は、河東地域から全面撤退することになった。氏康としては、河越城が敵方に攻囲されて、腹背に敵をうけた状態になっていた。河東地域の領有確保は難しい事態になっていたため、河越城の確保を優先させ、河東地域の完全な引き渡しに応じたと考えられる。おそらくそれは、以前から義元から出されていた条件であったと思われる。氏康はそれを承知できないため、義元からの和睦要請を拒否してきたのであったろう。ところが今回、和睦関係にあった晴信が、義元との和睦を仲介してきたため、また河越城が敵方に攻囲されたため、ついにその条件を承知することにしたといえよう。

三大名家の和睦の意味とは

そして十一月八日、義元と晴信は、双方に大事のことに関しては、自筆の書状で相談し合うことを約束し、九日に互いにそのことを記した自筆の書状を取り交わした。義元と晴信は、これからも変わらぬ交誼《こうぎ》を確認したのである。そして帰陣後とみられる十一月十八日に、今川家家臣から晴信家老の板垣信方に宛てて、晴信への披露状が出されたと推定される。

晴信への披露状は二通ある。これまでは年代について比定されていないが、内容からすると、この天文十四年にあたると考えられる。一通は「近仕衆」からのもので、義元の側近家臣から出されたもの、もう一通は「各内の中」からのもので、義元の重臣から出されたものと思われる。

御書の旨委《くわ》しく拝見申し候、抑《そもそ》も今度御馬を出され、茲《ここ》に因《よ》り治部大輔《じぶのたいふ》（今川義元）且つうは本意を遂げられ候、各満足仕り候、何様態と是より申し上げるべきの由、宜《よろ》しく御披露に預かるべく候、恐々謹言、

十一月十八日「近仕衆より御返事此の如し」

謹上　板垣駿河守（信方）殿

（本文現代語訳）

御書の内容を委しく読みました。そもそも今回御出馬され、それによって今川義元は本意を遂げられました。みな満足しています。様子についてはこちらから申し入れるつもりですので、よろしく（晴信に）御報告をお願いします。

今度御自身御合力山越しされ、委細尊書過分の至りに存じ候、誠に治部大輔（今川義元）多年の鬱憤を散らされ候、併せて御威力を加えられ存じ候、満足これに過ぎず候、薫態と申し入れるべきの旨、能《よ》くよく御披露有るべく候、恐惶《きょうこう》謹言、

十一月十八日「各内の中より御返事此の如し」

板垣駿河守（信方）殿

（本文現代語訳）

今回御自身で御援軍として山越しされ、委しく書かれた尊書を頂戴してとてもうれしいです。まさに今川義元は長年の鬱憤をはらされました。あわせて御力を加えられたと考えます。満足にすぎることはありません。こちらから申し入れるつもりですので、手落ちなく（晴信に）御報告をお願いします。

晴信が自身援軍として今川家領国に進軍してきたこと、今回の戦陣によって義元は「本

意」を遂げ、また「多年の鬱憤」をはらしたというから、これは天文十四年の駿東郡進軍にあたるとみてよいだろう。晴信が甲斐に帰陣したことをうけて、あらためて今川家の家臣から、晴信に援軍としての出陣について礼状が出されてきたとみられるであろう。

こうして晴信は駿河から甲斐に帰陣した。晴信はこの時の出陣によって、義元と氏康の和睦を成立させて、河東一乱を終息させた。晴信は義元とは攻守軍事同盟を結んでいて、氏康とも停戦和睦を成立させていた。まさに両者の和睦を仲介するのに最適の存在であった。義元は必ずしも氏康との和睦に全面的に賛意していたようではなかったが、氏親後室で義元義母の寿桂尼は、氏康との和睦の意向を強く持っていたようで、晴信にその仲介を要請していた。氏康もまた、河東地域での戦況が思わしくないこと、義元の策略で両上杉家から領国に侵攻をうけるようになったことで、晴信の提案に同意した。晴信としても、敵対関係になっていた山内上杉家の勢力拡大を防ぐためにも、義元と氏康の停戦は何より有益である。そのため晴信は和睦仲介に尽力したのであった。

氏康は、河東地域からの全面撤退という大きな代償を支払ったものの、義元との和睦成立によって、両上杉家および古河公方足利家との抗争に専念できる環境になった。氏康にとっては厳しい選択であったといえる。対して晴信は、その後に信濃経略をすすめていくうえで、山内上杉方との抗争を展開していくことになり、その際に氏康と連携していくことが可能になった。そして義元にとっては、河東地域の全面奪還を果たしたことで、そもそもの目的を達成した。この河東一乱の終息は、義元にとって何よりの念願を達成するものであった。そのうえでその後は、三河侵攻を本格的にすすめていくのであった。こうして三大名家は、それぞれの途《みち》を歩むことが可能になった。

活発化する晴信と氏康の交流

三大名家の和睦が成立すると、当然ながら相互の抗争はみられなくなる。それにあわせて、相互の交流がみられるようになった。和睦が成立した天文十四年（一五四五）に、氏康が側近家臣・遠山康光《とおやまやすみつ》を使者として駿府に派遣したことが知られる。ただし残念ながらその用件については判明しない。氏康が駿府に使者を送っていることからすると、和睦後におこなわれた義元との何らかの交渉・交流のためであっただろう。

義元と氏康との交流はあまり確認できないが、晴信と氏康の交流は次第に活発化をみせる。とはいえ河東一乱終息の直後については、晴信と氏康の政治関係はしばらく確認されない。氏康は、天文十五年（一五四六）の河越合戦で、古河公方足利家・両上杉家に軍事勝利し、扇谷上杉家を滅亡させた。その後、同十七年に扇谷上杉家領国の併合を遂げ、同年十月頃には山内上杉家領国の経略をすすめるようになってくる。

一方の晴信は、天文十五年から佐久郡経略を再開し、同十六年の志賀《しが》城（佐久市）攻めには敵方に山内上杉家から援軍が出され、さらに援軍として出陣してきた山内上杉軍との合戦である小田井原《おたいはら》合戦に勝利した。こうして晴信は、明確に山内上杉家と敵対関係となった。そして同十七年から信濃坂木領の村上義清との抗争を開始すると、山内上杉家と村上家の同盟が結ばれた。晴信は山内上杉家と本格的に敵対関係となっていた。ここに晴信と氏康は、山内上杉家を明確に共通の敵とする状況がみられるようになっていた。

そうした状況のなか、天文十七年になって晴信と氏康の政治関係が確認されるようになる。同年三月七日、晴信は北条家に従属する武蔵由井《むさしゆい》領（八王子《はちおうじ》市）の国衆・大石心月斎道俊《おおいししんげつさいどうしゅん》に書状を出している。そこでは大石道俊から向山又七郎に届けられた書状を読んだこと、村上《むらかみ》義清《よしきよ》攻めのために二月（「去月」）一日に出陣し、勝利したこと、信濃伊那郡で叛乱があったためそれを鎮圧して「当郡」（諏訪郡）まで帰陣したことを伝え、かねてから氏康と入魂《じっこん》の関係にあるから、氏康への取り成しを依頼している。この時の晴信の出陣は、いわゆる上田《うえだ》原《はら》合戦（上田《うえだ》市）にあたっていて、実際には晴信の敗戦であった。しかし晴信はここで、勝利したと喧伝《けんでん》している。

晴信は上田原合戦での敗戦をうけて、また敵対関係にあった山内上杉家と村上家が同盟を結んだことをうけて、氏康との関係の密接化を図っていたと思われる。北条家側では、甲斐に隣接して存在していた国衆の大石道俊も、外交に参加していたことがわかる。その大石が、武田家側の取次の向山又七郎を通じて、おそらく信濃の戦況について見舞ったのであろう。晴信はそれに返事し、氏康との協力関係の強化をすすめるうえで協力を求めたのであった。

その一方、義元と氏康の関係はあまりしっくりいっていなかったらしい。三月十一日に、氏康は尾張織田信秀《おだのぶひで》に返書を出していて、そのなかで義元との関係について述べている。信秀から氏康に、「駿州（今川家）・此方の間」について尋ねられたことに対して、氏康は「先年（天文十四年）に一和を遂げ候と雖《いえど》も、彼の国より疑心止む無く候」と述べている。和睦から三年近くが経っていたが、義元は氏康に疑心を抱いていて、それを氏康も認識していたことがわかる。義元と氏康の関係改善が三大名家にとって課題になっていたことを推測できる。

晴信と氏康の軍事協力については、まだ具体的には確認されないが、氏康は天文十七年十月には、山内上杉家の重臣で上野国峰《くにみね》領の国衆・小幡憲重《おばたのりしげ》を味方につけていて、十二月五日には、その小幡憲重が山内上杉家の本拠・平井《ひらい》城（藤岡《ふじおか》市）を攻撃するようになっている。氏康は、晴信からの要請をうけて、本格的に山内上杉家攻略に動いたとみることができるだろう。さらに同十八年七月までに、北武蔵の天神山《てんじんやま》領の藤田泰邦《ふじたやすくに》、深谷《ふかや》領の上杉憲盛《のりもり》を従属させていることが確認される。これにより武蔵における山内上杉家の勢力は、御嶽《みたけ》領・本庄《ほんじょう》領に限られるようになった。

こうした状況のなかで興味深いのは、晴信と西上野小幡家との関係である。晴信は佐久郡経略にともない、同十五年から、西上野西端に存在し、小幡家の家臣になった市川氏一族を家臣にするようになっていた（拙著『戦国期山内上杉氏の研究』）。天文十七年頃には晴信は小幡家に援軍を派遣してもいる。晴信の花押型変遷の状況から年代は同十八年から同十九年頃のものとみなされる、晴信が小幡家有力一族の小幡三河守《みかわのかみ》に宛てた書状があり、小幡憲重と同じく味方になることを誘っている。これらによれば、小幡憲重はすでに天文十七年から晴信に従属していたこと、氏康との間にも従属する関係を結んでいたという状況がうかがわれる。

天文十八年には、義元による晴信と村上義清との和睦仲裁がおこなわれたことが知られる。晴信は、上田原合戦では敗北したものの、その後すぐに立ち直って、再び信濃経略をすすめていき、同十八年七月には伊那郡に出陣して箕輪《みのわ》領の統治にあたった。八月には佐久郡への出陣の準備をすすめた。その際、八月一日に義元から援軍が派遣されてきていることが知られ、「駿河合力衆」の荷物の関所通過を承認している。同月七日に、今川家家臣・一宮出羽守が義元の意向をうけて、晴信と敵対する村上義清本拠・坂木《さかき》城（坂城《さかき》町）に派遣されている。これは義元の仲介により、坂木村上家との停戦和睦の交渉をすすめるものになる。

八月十二日に、晴信が竜淵斎《りゅうえんさい》（詳細は不明）に出した書状で、「義元から一宮出羽守を通して聞いたので、七日に坂木に（使者を）派遣した。いつものように穴山《あなやま》武田信友《のぶとも》（豆州《ずしゅう》）は大酒を振る舞ったので、何についても談合がすすんでいない」「何やかやで一向に思うようにいかず困っている。いっそ（あなたが）すぐにやって来て御意見していただきたい」と述べている。晴信は月末に佐久郡に進軍し、九月十四日に駒井政頼が、次いで一宮出羽守が再度、村上義清のもとに派遣されている。これをうけて晴信は帰陣しているので、義元の仲介によって村上家との停戦が成立したととらえられる。

この時の晴信の出陣は、当初から村上義清と和睦するためのものであったとも考えられる。しかもあらかじめ義元に和睦の仲裁を依頼していたに違いない。義元は晴信の要請を容れて、援軍を派遣するだけでなく、和睦仲裁を務めたということになろう。義元と晴信は、引き続いて親密な関係にあり、政治的に連携してそれぞれの戦略をすすめていたととらえられるだろう。

第三章　三大名家の同盟が誕生

義元の妻・定恵院殿の死去

義元と晴信は、河東一乱での共闘ののちも、変わらず親密な外交関係を続けていた。そうしたなかで天文十九年（一五五〇）になると、新たな動きをみせるようになる。

同年の正月に、義元と晴信との間で、口上の交換、使者の遣《や》り取《と》りがおこなわれている。まず正月十九日に、晴信から義元に駒井政頼が使者として送られて、二十二日に駿府に到着し、二十三日に義元に対面して、晴信からの口上が義元に伝えられた。二十七日・二十九日と続けて振る舞い（宴会）があった。そのうえで義元とその嫡男竜王丸《たつおうまる》（氏真）それぞれから晴信に対して使者が送られた。それらの使者は晦日《みそか》に甲府を出発して駿府に帰還した。そしてこの今川家の使者が駿府に帰還したことをうけて、駒井は駿府を出発して、二月二日に甲府に帰還して、義元からの返事を報告している。

これが新年の挨拶といった定例の遣り取りであったのか、何か特別な申し合わせであったのか、判断できない。ただし気になるのは、竜王丸からも晴信に使者が送られていることである。竜王丸はこの時、一三歳で、まだ元服前であった。その竜王丸から晴信に使者が送られていることをみると、何らか竜王丸の身上に関することで、かつ武田家とも関わりのあることであったように思われる。

この時の義元と晴信の使者と文書の遣り取りについて、これまで特に注目されたことはなかった。通常の新年の挨拶と理解されていたためと思われる。しかしさきほど指摘したように、元服前の嫡男もわざわざ使者を送っていることをみると、通常の挨拶ではなかったように思われる。考えられるのは、竜王丸の婚姻しかなかろう。これが武田家と関係するということからすれば、晴信長女の黄梅院殿（八歳、のち北条氏政妻）との婚約についてであった可能性を想定できる。

もしこの推定の通りであったとしたら、義元と晴信は、義元嫡男の竜王丸の元服が近づいてきたことをうけて、竜王丸と晴信の娘という、次世代における婚姻の成立を図っていた可能性が高いと考えられる。しかし六月二日に、義元正妻で晴信姉の定恵院殿が急死したことで、事態が変化したようだ。駒井政頼は直前に駿府を訪れていて、閏《うるう》五月二十七日に定恵院殿に面会し、太原崇孚雪斎と談合して信濃小笠原家に対する戦略に関して相談したらしく、二十九日には義元に面会していた。これはおそらく、閏五月二十六日に、義元と定恵院殿の長女と推定される隆福院《りゅうふくいん》殿が死去したことへの弔問であったように思われる。定恵院殿は死去の直前まで、使者に対面するほど通常の状態にあったことがうかがわれる。したがってその死去は、急のことであったとみなされる。隆福院殿の死去からわずか五日後に、母の定恵院殿も死去してしまったのである。近親者が相次いで死去していることからすると、死因は流行感染症によった可能性が高いとみられる。

これによって、今川家と武田家の婚姻関係は断絶した。そのため義元と晴信は、すぐに新たな婚姻関係の形成を図ったと思われる。すでに竜王丸と黄梅院殿の婚約をすすめていたのなら、それを本格的にすすめたことであろう。しかしながら、具体的な交渉の過程については全く不明であり、しかも結果として成立した婚姻関係の内容は、それとは全く異なるものになった。

三大名家で相互におこなわれた婚約

義元と晴信の子供に関わる婚姻関係について確認されるのは、天文二十年（一五五一）七月になってからのことになる。すなわち七月二十六日に、武田家からの使者として御一門衆の武田信廉《のぶかど》（晴信の弟）が、「御前迎え《ごぜんむかえ》」のために駿府に派遣され、同日に氏康からの使者として家老の遠山綱景《とおやまつなかげ》が派遣されてきている、というものになる。

これは武田信廉の使者派遣が、「御前迎え」とあることから、晴信嫡男の太郎（義信、一四歳）の正妻として、義元次女（この時点では嫡出長女）の嶺寒院殿（嶺松院《れいしょういん》殿とも、のち貞春尼、一〇歳か）を迎えるための、婚約にともなうものと推定される。そのことから、遠山綱景の派遣は、氏康嫡男の西堂丸《せいどうまる》（氏親、一五歳）と晴信長女の黄梅院殿（九歳）との婚約に関わるものと推定される。そしておそらくは同日に、今川家から北条家にも使者が派遣されて、義元の嫡男竜王丸（氏真、一四歳）と氏康四女（嫡出長女）の早川殿（蔵春院殿、五歳か）との婚約が取り決められたと推定される。つまりこの日に、今川・武田・北条の三大名家相互で、嫡男と嫡出長女の婚約が取り決められた、とみなされる。

これらの婚約は、定恵院殿の死去後すぐから交渉がすすめられていたことであろう。当初は、今川家と武田家の婚姻関係が検討されたのであろうが、いつしか北条家を含めた、三大名家相互で婚姻関係を形成することが検討されることになったと考えられる。そもそも定恵院殿死去以前の時点では、先に述べたように、今川竜王丸（氏真）と黄梅院殿の結婚が想定されていたように思われ、そうであったとすれば、それはその後に北条家を加えたことで、組み替えがおこなわれたことになる。

ここでその間における武田太郎（義信）の動向に注目しておきたい。太郎（義信）は、天文十九年五月二十三日に、まだ元服前の段階で、晴信とともに甲府躑躅《つつじ》が崎館《さきやかた》の台所に出てきていて、同年十二月七日に一三歳ながらも元服して（一般の元服年齢は一五歳）、同二十年四月二十九日に、躑躅が崎館の台所の起工式がおこなわれている。それらの状況をみると、太郎（義信）も天文十九年には結婚が計画されていたように思われる。そうすると三大名家相互の婚約は、天文十九年十二月までに取り決められていたとみることができるかもしれない。定恵院殿死去から、それまでの間に、今川家と武田家との婚姻だけでなく、北条家を加えた三大名家相互の婚姻に組み替えられたと思われる。

そしてその発案は、おそらく晴信によるものであったろう。晴信は、北信濃での村上義清との抗争にあたって、氏康との連携が必要であり、そのため婚姻関係をともなった強固な攻守軍事同盟の形成を求めたと思われる。そして氏康にとっても、今川家・武田家との婚姻をともなう攻守軍事同盟の形成は、願ってもないことであっただろう。山内上杉家との抗争をすすめていくうえで、武田家と共同の軍事行動を展開できることになるからである。具体的な経緯は不明ながら、おそらく晴信からこの三大名家の婚約の話がもたらされると、氏康はすぐに承知したことと思われる。

そのうえで注目されるのは、婚約成立に際しての使者の派遣が、同日におこなわれていることである。これが偶然によるものでなかったことは容易に推察されよう。三大名家は相互に示し合わせて、使者を同日に派遣して、婚約を成立させたのであった。そのこと自体、極めて興味深いといえよう。そしてこのことからうかがえるように、三大名家は、この相互の婚約の成立をもって、早くも政治的に一体化をみせていったといえよう。

こうして三大名家相互の婚約が成立した。それぞれの結婚は、その後の経緯から考えると、おそらく翌年におこなうと取り決められたと推定される。婚約成立後の八月九日に、武田太郎(義信)は結婚にともなって居住する西屋形の建築を開始した。十二月十一日には、今川竜王丸(氏真)が駿府館における新築の屋形に移住している。北条西堂丸(氏親)は、十二月十一日以降に一五歳で元服したと推定される。以後は歴代の仮名「新九郎《しんくろう》」と実名「氏親」を称した(拙著『増補改訂 戦国北条家一族事典』)。いずれも翌年の結婚への準備とみなされよう。また史料では確認されないが、北条氏親もまた、結婚にともなって居住する新屋形の建築を開始したことと思われる。

なお竜王丸(氏真)のみ、この年での元服が確認されていない。氏真の元服は、翌天文二十一年末かさらにその翌年初め頃のことと考えられるが、それは氏真の結婚が、同二十三年に取り決められたことにともなうと思われる。結婚相手の早川殿は、天文二十一年ではまだ六歳にすぎなかったので、社会人として承認される八歳になる同二十三年に結婚することとされたと思われる。そしてその代替として、早川殿のすぐ上の兄で氏康四男の氏規《うじのり》（八歳、当時は元服前、一五四五〜一六〇〇）が、身代わりとして駿府に送られたと推定される（浅倉直美『小田原北条氏一門と家臣』）。

ところが氏康と晴信の婚姻関係の形成は、順調にはいかなかった。天文二十一年三月二十一日に、北条氏親が一六歳で死去してしまったからであった。それにより氏康と晴信は、新たな婚姻関係の取り決めをすることになる。氏康は氏親死去にともなって、次男の松千代丸《まつちよまる》（氏政、一四歳）を新たな嫡男に立て、それと黄梅院殿との結婚をすすめていくことになる。

武田義信と嶺寒院殿の結婚期日

三大名家による相互の縁組みのうち、最も早く準備がすすめられたのは、武田太郎（義信）と嶺寒院殿の結婚であった。婚約が成立した翌年の天文二十一年（一五五二）正月八日、太郎（義信）は具足召し初めをおこなっている。これで太郎（義信）の初陣の準備が整った。

二月に入ると、今川家と武田家との間で起請文交換の交渉が開始されている。「甲陽日記」には、以下のようにある。

朔甲巳、駿府へ御使者を遣わさる、
二日、駿府へ着す、小林所宿、穴山殿（信友）旅宿へ参る、一出（一宮出羽守）・高兵（高井兵庫助）と相談致し、義元へ披露す、
三日、一出より御誓句の案文請け取る、
翌日（四日）、飛脚を以て甲府へ進上仕り候、
六日、巳・午の刻、義元へ出仕仕る、

二月一日に晴信は、駒井政頼を使者として義元のもとに派遣している。駒井は、駿府では小林という人の屋敷に逗留《とうりゅう》し、武田家御一門衆で今川家への取次を担っていた穴山武田信友の旅宿に赴いている。ここで穴山武田家は、駿府に旅宿をもっていたことがわかる。これは同家が、今川家への取次を務めていたことにともなう。これによって取次には、旅宿が与えられたことがわかる。そこで駒井は、今川家の武田家への取次担当の一宮出羽守・高井兵庫助と談合し、その内容は、義元に報告されている。

それをうけて翌三日に、一宮出羽守から起請文の案文が提示され、駒井はそれを請け取っている。起請文は、晴信から義元に差し出すもので、その文面が義元から示されたのであった。前日における駒井と一宮らの談合は、その文面に関することであったに違いない。駒井

はその案文を、飛脚で甲府の晴信のもとに送っている。その後、六日に、駒井は直接に義元のもとに出仕している。ここで晴信が義元に差し出すことになる起請文は、太郎（義信）の婚姻に関わるものであった。

起請文の交換は四月におこなわれた。「甲陽日記」には、このように記されている。

朔日癸丑、義元への御誓句、一出に御渡し候間、翌日、定林院《じょうりんいん》坂本（木）へ越され候、八日、一出に来たる、十一月必ず甲府へ御輿《こし》入れるべき御書、一出請け取る、甲府へ帰る、

四月一日に、晴信から義元への起請文が、一宮出羽守に渡されている。これは駒井から渡したものであろう。駒井はその間もずっと、駿府に滞在を続けていたと考えられる。駒井は、そのことを、信濃坂木に在陣している晴信に、定林院を使者にして連絡している。そして八日に、一宮出羽守の訪問をうけて、義元から晴信への起請文を請け取っている。その内容は、必ず十一月に輿入れさせる、ということを誓約したものであった。駒井はこれを請け取ると、ようやくに甲府に帰還したのであった。

こうして太郎（義信）と嶺寒院殿の結婚期日が取り決められた。これをうけて太郎（義信）

は、四月二十七日に「太郎様御屋移り」と、新築なった西屋形に移住している。結婚に向けての独り立ちであった。ただし屋形はまだ建築中で、ようやく六月二十一日に、「御（曹）司様（太郎）の対の屋敷棟上げ」とある。

ちなみにここで注目しておきたいのは、両家で結婚期日を明示した起請文が交換されていること、そしてその起請文は婿側が先に提出し、それをうけて嫁側が提出していることである。先の婚約の成立の時もそうであったが、婿側から嫁側に使者が派遣されていた。結婚に関しては、婿側が先に使者派遣や起請文を提出する慣習にあったことがうかがわれる。現代の結婚でも、嫁の実家に婿が挨拶に行くことがあるが、それはその名残といってよかろう。

早くも一体視される三大名家

三大名家による相互の縁組みは、こうして婚約が成立し、今川家と武田家との間では結婚期日が取り決められた状態になった。まだ婚儀がおこなわれる段階にはいたっていなかったが、それらの婚約成立によって、三大名家は相互に攻守軍事同盟を結んだと理解される。相互に交換された起請文の内容が判明しないので、そのことを検証することはできない。しかし、その他の戦国大名家同士の同盟関係の事例をみると、起請文が交換され、婚約が成立した時点で、攻守軍事同盟は成立をみたと認識されるからである。

もちろん婚姻関係が成立するかどうかで、両家の関係には大きな違いがあり、婚姻関係の形成により、両家は「親子兄弟同前の間」「骨肉の筋目」という、まさに政治的に一体化し、その攻守軍事同盟もとりわけ強固なものになったと認識される。そのため婚姻関係の形成は、同盟の「契約の証《あか》し」としての性格にあり、同盟という契約関係を保証する性格にあった。婚姻をともなわない同盟関係は、起請文によって攻守軍事同盟として契約されたとしても、相対的には不安定であったととらえられる。

それだけではなかった。同盟関係にあったとしても、常に確認し合う必要があった。先の天文十四年の義元・晴信の河東進軍においても、数度におよんで両者で起請文が交換されていた。そうした事態は同盟関係を継続していくうえで通例であり、そうした状況は「数枚の誓詞を取り替わし」「年来の数枚の誓約を以《もっ》て」と表現されている。一度の起請文交換だけでは、けっして同盟関係は続かなかったのであり、その都度に起請文を交換して、関係の継続を確認し合うことが必要だったとみなされる。

三大名家について、相互の婚約の成立によって、相互の攻守軍事同盟が成立したということは、三大名家が政治的に一体化したことを意味した。そのことは周囲の政治勢力にも認識されていった。そのことをうかがえるのは、天文二十一年（一五五二）の四月二十七日に、後奈良《ごなら》天皇から「今川治部大輔（義元）・武田大膳大夫《だいぜんのだいぶ》（晴信）・北条左京大夫《さきょうのだいぶ》（氏康）」それ

ぞれに、大和奈良の東大寺大仏殿などの修理のための寄付を命じる綸旨《りんじ》が出されていること
による。

東大寺大仏殿・同じく四面廻廊、既に大破に及ぶの条、嘆き思《おぼ》しめす所也、仍《よ》って修造
勧進として祐全《ゆうぜん》上人下国すと云々、偏《ひとえ》に奉加《ほうが》の懇志を抽《ぬき》んじられ、尤《もっと》も報恩の別忠たる
べきの旨、天気此くの如し、仍って執達件の如し、
四月廿七日　　権右少弁（甘露寺）経元《つねもと》
今川治部大輔（義元）殿
武田大膳大夫（晴信）殿
北条左京大夫（氏康）殿　　「三通也」

これは綸旨の案文（控え）であり、三大名家に連名で出されたようにみえるが、末尾に「三通也」と記されているように、実際には各自に出されたものである。そのうえで同文のものが、三大名家について、同時に作成されていることになる。このことは三大名家が、他の政治勢力から、すでに一体的な政治勢力として認識されていたことを示している。いまだ相互の婚姻関係は成立していなかったが、周囲の政治勢力は、この段階から三大名家をその

ように認識していた。

ちなみにここで、三大名家については、今川・武田・北条の順で記されている。この序列は、例えば今川家・武田家に関しては、永禄九年（一五六六）に比定される十月に、正親町《おおぎまち》天皇綸旨が両家に出された際にも、「今川上総介《かずさのすけ》（氏真）殿・武田大膳大夫入道（信玄）殿」の順で記されていて、その序列に変化はみられない。三大名家は、戦国大名としては対等であったが、政治的地位は、今川・武田・北条の序列にあったことがうかがわれる。

氏康と越後長尾景虎の衝突が起きる

三大名家が相互の結婚をすすめていたなか、晴信と氏康にとって、その後の政治動向を大きく左右する事態がみられた。それは越後長尾景虎（一五三〇〜七八）との衝突である。天文二十一年（一五五二）に、まずは氏康が長尾景虎と衝突した。

氏康は天文二十一年二月から、山内上杉家の経略を本格的にすすめ、山内上杉方の最前線で、武蔵において唯一の拠点にあった御嶽《みたけ》城（神川《かみかわ》町）を攻略。三月に入ると山内上杉家本国の上野に進軍した。これに応じて東上野赤石《あかいし》領（伊勢崎《いせさき》市）の国衆・那波宗俊《なわむねとし》が氏康に従い、それをうけて西上野の山内上杉方の国衆が、那波家に味方して相次いで氏康に従属してきた。また山内上杉憲政に近仕する馬廻《うままわり》衆も、憲政を見捨てて氏康に降伏し、憲政は彼らによってついに本拠の平井城から追い出されてしまった。
憲政は平井城から没落した後、東上野新田《にった》領の横瀬《よこせ》（のち由良《ゆら》）成繁《なりしげ》や下野《しもつけ》足利領（足利市）の足利長尾当長《まさなが》（のち景長《かげなが》）を頼ろうとするが、すでに那波家や館林《たてばやし》領（館林《たてばやし》市）の赤井《あかい》文六《ぶんろく》らの氏康方の国衆との間で戦闘が行われていたためであろう、入城することができず、やむをえず北上野白井《しろい》領（渋川《しぶかわ》市）の白井長尾憲景《のりかげ》を頼った。しかしここでも反撃の態勢を整えることができなかったため、五月初めに越後の長尾景虎を頼って、越後に落ちた。こうして南北朝時代以来、関東政界の中枢にあった山内上杉家は、ついに没落をみることになった。

　とはいっても、ながく関東の政治社会で中心的な地位を占めてきた山内上杉家だったから、簡単にその政治的命脈を絶たれたわけではなかった。憲政は、長尾景虎に関東復帰のための支援を要請し、景虎もこれを容《い》れて、その五月中には、景虎は越後勢を上野に進軍させてきた。そして七月頃には、景虎自身も上野に出陣してきた。この時景虎は、山内上杉家家臣の岡部《おかべ》左衛門尉《さえもんのじょう》に対し、その在所の矢島《やじま》（深谷《ふかや》市）について、越後軍による濫妨狼藉《らんぼうろうぜき》の禁止を保障する制札を出しているから、越後軍は利根川近辺まで進軍してくる状況にあったことがうかがわれる。このの ち景虎は、十月頃までは、上野に在陣したようである。

　いうまでもないが、この長尾景虎こそ、後に憲政の家督を継ぎ山内上杉家の当主となって上杉苗字を継承して、上杉政虎、次いで輝虎と名乗り、出家後は謙信を称する、上杉謙信である。この時の景虎は、二二歳の若さで、越後国主という地位にあった。景虎の家系は、代々にわたって越後守護上杉家の家宰と越後守護代を務める府中長尾家と称されるもので、父為景《ためかげ》は永正四年（一五〇七）に下剋上を起こし、主人越後上杉房能《ふさよし》を殺害、新たな守護としてその一族の上杉定実《さだざね》（房能従兄弟《いとこ》）を擁立し、その後は定実を傀儡《かいらい》化して、事実上の越後国主として存在していた。しかし晩年に越後の戦乱を鎮圧できず、家督を嫡男晴景に譲って隠居する。しかしその後も国内での反対勢力との抗争はやまず、晴景は天文十三年に、定実を守護の地位に復帰させて、ようやく反対勢力の鎮圧を遂げる。

その過程で台頭してきたのが、晴景の弟にあたる景虎であった。天文十七年には両者の間で抗争が展開され、年末に定実の調停によって晴景は隠居、景虎が家督を継ぐ。二年後の天文十九年二月に守護定実が死去、後継者がいなかったため越後上杉家は断絶した。その直後、景虎は将軍足利義藤《よしふじ》（のち義輝《よしてる》）から越後国主の地位を認められ、ついに景虎は越後の戦国大名の地位をえた。そして天文二十年には、父為景以来、対立関係にあった上田庄坂戸《さかど》城（南魚沼市《みなみうおぬま》）の上田長尾家（もと山内上杉家の家臣筋）を服属させ、ようやくに越後の統一を果たしたところであった。憲政が頼ってきたのは、ちょうどそうした時期にあたっていた。

越後の国衆たちのなかには、とくに上野に近い上田長尾家などは、上野の国衆と密接な関係を持っていたから、景虎はそれらの意向をもうけて、憲政支援のために動くことになったとみられる。

一方の氏康は、新田領横瀬成繁や下野佐野泰綱《さのやすつな》といった上杉方の国衆から攻撃されていた、館林領赤井文六を救援するために、天文二十一年九月上旬に再び上野に進軍した。景虎との直接の対戦はなかったようだが、ここに両者は、明確に敵対関係になった。氏康は、十二月頃まで上野に在陣し、上杉方の国衆の経略を続けたようである。こうして氏康と景虎は、明確に敵対関係となった。とはいえその対決は、しばらくお預けとなる。翌天文二十二年から、氏康は房総里見《さとみ》家への本格的な攻撃に重点を移し、一方の景虎も、北信濃の領有をめぐって武田晴信との抗争を展開していったためである。けれどもここに、氏康は長尾景虎という国外勢力を、新たな敵として迎えたのであった。

武田太郎と嶺寒院殿の結婚

今川家と武田家は、かねての約束の通りに、天文二十一年（一五五二）十一月に武田太郎（義信）と嶺寒院殿の婚儀をおこなった。婚儀は十一月二十七日におこなわれた。その前後の状況について、「甲陽日記」はこのように記している。

十九日丁酉、御輿の迎えに出府、当国衆駿河へ行く、
廿二日庚子、御新造様（嶺寒院殿）駿府を御出《い》で、興津に御泊まり、
廿三日、うつぶさ、
廿四日、南部、
廿五日、下山、
廿六日、西郡、
廿七日乙巳、酉・戌の刻府中穴山（信友）宿へ御着、子・丑の刻御新造へ御移り、
廿八日冬至、三浦（氏員《うじかず》）出仕、御対面、
廿九日、高井（兵庫助）・三浦方へ宿へ礼に遣わさる、
（十二月）癸丑（五日）、高井方を呼ぶ、
六日、三浦帰府、
十四日、高井帰府、

婚儀をうけて嶺寒院殿は、「御新造」屋形に入った。すなわちかねて建築されていた西屋形にあたるだろう。

婚儀にあたっては、十九日に武田家家臣が迎えのために駿府に向けて甲府を出立していた。

嶺寒院殿が駿府を出立したのは、二十二日であった。その日は駿河興津（静岡市）に宿泊、二十三日に内房《うつぶさ》（富士宮市）、二十四日に甲斐河内領の南部《なんぶ》（南部《なんぶ》町）、二十五日に同下山《しもやま》（身延《みのぶ》町）、二十六日に西郡《にしごおり》と宿泊を重ねて、二十七日の酉・戌刻（午後七時前後）に甲府の穴山武田家の屋敷に到着し、子・丑刻（午前一時前後）に躑躅が崎館の西屋形に入ったという。婚儀は真夜中におこなわれたのであった。嶺寒院殿が直前に穴山武田家の屋敷に入っているのは、同家が今川家への取次担当であったためである。

婚礼行列の様相については、「勝山記」に記されている。

此の年霜月廿七日に駿河（今川）義元の御息女（嶺寒院殿）様を、甲州の（武田）晴信様の御息武田太郎（義信）様御前になおしめされ候、去る程に甲州の一家・国人煌《きら》めき言説に及ばず候、武田殿人数には、「サラ」に熨斗《のし》付け八百五十腰、義元様の人数には五十腰の御座候、輿は十二丁、長持廿かかり、女房衆の乗鞍馬百疋《ひき》御座候、両国よろこび大慶は後代に有る間敷く候、其の中にも小山田弥三郎殿（信有）一国にて御勝れ候、

迎えに出た武田家の行列は、「サラ」（鞘《さや》か）に熨斗付けの拵《こしら》えをした太刀を帯びた八五〇人、同行する今川家の行列は、五〇人の武者、輿一二丁、長持二〇丁、嶺寒院殿に付き添う

女房衆の乗鞍馬は一〇〇疋というものであったという。この婚儀に、甲斐・駿河両国の喜びは後代には無いことだろう、と評されている。また今川家からは、家老筆頭の三浦氏員や取次担当の高井兵庫助が同行してきていて、三浦は二十八日に信玄に出仕している。三浦は六日に、高井は十四日に帰還している。その間には、数度となく宴席が催されたことであろう。

なお武田太郎は、翌年十二月十九日に、将軍足利義藤から「義」字の偏諱《へんき》を与えられて、実名義信を名乗ることになる。また義信と嶺寒院殿の間には、この後、娘一人が生まれたことが知られる。ただし生年は不明であり、のちに義信死去をうけて嶺寒院殿が駿河に帰国した際には、それに同行したことが伝えられているにすぎず、その動向についてはほとんど判明していない。

こうして武田太郎（義信）と嶺寒院殿は結婚した。今川家と武田家は、新たな婚姻関係を形成し、再び攻守軍事同盟を強固なものとした。もっともこれから一五年後に、義信の死去をうけて嶺寒院殿は駿河に帰国することになり、両家の婚姻関係は断絶してしまうことになる。そしてそのことが、駿甲相三国同盟そのものの崩壊をもたらす契機になるのであったが、この時点では、誰もそのようなことになるとは想像すらできなかった。

北条松千代丸と黄梅院殿が婚約

武田家と北条家の婚約については、天文二十一年（一五五二）三月に北条氏親が死去したことをうけて、晴信と氏康は、あらためての婚約の成立をすすめたことであろう。氏康は、氏親に代わる新たな嫡男に、次男でその同母弟であった松千代丸（氏政）を立てて、黄梅院殿との婚約をすすめたとみなされる。そうして翌年の天文二十二年正月十七日に、氏康から晴信のもとに使者が派遣されている。晴信は使者に対面し、同席した武田家家臣に郡内小山田信有と宮川将監《しょうげん》らがあった。両者は北条家への取次担当で、そのため両者のみ烏帽子《えぼし》を着用していたという。

そして同月二十日、氏康から晴信に宛てた起請文と進物が、御一門衆の穴山《あなやま》武田信君《のぶただ》（信友の子）に渡されている。また北条家の使者からの進物を、宮川将監が晴信のもとに持参している。進物は「自面」の樽《たる》・銭二〇〇疋《ひき》（二貫文、約二〇万円）・太刀一腰であった。晴信はその返礼として、「キマウロク」一巻を贈っている。この日頃まで、北条家の使者は滞在していたのであろう。その後、二月二十一日になって晴信は、氏康に宛てて起請文を作成し、翌年の天文二十三年に黄梅院殿を小田原に輿入れさせることを誓約した。「甲陽日記」には、以下のようにある。

戌刻来る、甲寅の年（天文二十三年）小田原（北条家）へ御輿入れらるべきの由、（武田）晴信公よりの御誓句、（北条）氏康よりの御誓句は、去る正月十七日に来たる、

これはすぐに北条家に送られたことであろう。これをうけて三月十七日に、北条家から使者として氏康の重臣・南条綱長《なんじょうつななが》が派遣されている。

こうして北条松千代丸と黄梅院殿についての新たな婚約が成立をみたと思われる。また婚約の成立にあたっては、ここでも双方で起請文を交換している。その際、起請文を出す手順としては、先の義信と嶺寒院殿の婚約の場合と同様に、嫁を迎える側が最初に作成し、それをうけて嫁を出す側が作成する手順になっていたことがわかる。

晴信と景虎が衝突

武田家と北条家であらためての婚約が成立した直後の天文二十二年（一五五三）五月二日に、晴信の意向をうけて、駒井政頼は氏康家臣・桑原盛正に、「御加勢御無用」の書状を送っている。氏康から晴信に、援軍派遣の打診があったが、晴信は遠慮したのであった。この時、晴信は三月二十三日から五月十一日にかけて北信濃に出陣していた。そこでは四月九日に、村上義清を本拠の坂木城から没落させ、坂木領の経略をすすめた。五月十一日に晴信が

甲府に帰還した際には、前年に義信と結婚したばかりの嶺寒院殿（「御新造様」）から樽二つが贈られている。これは嶺寒院殿の武田家での動向を示す、最初の事柄になる。

本拠から没落した村上義清は、長尾景虎を頼った。村上義清は長尾景虎から支援をうけて、反撃にでてきて、四月二十三日には坂木城を奪回し、その後は小県《ちいさがた》郡に進軍して塩田城（上田市）を攻略し、同城に在城した。晴信は六月二十一日に、その塩田城を攻略することを決め、二十五日に出陣した。そして八月五日に同城を攻略し、村上義清を再び没落させた。これに長尾景虎が援軍として北信濃に進軍してきた。景虎は七月初めの段階で、村上支援のため北信濃に進軍する予定でいたが、遅れたのであろう。八月には信濃に入り、九月一日には川中島地域に進軍し、同地に在陣していた武田軍を破った。しばらく武田軍と長尾軍の攻防が各所で繰り広げられたが、二十日に長尾軍は退陣した。

これが第一次川中島合戦である。ここに晴信も、長尾景虎と本格的に敵対関係になった。それはすなわち、晴信と氏康は、長尾景虎を共通の敵として迎えることになったことを示している。晴信と氏康は、この年初めに新たな婚約を成立させていた。そうしたところ、ともに長尾景虎と敵対する関係になった。晴信と氏康は、婚姻関係を形成させて、両家の攻守軍事同盟を強固なものにしていく必要を痛切に感じるようになったことであろう。

ちなみに長尾景虎の信濃退陣直後にあたる九月二十八日に、西上野国峰領の国衆・小幡憲重・信実《のぶざね》父子が晴信に出仕してきている。小幡家はすでに天文二十一年に山内上杉家が没落したのちは、氏康に従属していることが確認される。その小幡家が、ここで晴信に出仕しているのである。戦国大名への出仕は、すなわち従属にあたった。したがって小幡家は、ここで晴信に従属したのであった。

先に触れたように、晴信と小幡家の政治関係は、すでに天文十七年頃から形成されていた。ここでの出仕は、小幡家が晴信に従属関係にあることを明示する行為になる。これにより小幡家は、氏康と晴信の両者に従属する両属関係を形成したのであった。これは、隣り合う戦国大名家が同盟・友好関係にあった場合、両家の領国の境目地域に所在した国衆によくみられた事態であった。晴信と氏康は、そうした領国境目に位置した、両属する国衆を通じて、その関係をますます密接なものとしていくのであった。

今川氏真と早川殿の結婚

天文二十三年（一五五四）七月に、三大名家相互の婚姻関係として二組目となる、今川氏真と早川殿の結婚がおこなわれた。氏真は一七歳、早川殿は八歳くらいと推定される。婚儀の様子については、甲斐の年代記である「勝山記」に記されている。「勝山記」は、武田家領国の者が記した記録であるから、武田家関係以外のことはあまり記されることはないが、ここではその婚儀の様子についての記述に、それなりの分量が費やされている。

駿河の屋形様（今川氏真）へ相州屋形様（北条氏康）の御息女（早川殿）を迎い御申し候、御供の人数の煌《きら》めき、色々の持ち道具、我々の器用ほど成され候、去るほどに見物、先代未聞に御座有る間敷く候、承け取り渡しは三島にて御座候、日の照り申し候事は言説に及ばず、余りの不思議さに書き付け申し候、

ここから、花嫁の受け渡しは、北条家領国と今川家領国の境目となる伊豆三島でおこなわれたことがわかる。そこまでは北条家の家臣が送り、そこからは今川家の家臣によって移動したことがうかがわれる。北条家から付き従った家臣たちは、キラキラと煌めくように武具（「持ち道具」）を装っていたという。そしてそのために、沿道の見物人は「先代未聞」というほどに賑《にぎ》わいをみせたらしい。

こうした状況は、現在でいうところの一大パレードにあたったといえる。戦国大名家の婚礼行列に供奉《ぐぶ》する家臣たちは、ここぞとばかりに飾り立てていたと思われる。さらに婚礼行列を、沿道の人々が見物していたことも知られる。それらはすなわち領民であり、行列はそうした領民へのアピールであったことがわかる。隣り合った今川家と北条家の婚姻は、両国

間の平和確立を示すものであった。領民はその婚礼行列をみることで、そのことを実感することになったに違いない。さらには大名家の存在が、そうした領民の視線に、しっかりと入っていたことも明らかであろう。戦国大名家と領民は、決して交わりのない関係であったのではなく、戦国大名家は領民の視線を気にしなければならない関係であったことがわかる。

そしてこの日は、ことのほか天気が良かったらしい。「勝山記」の筆者は、それが滅多にないことであったので、わざわざそのことを書き留めているのであるが、それは、天がこの婚姻を祝福していることとして受けとめられたことを意味しているのであろう。滅多にないほどの良い天気の婚礼行列に、人々は、これからの今川家と北条家の繁栄を感じたのではないだろうか。

この婚儀に関する史料としては他に、同年七月十六日付けで北条家が伊豆西浦（沼津市）の直轄領に在所する在村被官たちに宛てた朱印状（朱印を押捺《おうなつ》して出した公文書）で、「駿州御祝言の御用（経費）」の現金六六七貫文（現在の六六七〇万円）と紙八駄を、西浦から今川家領国の駿河清水（静岡市）までの運送を命じているものがある。婚儀にともなって駿河に送られた物資はそれ以外にもあったに違いないが、ここでは現金と紙の輸送について命じるものとなっている。しかも現金は、婚礼にともなう費用にあたり、その額は現在の約六七〇〇万円にものぼっていたことは驚きである。大名家の婚儀には、それだけの巨額の費用がかかるものであったことが知られる。

なおこの後、氏真と早川殿との間には、永禄九年（一五六六）頃に一女（吉良義定《きらよしさだ》妻）が生まれたと推定され（早川殿は二〇歳ほど）、その後では元亀《げんき》元年（一五七〇）に嫡男範以《のりもち》（早川殿は二四歳ほど）、天正《てんしょう》四年（一五七六）に次男品川高久《しながわたかひさ》が生まれている（早川殿は三〇歳ほど）。戦国大名家としての今川家は、永禄十二年に武田信玄の侵攻によって、実質的には滅亡するが、氏真と早川殿は、滅亡後も変わりなく夫婦として有り続けるのである。その関係は互いが老年で死去するまで続き、三大名家相互での縁組みのうち、最も長期にわたるものになっている。三大名家のうち最も早くに滅亡してしまうのが今川家であったが、氏真と早川殿の婚姻が最も長期にわたって続いたというのは、何やら皮肉めいているようでもある。

晴信と遠江・三河国境との接触

今川氏真と早川殿の婚儀がおこなわれた天文二十三年（一五五四）七月には、武田晴信は信濃下伊那郡の経略をすすめていた。晴信は八月十五日に下伊那郡に侵攻し、知久家・下条家・松尾小笠原家・松岡家などを相次いで従属させた。さらには木曾《きそ》郡の国衆・木曾家も従属させた。そうした晴信の勢力は、信濃最南端にまで及んでいった。そして下伊那郡和田領（飯田市）の国衆・遠山孫次郎《とおやままごじろう》の従属をめぐって、今川家に従属する遠江犬居《いぬい》領の国衆・天《あま》野《の》景泰《かげやす》と通信するようになっている。和田領の東側は、犬居領にあたっていた。

　九月一日に晴信は天野景泰に書状を送っていて、以後、同月二日に晴信の重臣で取次役の長坂虎房《ながさかとらふさ》、同月六日に晴信、十一月十七日に晴信、同月二十六日に晴信が相次いで書状を送っている。まず一日付けで晴信は、「先年」に申しあわせたものの、その後の通信はなかったが、伊那郡一円を領国化したので、今後は通信する意向を示した。その副状《そえじょう》として出された二日付けの長坂虎房書状では、「先年」に駿府で面会してからは通信していなかったが、遠山孫次郎の進退について天野から連絡が寄越されたことをうけ、遠山を攻略する意向にあった。しかし、天野から中止の要請があり、そのことについて晴信から承認を得たので、遠山から人質を出してくるよう周旋されたい、と要請している。

　晴信は下伊那郡を経略し、最南部の遠山領経略をすすめようとしたところに、隣接して存在した遠江の天野家から中止を要請され、晴信は天野に、遠山から晴信に人質を出して晴信に従属することを働きかけさせたことが知られる。これをうけて天野は、遠山に晴信への従属を働きかけていったとみなされる。長坂からの報告をうけた晴信は、六日に「駿甲の事、別而申し談じ候」をもとに、天野の要請を了承し、遠山の従属を承認する意向を伝えている。これをうけて天野は、遠山に晴信への従属を働きかけたことと思われる。武田家と天野家の交流は、「先年」に駿府で長坂が天野と面会したという経緯にあったが、おそらくは長坂が晴信の名代として、正月儀礼などの際に義元に出仕し、その折りに天野との面識を得たものであったのだろう。しかしその後は、両者の間には具体的な交流はみられなかったことも知られる。

それから二か月ほど後の十一月に、晴信は天野に書状を送っていて、十一月十七日付けでは、今後の交流を要請している。なおそこでは「未《いま》だ相談せず候」と記していて、あたかも晴信から天野への初信のように受けとめられかねないが、宛名には天野景泰だけでなくその嫡男虎景《とらかげ》もみえている。それまでの晴信の書状は景泰だけに宛てられているので、その文言は虎景が含まれたことによると考えられる。そして同月二十六日付けでは、遠山が晴信に出仕したことをうけて、遠山を庇護《ひご》することを伝えている。

晴信はこの時の進軍で、信濃南部全域の領国化を遂げた。それによって今川家領国の遠江・三河とも領国を接することになった。そうして遠江国衆との交流も生まれるようになったのである。ここで晴信は信濃南部の領国化を遂げたことで、それらの国衆たちは東美濃《ひがしみの》や三河とも密接な関係にあったことから、おのずと晴信もそれら東美濃・三河情勢にも関わるようになっていく。それがやがて尾張織田信長（信秀の子、一五三四～八二）との政治関係の展開につながっていき、ひいてはそのことが晴信と今川家との関係の在り方に変化をもたらしていくことになるが、それはまだ先のことであった。

北条氏政と黄梅院殿が結婚

三大名家相互の縁組みのうち、最後に残されたのが北条氏政と黄梅院殿の結婚であった。前年の婚約において、結婚は天文二十三年（一五五四）におこなうことが取り決められたが、具体的な時期としては十月におこなうことが予定されたと思われる。おそらくそれをうけて氏政は前年末の一五歳の時か、この年初めの一六歳で元服したと推定される。史料で確認できないが、結婚にともなって居住する新屋形も建築されたことであろう。

婚儀の時期が近づいた九月二十六日に、晴信は「小田原祝言の儀申し合わせ候」ため、出陣していた北信濃から帰陣している。晴信は婚儀のために、軍事行動を中断したことになる。戦国大名家同士における婚儀とは、軍事行動よりも優先されるほどの重要事であったことがうかがわれる。ところが婚儀が予定された十月、北条家では前古河公方足利晴氏の謀叛《むほん》事件の鎮圧にあたっていたため、婚儀は延期を余儀なくされたとみなされる。

足利晴氏の謀叛は七月二十四日のことであった。氏康は山内上杉家を没落させたことをうけて、天文二十一年十二月、晴氏に、妹芳春院殿が生んだ梅千代王丸《うめちよおうまる》（のち義氏《よしうじ》）に、古河公方足利家の家督を譲らせていた。これにより氏康の甥《おい》が、「関東の将軍」にあたる古河公方足利家の当主になり、氏康は関東管領《かんれい》としてだけでなく、血縁の伯父《おじ》として、古河公方足利家当主を後見する立場になっていた。晴氏は古河公方足利家の本拠・下総古河《こが》城（古河《こが》市）から退去し、代わって梅千代王丸が同城に在城したが、この年の五月に、梅千代王丸は、母芳春院殿が在城する下総葛西《かさい》城（葛飾《かつしか》区）に帰還していた。それにより古河城は城主不在になっていた。しかも七月は、今川氏真と早川殿の婚儀がおこなわれていた時期にあたり、足利晴氏はその隙を衝《つ》くようにして、古河城を乗っ取って謀叛したのであった。

そのうえ古河城周辺ではその後に洪水が発生した。そのため氏康による古河城攻めは九月下旬からようやく本格的におこなわれるという状況であった。そして氏康は、十月四日に古河城を攻略し、足利晴氏の謀叛を鎮圧した。その後に晴信と氏康は、あらためて婚儀の時期について取り決めたと思われる。そこでは翌々月の十二月におこなうこととなったと考えられる。

そして同年十二月に、北条氏政と黄梅院殿の婚儀がおこなわれた。その様子については「勝山記」に以下のように記されている。

此の年の極月、甲州武田の晴信様の御息女（黄梅院殿）様を、相州の（北条）氏安（康）の御息新九郎（氏政）殿の御前に成され候に、去る程に甲州の一家・国人色々の様々を煌めき、或いは熨斗付け、或いはかいらけ、或いは片熨斗付け、或いは金覆輪《きんぷくりん》の鞍を、輿は十二丁、蟇目《ひきめ》の役は小山田弥三郎（信有）殿めされ候、御供の騎馬甲州より三千騎、人数は一万人、長持四十二丁、承け取り渡しは上野原にて御座候、相州より御迎いには遠山（綱景）殿・桑原（盛正）殿・松田（盛秀）殿、是も二千騎計りにて罷《まか》り越し候、去る程に甲州の人数は皆悉《ことごと》く小田原にて越年めされ候、小山田弥三郎殿両国一番の仕付けの人に取られ候、小山田殿の御内には小林尾張守殿、氏安の御座へ御参り候、加様なる儀は末代に有る間敷く候間、書き付け申し候、

婚礼行列は、輿一二丁、騎馬武者三千騎、人数は一万人、長持四二丁というものであった。送り届け役は、北条家への取次担当の家老・小山田信有が務め、北条家からの迎えには、家老の遠山綱景・松田盛秀と取次担当の桑原盛正が騎馬二千騎でやってきた。そして郡内領上《うえ》野《の》原《はら》（上野《うえの》原《はら》市）で受け渡しがおこなわれた。この行列も両国の沿道の民衆に見物されたことであろう。

こうして北条氏政と黄梅院殿は結婚した。婚礼行列は、供奉の人数は一万人、騎馬三千騎という、極めて大人数であった。迎えの北条家の行列も騎馬二千騎という、大人数であった。先の義信と嶺寒院殿の結婚の場合、同行する今川家家臣は五〇人、迎えの武田家家臣も八五〇人にすぎなかったことと比べると、桁違いになっている。

輿の数量は同じであったが、この輿が一二丁というのは、花嫁本人を除くと輿を使用できる上級の女性家臣一一人が供奉したことを示していると考えられる。それとは違い、嶺寒院殿に供奉した長持は二〇丁であったのに対し、黄梅院殿の場合は、その倍以上の四二丁になっている。ただしこれは長持の大きさの違いによるとみるのが正しいようである（浅倉直美氏の御教示）。この長持の数は、持参した嫁入り道具の数量にあたっている。そうすると輿の数、すなわち随行する上級の女性家臣の数や、嫁入り道具を収めた長持の数は同じになるように調整されていたと考えられるだろう。それは三大名家相互の間だけのものであったのか、この時代の戦国大名家の婚儀における慣習であったのかはわからない。しかしその内実の究明は大変興味深い。

輿受け渡しのあとは、通常では、取次担当家臣などの一部を除いて、送る側の家臣は引き返すのであったが、この時は武田家家臣はその後も婚礼行列に同行して、小田原まで赴いた。理由は判明しないが、年末に近かったためであろうか。武田家家臣は一万人に及んでいたから、それだけの人数を宿泊させるだけでも大がかりであったろう。滞在費用は北条家ですべて面倒をみたであろうから、仮に一人につき一日一〇〇文（約一万円）がかかったとして、一万人で一日あたり約一億円にものぼることになる。もし十日も滞在していたら、費用は約一〇億円にもなる。しかし氏康としては、それほどの費用をかけても、この婚儀の実現に大いに喜びを感じたことであったろう。さらに氏康は、小山田信有の家老・小林尾張守をわざわざ面前に出仕させて、その労をねぎらっている。ここからも氏康の喜びのほどがうかがえるだろう。

なお十一月十四日付けで晴信が小山田信有に送った書状で、氏康との入魂《じっこん》について喜びを示しているものがある。無年号だが、晴信の花押型は、天文二十年から弘治《こうじ》元年（一五五五）の間の形状にあたり、天文二十二年のものに最も近いとみなされる。そこでは、「井四」（北条家家臣で武田家への取次担当か、井上四郎などか）からの書状を晴信は読み、北条家からの懇意を喜び、氏康との間柄が「限らざる入魂」にあることをとても喜んで、小山田にそのことを認識しておくことを求めている。これが天文二十二年前後のものとみなされるとすると、この時の婚儀の直前の時期にあたる可能性が高いと思われる。婚儀の日取りがあらためて決定したことをうけてのものであったかもしれない。

なお北条氏政と黄梅院殿の間には、この後、早くも翌弘治元年（一五五五）十一月八日に嫡男が生まれているが、この時に生まれた子のその後の動向はみられていないので、すぐに死去したと推測される。黄梅院殿はその時、まだ一三歳にすぎなかったから、出産は難しかったであろう。その後では、弘治三年十一月（一五歳）・永禄三年（一五六〇）七月（八月出産予定、一八歳）・同九年五月（六月・七月出産予定、二四歳）に懐妊が確認されている。晴信はそのたびに、安産を祈願している。このうち弘治三年に生まれたのは長女芳桂院殿《ほうけいいんでん》（千葉《ちば》邦胤《くにたね》妻）に、永禄九年に生まれたのは次女　竜寿院殿《りゅうじゅいんでん》（里見《さとみ》義頼《よしより》妻）にあたると推定されるが（拙著『北条氏政』）、永禄三年に生まれた子供の存在は確認されない。おそらく死産であったか、生まれたとしてもすぐに死去してしまったと思われる。

黄梅院殿は出産を重ねてはいたが、早すぎる出産がたたったためであろうか、永禄十二年にわずか二七歳で死去してしまう。しかもその時は、武田家と北条家の同盟が崩壊し、両家が全面戦争に突入していた時期にあたっていた。それにともなう心労もあったであろう。三大名家相互の縁組みで、三人の女性のうち若死にしてしまったのは、この黄梅院殿だけであった。そこにはかなさを感じざるをえない。

第四章　始動した三国同盟

第二次川中島合戦を義元が仲裁

前章でみたように、三大名家相互の縁組みは、天文二十一年（一五五二）に武田義信と嶺寒院殿、同二十三年に今川氏真と早川殿、北条氏政と黄梅院殿の婚儀がおこなわれたことで、完成をみた。この駿甲相三国同盟は、互いに婚姻関係を形成して成立したという、極めて珍しい形態をとっている。それはちょうど、三大名家それぞれに、結婚に適齢の嫡男と嫡出長女が存在していたからこそ、成立しえたことであった。もしそれらのどれかが欠けていれば、そのような形態の同盟にはならなかったことはいうまでもない。この三国同盟の形態は、そのようにそれぞれに結婚適齢の子女が存在したことで、戦国史上において類例をみない、特異な在り方をとることができたのであり、それは突き詰めれば偶然の結果にほかならないのであった。

そして三大名家は、その翌年の弘治元年（一五五五）から、その政治的一体性をもとに、東国戦国史の展開を大きく規定していくのであった。まずみられたのは、同年の第二次川中島合戦において、今川義元が武田晴信と長尾景虎の和睦《わぼく》仲裁をおこなっていることである。義元は二年前にあたる天文二十二年に、晴信と村上義清との和睦仲裁をおこなっていたから、義元はそれに続いて、晴信の和睦に尽力するものになる。第二次川中島合戦は、この年・弘治元年の七月から閏《うるう》十月にかけておこなわれた。

その間の九月二十七日に、晴信は信濃木曾領の国衆・木曾義康《よしやす》に送った書状のなかで、東《ひがし》美濃《みの》高森《たかもり》（苗木《なえぎ》）城に関する件について触れて、「尾州《びしゅう》（織田信長）・井口《いのくち》（斎藤利政《さいとうとしまさ》）、只今今川方（義元）に対し、当敵の儀に候、（武田）晴信は駿州（今川家）へ入魂《じっこん》の事は御存知有るべく候か」と述べて、苗木城が織田家・斎藤家に攻略されないよう対応することを要請している。前年に晴信が信濃南部を領国化したのにともなって、それに接して存在していた東美濃岩村《いわむら》領の遠山家と苗木領の遠山家がともに、晴信に従属してきていた。両家は、美濃一国の制圧をすすめていた斎藤家と抗争関係にあり、そのため斎藤家は両家の攻略をすすめていた。それに対して晴信は、両家が斎藤家とその同盟関係にある織田家に攻略されないよう、木曾家に両家の動向への対処を要請しているのである。

そしてその際に晴信は、織田家・斎藤家は今川家と敵対関係にあり、晴信は今川家と入魂の関係にあることを木曾に伝えていて、そのことを十分に心得ておくことを求めている。晴信は、義元との同盟関係にあることをもとに、両遠山家が、義元にとって敵対関係にあった織田家・斎藤家に従属することを防ごうとしたのであった。三大名家の同盟関係が、周辺地域の政治動向に影響を及ぼすようになっていたことがうかがわれよう。

そして閏十月になって、義元の仲介により晴信と景虎は和睦を成立させた。その具体的な経緯は判明しないが、これに関してはのちに長尾家で記された内容によって、義元が和睦を仲裁したことが確認される。


去年（弘治元年）の事は、（中略）（武田）晴信に対し興亡を遂げるべきの一戦のほか、よんどころなく候処に、甲陣浮沈に及び、駿府（今川義元）に属し無事の儀様々悃望《こんもう》す、誓詞並びに条目以下相調えらるるの上、色々（今川）義元御異見の間、万障を抛《なげう》ち、旭の地悉《ことごと》く破却せしめ、和与の儀を以《もっ》て納馬し候、

（現代語訳）

去年の事については、（中略）武田晴信に対して決着を付ける一戦をおこなう他はなか

ったところ、武田軍は勢いづいたり衰えたりして、今川義元に頼んで和睦をいろいろと要請してきた。起請文と条書などを用意された上で、義元がいろいろと意見してきたので、万事を捨てて（武田方の）旭山城《あさひやま》（長野市）を破却して、和睦を結んで帰陣した。

去々年（弘治元年）駿府（今川義元）御意を以て、無事に属し候いき、

（現代語訳）

去々年に今川義元の意見によって和睦を結んだ。

和睦の要請は、晴信から義元に依頼したもので、義元の取り成しによって和睦が成立したことがわかる。またそこにおいて、晴信から景虎に、起請文と条目が渡されたことがわかる。景虎はその内容に同意して、その後に景虎から晴信に、同様に起請文と条目が渡されたと考えられる。

また義元はこの年に、晴信に援軍を派遣していたことが確認される。「去々年（弘治元年）信州え富士下方の人数、甲州（武田家）の合力として差し遣わす」とあり、富士下方の軍勢を援軍として信濃に派遣したことが知られる。その軍勢の大将は、武田家取次担当の一宮出羽守であった。援軍派遣の時期は判明しないが、この年における晴信の信濃への出陣は、こ

の第二次川中島合戦だけであったから、この援軍派遣もこの時のものであったと考えられる。そしてその後に義元による和睦仲裁がおこなわれたことからすると、この援軍派遣は和睦仲裁にともなって派遣されたものだったと考えられるであろう。

義元は第二次川中島合戦の和睦仲裁をすすめていた時、自身は三河へ侵攻していた。その最中《さなか》閏十月四日に、北条家御一家衆の久野《くの》北条宗哲《そうてつ》に書状を送っていて、そのなかで三河侵攻に関する状況について報《しら》せたうえで、「東口別条無く候や、承りたく候」と、北条家の情勢を尋ねている。これによって三大名家は相互に、互いの政治情勢について連絡を取り合っていたことが知られる。

援軍派遣が活発化

弘治二年（一五五六）の冬には、今度は晴信が義元に援軍を派遣した。今川軍による三河武節《ぶせつ》城（豊田《とよた》市）攻めの際である。翌同三年正月二日に晴信は、援軍として出陣して戦功をあげた親類衆の下条《げじょう》長勝《ちょうしょう》（法名）に感状を出している。親類衆が出陣していることからすると、援軍は甲斐の軍勢によるものであったことがうかがわれる。この時の晴信による援軍派遣は、おそらくは前年に義元から援軍派遣をうけ、さらに和睦仲介をうけたことへの返礼としてのものであったとみなされよう。

ちなみに弘治三年正月に、今川義元は家督を氏真に譲っている。義元は三九歳、氏真は二〇歳であった。義元はこの後も引き続いて「太守様」と称され、氏真は「御屋形様」と称された。これにより義元は隠居の身になったが、政治的に引退したわけではなく、引き続いて今川家の家長として存在した。もちろんその後に、氏真に次第に家長権を移行させていくのであったが、軍事・外交に関する権限は、結果として義元が最後まで管轄を続けることになる。これは三大名家でみられた最初の世代交代にあたった。三大名家相互での縁組みした世代が、いよいよ当主を務めるようになってきたのであった。

その年の三月になると、今度は武田家から北条家に援軍が派遣されている。これは武田家から北条家への援軍派遣の事例として、初めて確認されるものになる。巳(弘治三年)三月十三日付けで、氏康は御一家衆・玉縄《たまなわ》北条綱成に、次の朱印状を出している。

伊東《いとう》同心香坂《こうさか》・甲斐衆妻子持たざる間、当陣気遣い候条、其の地へ越し候、当陣に候間預け申し候、他国衆に候間、能《よ》く能く懇志有るべく候、仍《よ》って件《くだん》の如し、

巳

三月十三日　　伊東奉

北条左衛門大夫(綱成)殿

（本文現代語訳）

伊東の同心衆としていた香坂と甲斐衆は妻子を持っていないため、当陣について気遣いするので、其の地に行かせ、当陣の期間はあなたに預ける。他国衆なので、十分に懇切にしなさい。

写本のためか、十分に文意を把握できない部分もあるが、氏康は「当陣」の期間、当初は直臣の伊東氏に配属していたととらえられる香坂と「甲斐衆」について、北条綱成の軍勢に加えた、と理解することができる。そして香坂と甲斐衆は、「他国衆」、すなわち北条家家臣ではなく、他家の家臣であるため、十分に懇切にすることを命じている。

香坂と甲斐衆について具体的には判明しないが、香坂は武田家家臣の重臣にみえる苗字《みようじ》であり、甲斐衆は文字通り甲斐の軍勢と理解されるので、それはすなわち武田家からの援軍ととらえられる。この時期に晴信が氏康に援軍を派遣したことについては、六月二十三日に晴信が北信濃国衆の市川藤若丸《いちかわふじわかまる》（のち信房《のぶふさ》か）に送った書状にみえていて、「倉賀野《くらがの》へ越す上原《うえはら》与三左衛門尉《よささえもんのじよう》」と記していることから、晴信は家臣上原与三左衛門尉を上野倉賀野（高崎《たかさき》市）に派遣したことが確認される。これによりこの時期、氏康は上野に進軍していたこと、そこにおいて軍事拠点として倉賀野城が機能していたことがわかる。

さらにはこの時、武蔵国衆の深谷上杉家の一族にあたると推定される市田茂竹庵《いちたもちくあん》が、上野に参陣していたこと、それに対して晴信が礼状を出していることが知られる。

来意の如く、去年（弘治三年）は当方に加勢として上州に至り御出陣、其の故を以て敵退散す、彼の御礼として宝泉寺を以て申し候処、御祝着の趣き御使いに預かり、殊に甲二・鍬《しりがい》十具贈り給わり候、大慶に存じ候、委曲は板倉方の口上を雇い候間、具しく能《あた》わず候、恐々謹言、

閏六月十六日　晴信

謹上　市田茂竹庵

御返報

（本文現代語訳）

言われる通り、去年は当方に加勢として上野に御出陣され、それにより敵は退散しました。その御礼を宝泉寺を使者にして伝えたところ、喜ばしいとのことを御使者を寄越され、とりわけ甲二つ・鍬十具を贈っていただきました。とてもうれしく思います。委《くわ》しいことは板倉方の口上で伝えてもらいますので、委しくは述べません。

これは晴信が、翌年に出した礼状だが、これによって市田茂竹庵が晴信への「援軍」として上野に出陣してきたこと、その進軍によって敵勢が後退したこと、晴信はそれについて市田に礼の使者を派遣したところ、市田から返礼があったことがわかる。もっとも深谷上杉家は北条家に従属していたから、その出陣は氏康の命令をうけてのことであろう。そのため晴信への「加勢」ととらえることはできない。

しかしわざわざ晴信が、その出陣により敵勢が後退した、として、そのことについて礼の使者を派遣していることからすると、あるいは、北条軍への援軍として派遣していた武田軍が、敵勢と交戦する状態にあって、そこに市田が支援のため進軍してきて、それにより敵勢が後退した、というような事態があったのかもしれない。そうであれば晴信が戦後に、わざわざ使者を派遣して礼を述べたことも納得できるように思う。

なおこの時の氏康の上野での軍事行動の内容については判明していない。進軍先は倉賀野より北とみなされることからすると、いまだ長尾景虎方として存在していた、惣社《そうじゃ》長尾家や白井長尾家への攻撃のためであったと推測される。これらによって、晴信から氏康にも援軍が派遣されたことが知られる。

そしてそれをうけて、今度は氏康が晴信に援軍を派遣した。いうまでもなく上野に援軍を派遣してもらったことへの返礼にあたるであろう。三月十四日に、長尾軍が信濃に進軍してくるという情報をうけて、晴信は北信濃に出陣したとみられる。四月十八日に景虎は信濃に進軍し、二十一日には善光寺平《ぜんこうじだいら》に着陣してきた。こうして第三次川中島合戦が展開されるのである。

第三次川中島合戦での義元と氏康の動き

善光寺平に在陣していた長尾景虎は、弘治三年（一五五七）六月十一日に、一旦、飯山《いいやま》城（飯山《いいやま》市）に後退し、北信濃の武田方国衆の市川藤若丸の攻略をすすめた。

これをうけて晴信は、六月十五日に市川に、「来る十八日に上州衆悉《ことごと》く加勢として当筋へ出張す、上田筋へは北条左衛門大夫（綱成）着陣」と、今度の十八日に上野に派遣した軍勢をすべて北信濃に転進させること、北条家から援軍として派遣されてきた北条綱成は信濃上田庄（上田市）に着陣することを伝えている。景虎の信濃進軍をうけて、晴信は北条家への援軍として上野に派遣していた軍勢を、転進させて北信濃に進軍させ、さらには氏康から援軍として北条綱成が派遣されてきて、それを上田に着陣させることにしたことが知られる。

晴信は同月二十三日に続けて市川に書状を送り、そこでは、「則《すなわ》ち倉賀野へ越す上原与三左衛門尉、又当手の事も、塩田在城の足軽を始めとして、原与左衛門尉五百余人、真田え指し遣わし候」と、上野倉賀野に派遣していた上原与三左衛門尉の軍勢を、塩田城に在城して

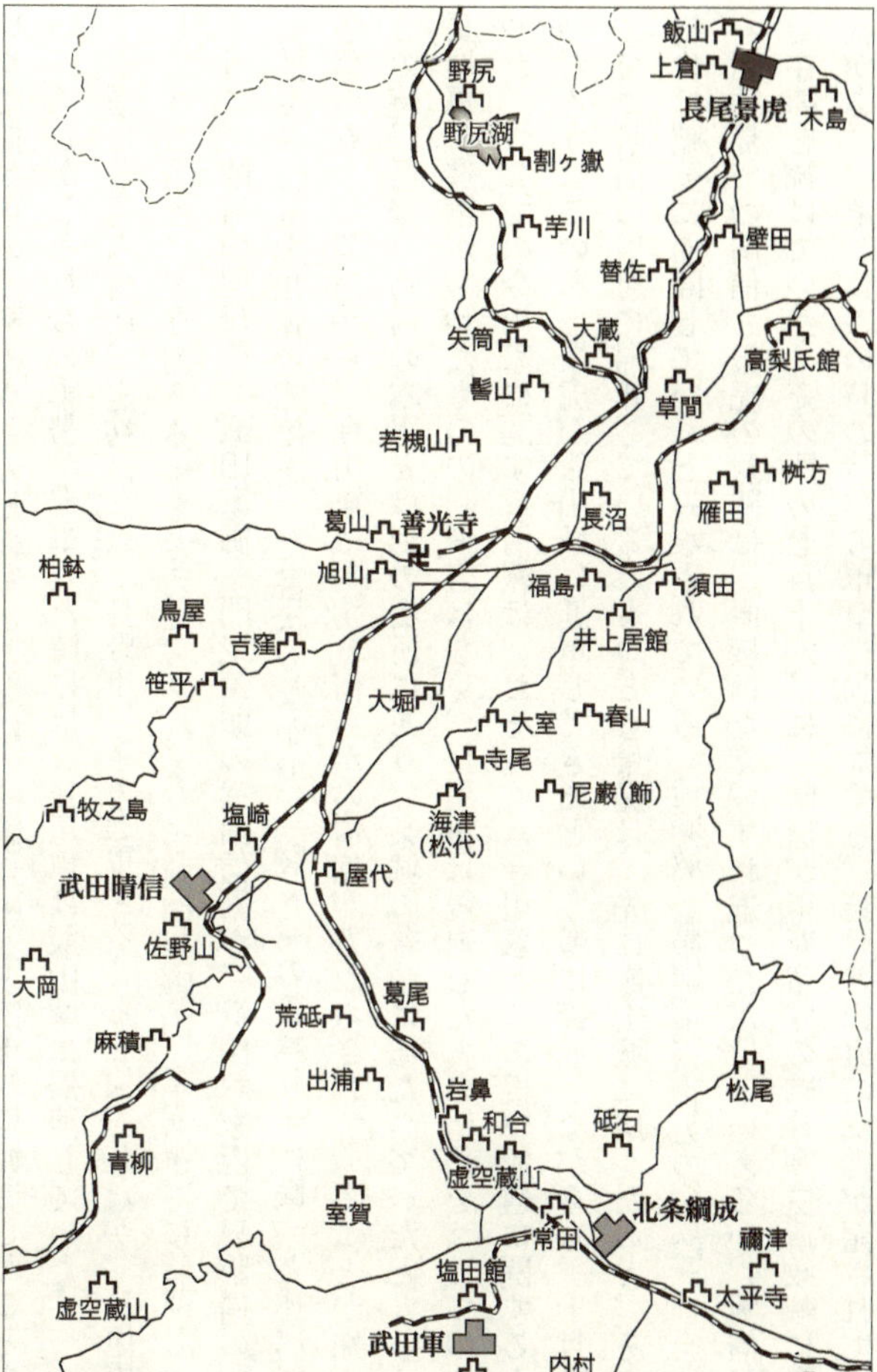

第３次川中島合戦の関連地図
(黒田基樹『図説 北条氏康』掲載図を基に作成、一部修正)

いた晴信本軍の軍勢のうちの足軽衆とともに、信濃真田《さなだ》（上田市）に派遣したことを伝えている。しかしそれらの軍勢が進軍した時には、長尾軍は飯山城に帰陣していた。

晴信は七月六日に、当初は綱島《つなしま》（長野市）まで進軍することを検討したが、長尾軍が進軍してきた場合にどう備えるかを考えて、それより手前の佐野山（千曲《ちくま》市）に着陣した。八月十日に、晴信の同母弟で武田家御一門衆筆頭の武田信繁《のぶしげ》が、武田家家臣で兄晴信の側近家臣と推定される大井弥次郎に送った書状のなかで、「駿・遠の義承り届け候」と述べていて、信繁のもとに晴信から、今川家に関する何らかの情報がもたらされていることが知られる。この時、信繁は晴信の本軍とは別の場所にあり、某城の普請にあたっていたととらえられる。長尾軍の進軍があったものの、損害はなく、長尾軍は後退したとの情報をうけてのことであった。ここでの今川家に関する情報は、おそらくは今川家からの援軍派遣に関するものであったろう。このあと景虎が飯山城に進軍してきたという噂に警戒しながらも、十月二十七日までに晴信は甲府に帰陣している。もっとも景虎は、先に飯山城に戻ったあと、その八月十日には越後に帰陣していたとみなされている（前嶋敏『戦国期地域権力の形成』）。川中島での晴信と景虎の対陣は、直接はなく、すれ違っただけといえるが、晴信は十月まで在陣を続けていた。その間の七月十六日に、晴信が甲府留守の駒井高白斎政頼に宛てた書状があり、そこにこの時の晴信の軍事行動に対する、義元と氏康の反応が記されている。

同書状については、「雑録追加」所収の写の存在が知られていて、弘治元年の第二次川中島合戦に関わるものとして比定されていたが、近時、原本が確認され、写本では記されていなかった宛名と、所々にみられた誤写が判明し、それによってようやく文意が明確になった。それについてはすでに拙著『徳川家康と今川氏真』（四一頁）でも取り上げている。同書では年代について、従来に従って弘治元年に比定していたが、あらためて検討した結果、この第三次川中島合戦における同三年とするのが適切と考えるにいたった。現代語訳や解釈についても変更する必要が出てきたため、あらためて取り上げることにしよう。

自筆を以て密書を染め候、抑《そもそ》も（武田）義信は今川（義元）殿の為には父子の契約に候、（武田）晴信は五郎（今川氏真）殿の為には伯父《おじ》に候、其の上長窪以来今度武節の義に至る迄、数ヶ度懇切の筋目を顕《あらわ》し候え共、かくの如く等閑《とうかん》候わば、いかさまにも果たして駿（今川家）の擬《なぞら》え穏便ならず候間、今度井上帰国の砌《みぎり》、直談致され、此の砌（北条）氏康より越（長尾家）・甲（武田家）の国切りの無事の扱い然るべき段、申し渡さるべく候か、如何《いかに》工夫を過ぎるべからず候、爰元《ここもと》にては和睦の沙汰態と一切停止し候也、其のこころえ有るべく候、そのため模糊《もこ》の書状を以て申し候、恐々謹言、

七月十六日　晴信（花押）

高白斎（駒井政頼）

（本文現代語訳）

自筆で密書を出します。そもそも武田義信は今川義元殿とは父子の契約にあります。武田晴信は今川氏真殿には伯父にあたります。そのうえ長窪から以来、今度の武節のことに至るまで、何回も懇切の筋目を示してきたけれども、このように等閑にされては、本当に本当に今川家の行為は穏便ではないので、今度井上が帰国した際に直談されて、その時に北条氏康から越・甲について国境による区分で和睦するのが適切であると言われることでしょう。どうあっても工夫するに過ぎることはありません。こちらでは（長尾家と）和睦することは故意に一切停止しています。そのことを心得て下さい。そのため模糊の書状で伝えます。

書状の内容の前半は今川家への不満について、内容の後半は景虎との和睦について述べたものになっている。まず前半では、嫡男義信は今川義元とは父子の契約にあり、晴信自身は今川氏真の「伯父」（ここでは叔父《おじ》。伯父・叔父は区別されない）にあたることが示されている。義信と義元の父子の契約とは、すなわち義信が義元娘の嶺寒院殿を妻にしていることにより、義理の親子であることを示している。晴信が氏真の叔父というのは、氏真の母・定恵院殿が晴信の姉であったことによる。

そしてその関係に加えて、晴信は、天文十四年（一五四五）の駿河長久保陣への出陣以来、今回の三河武節城攻めまで、何度も軍事支援してきたことを述べている。それに対して今回、今川家からは「等閑」の態度が示されたため、今川家の態度は穏便ではないと不信感をみせている。「等閑」の内容は明確ではないが、その直前に今川家への軍事支援が記されていることからすると、同じように今川家からの援軍派遣についてのことと判断され、すなわち今川家から援軍派遣がないことを意味していると考えられる。

続いて後半では、井上が帰国することを伝え、その時に駒井に井上と直接に会談することを指示し、その際に北条氏康から、長尾景虎とは越後と信濃の国境を境界にして領土を区分する「国切り」の内容で和睦をすすめられることを予測して、それへの対応に工夫が必要と述べて、晴信としては景虎との和睦は全く考えていないという方針を示して、そのことを踏まえて会談にあたるよう述べている。

なお「等閑」の内容について、前回の第二次川中島合戦の場合と同じく、義元による和睦仲介とみる可能性も想定できなくはないが、やはり直前に援軍派遣のことが記されているので、素直にそのことに関わっていると認識するのが適切と思われる。また「今度武節の義」というのは、先に触れた前年冬における武節城攻めへの援軍派遣を指しているととらえられる。ここに示された今川家に対する晴信の感情は、こちらが援軍を出しているのに、今川家は出してくれないことについて、大いに不満を持った、というものであったと考えられるだろう。

次いで井上の帰国というのは、戦陣の信濃から駒井が在所する甲府に帰国することを指していると思われる。井上については明確には判明しないが、武田家と北条家の交流において、北条家から派遣された使者としてみえていることからすると、北条家家臣で武田家への使者を務めた人物と推定してよいだろう。井上が信濃に滞在していたというのは、おそらくは氏康から晴信のもとに派遣されたためと思われる。晴信への用事がすんだので、帰国することになったのだろう。

晴信は駒井に、井上が甲府に帰着したら会談することを指示している。そこでは井上から、氏康からの提案として、景虎と信濃・越後国境による領土区分での和睦がはたらきかけられるだろうことを予測し、それへの対応を指示している。晴信としては、景虎とは和睦に応じるつもりはないことを述べているので、氏康からの提案を穏便に退けることを指示しているものになると考えられる。

以上の内容の解釈が成り立つとすれば、この第三次川中島合戦について、氏康は晴信に景虎との和睦をすすめていたことがうかがわれる。その直前における氏康による上野侵攻では、晴信から援軍を派遣されていた。ところが景虎が信濃に進軍してきたことにより、それらの援軍は信濃に転進し、氏康は今度は晴信のもとに援軍を派遣していた。景虎との対陣が長期におよびそうな状況をうけて、氏康は晴信に、景虎との和睦をすすめることにしたのかもしれない。その場合、氏康は援軍を派遣していたから、和睦の勧めも言い出しやすかったとも考えられる。

しかし晴信は、この時は景虎との和睦の考えは一切無かった。両軍は和睦しないまま、退陣したのであった。ところがこの晴信と景虎の和睦については、翌永禄元年（一五五八）に思いも寄らないところから働きかけられるのである。それはすなわち、室町幕府将軍足利義輝と聖護院門跡道増（摂関家・近衛稙家の弟、義輝妻の叔父）の仲介によるものであった。なぜ足利義輝が和睦を周旋してきたのかは判明しないが、ちょうど足利義輝は、三好長慶《みよしながよし》と和睦を成立させて京都への帰還を果たしていた時期にあたっているから、自身の支持勢力の充実化を図って、具体的には長尾景虎から協力を得ようとしたためであった、と推測される。

景虎はこれより先の天文二十三年（一五五四）に初めて上洛して、足利義輝に対面していた。義輝はそのことをもとに、景虎を自身の支持勢力として認識していたと思われる。そうして景虎を上洛させ、自身の軍事力として活用することを考え、そのために景虎を交戦状態にある晴信と和睦させようとしたように思われる。しかしこれが契機になって、以後において東国戦国史の展開に中央情勢が影響してくるようになる。景虎が上洛したのは、国内における権威の不足を、室町幕府の権威によって補完するためであったといってよいが、そのことがひいては中央政権からの働きかけにおよんだともいえる。景虎は東国戦国史に、中央政権を呼び込んできたということになる。この永禄元年における足利義輝による晴信と景虎への和睦命令については、やや複雑な事情があるので、次章であらためて取り上げることにする。

なお先の書状の年代について、その永禄元年とみる見解が出されている（松村響「永禄元年の越甲和睦交渉と武田・今川両氏の関係について」）。書状が出された時点で、晴信と駒井は別所にあったとみなされ、かつ晴信は出陣中であったとみなされるが、永禄元年では、七月の時点ではまだ晴信は出陣前とみられるので（出陣は八月か）、同年には比定できないと考えられる。さらに同二年についても、書状が出された日付の時点で、七月十八日に小山田信有が出陣前であったことからすると、同様に晴信の出陣前であったとみなされ、やはり該当しないと思われる。これらの理由から、書状の年代は弘治三年に比定してよいと考えられる。

義元の小田原訪問

永禄元年（一五五八）に足利義輝が晴信と長尾景虎に和睦を要請した時期については判明

していない。次章で検討するが、おそらくは八月頃のことではなかったかと思われる。それをうけての事態の可能性を想定できるのは、その年の十一月から十二月にかけて、今川義元が北条家の本拠・小田原を訪問していることである。そのことを示す史料が二通残されている。

一つは、十一月二十四日付けで、義元が小田原に滞在しているなかで、小田原の住人と推定される杉山市蔵という人物に送った書状である。書体から、おそらく義元の自筆と推測される。

芳札を披見せしめ候、来意の如く去る十三日雪、北条家茶会の事羨ましく打ち過ぎ候処、雪降り済み候の間、相招かれ候段、別して大慶致し候、宗賀□差し加えられ、同伴せしむるにおいては、寔《まこと》に興有るべく候、明廿五日朝卯計り参を以て謝すべく候、恐々、

十一月廿四日　治部大輔（花押）

杉山市蔵殿

（本文現代語訳）

書状を読みました。言われる通り去る十三日の雪で、北条家の茶会について羨ましく思っていたのに過ぎてしまったところ、雪降りが止んだので、（茶会に）招かれたことに

ついて、とても喜んでいます。宗賀を加えてもらい、同伴するならば、とてもおもしろみがあります。明日二十五日卯時にうかがって御礼を述べます。

これによって義元が小田原を訪問していて、十三日の北条家の茶会の予定が、降雪のため中止になってしまったが、雪が止んだことであらためて開催されることになったことが知られ、すなわち義元がこの時に小田原に滞在していたことが確認される。おそらくそれ以前に、義元が小田原を訪問した直後に、義元は氏康と対面したことであろう。それは義元と氏康にとって初めての対面であったと推測される。

この書状に年代は記されていないが、義元の花押型が弘治年間から永禄年間初め頃の形状にあたっていること、十一月における義元の動向から、永禄元年に比定される可能性が高いと思われる。

もう一つは、小田原に滞在していた義元から、駿府に居住していた北条氏規（氏康四男）に送った書状である。氏規はかつて天文二十一年（一五五二）頃に、妹の早川殿がまだ年少のため今川氏真と結婚することができなかったので、その身代わりとして駿府に送られていた。永禄元年には一四歳になっていたが、すでに元服していた。しかもそれにともなって、今川家御一家衆・関口刑部少輔氏純《せきぐちぎょうぶのしょうゆううじすみ》の婿養子になって、関口刑部少輔家の仮名の助五郎《すけごろう》を称していた。そうしてその後は、今川家御一家衆の当主として存在していくことが予定されるようになっていた。

文を給わり候、珍しく見まいらせ候、此の間は小田原にてみなみないずれも見参申し候、めなりげに御入り候、御心安かるべく候、それのうわさ申し候、春は御出《い》で候わん由に候間、万御たしなみ候べく候、いずれも兄弟衆（氏政・氏照《うじてる》）の様体おとなしく御入り候、見かぎられてはさんざんの事にてあるべく候、猶々《なおなお》文御うれしく候、あがり候、いよいよ手習いあるべく候、二三日のうち爰を立ち候べく候間、廿日比は参り候べく候、かみ（氏規妻、関口氏純娘か）へも此の由御ことづて申し（べく脱ヵ）候、何事も見参にて申すべく候、かしく、

（礼紙上書）

「助五郎（北条氏規）殿御返事　　（今川）義元」

（本文現代語訳）

手紙を頂戴しました。嬉《うれ》しく読みました。先日は小田原で皆々いずれにも対面しました。「めなりげ」になっていました。御安心下さい。あなたの話をしました。春にお出でになるとのことなので、何についても修練しておきなさい。どの兄弟衆の様子も大人びて

いました。見放されてはみじめになってしまいます。追伸、手紙嬉しかったです。上達しています。さらに学習しなさい。二三日のうちにこちらを出立するつもりなので、二十日頃にはそちらに行きます。「かみ」にもこのことを伝えなさい。何事についても会った時に話します。

「みなみな」というのは、氏規の関係者であり、そのあとに出てくる兄弟衆とは区別される存在で、かつ翌年春に今度はその「みなみな」がやってくるというのであるから、それは氏規の両親である氏康・瑞渓院殿（義元の姉）夫妻にあたると思われる。そして「兄弟衆」は、文字通りに氏規の兄弟にあたるが、具体的には同母兄弟の氏政・氏照（氏康三男、一五四二～九〇）を指しているのだろう。これによって義元は、小田原で氏康夫妻、さらに氏規の同母兄弟（「兄弟衆」）と対面したことがわかる。これについても年代などは記されていないが、義元が小田原を訪問していることから、先の書状と同時期のものと推定してよいだろう。そして「廿日」に帰国すると述べており、先の書状では十一月二十四日の時点で義元は小田原に滞在していたことから、ここでの「廿日」というのはそれよりあとの十二月にあたると推定される。そうするとこの時の義元の帰国は、十二月二十日頃であったとみられる。

ここで義元は氏規に、兄弟から見限られないように修養を積むようにと述べている。氏規は義元にとっては実子ではなかったが、血縁の甥にあたり、かつ八歳の時から手元にあって成長をみてきたうえ、現在では今川家御一家衆に養子入りさせて、将来は当主の氏真を支える存在になることを期待していたであろう。義元としては氏規には立派に成長して欲しいと思っていたことだろう。ここにはそうした義元の、ある種の氏規に対する「親心」のようなものをみることができよう。

これらによって義元は、永禄元年の十一月から十二月にかけて小田原を訪問したことがわかるが、訪問の理由は何であったのだろうか。義元はすでに家督を氏真に譲っているので隠居の立場ではあったが、実際には今川家の家長の立場にあった。戦国大名家の当主ないし家長が、たとえ同盟関係にある相手であっても、相手方の本拠に赴くことは、通例ではなかった。対面は、互いの領国の境目においておこなわれるものだった。唯一ともいえる例が、婚姻関係の形成にともなう婿入り訪問とその返礼の舅《しゅうと》成り訪問であったが、この場合はそれにも該当しない。義元は北条家の婿ではなかったからである。

これまで私は、氏規が関口家の婿養子になったことに関わる可能性を想定してきたが、そ れも考えがたい。そこで思い当たるのは、直前の八月頃に、足利義輝から晴信と長尾景虎の和睦命令が出されたことであり、その和睦には、義元と氏康から、晴信に和睦に応じるよう尽力することを命じられたと推定される。ここで義元があえて小田原を訪問しているのは、その和睦への対応について協議するためではなかったか、とも思われるのである。

ちなみに翌年春には、今度は逆に氏康が、駿府を訪問する予定であったことが知られる。いうまでもなく義元の来訪への返礼にあたるであろう。一方から本拠への来訪をうけたことに対して、もう一方は相手方の本拠を来訪する、という互恵関係にあたるととらえられる。それによって両者の対等性が確保されることになる。ただし実際のところは、氏康による駿府訪問は実現していない。理由は明らかではないが、永禄二年の二月には、「北条家所領役帳」という、家臣らに対する所領役賦課に関する台帳を作成していて、三月には上野に進軍しているので、領国統治や軍事行動のために実現できなかったように思われる。

領国を繫いだ伝馬の整備

三国同盟の成立にともない、三大名家相互において、領国をまたぐ流通・通行の円滑化がみられるようになる。それはすなわち、公的物資輸送制度としての伝馬《てんま》制度が、互いに連結されるというものであった。物資輸送は、幹線街道を通行し、輸送業者の駄馬によっておこなわれる。伝馬制度は、街道上に宿と称される交通拠点を認定し、その宿と契約する輸送業者のみに街道上での輸送業を認め、その対価として、戦国大名家の物資輸送を、規定数までは無料で、その数量を超えたら有料で、優先的におこなわせる制度である（拙著『増補　戦国大名』)。それが三大名家の領国相互で連結され、引き継ぎ輸送がおこなわれるものとなった。

最初に確認される事例は、天文二十年(一五五一)三月に、高野山《こうや》の僧侶《そうりょ》が武田家領国から今川家領国を通って、高野山に戻る際に、まず三月二十三日付けで、甲斐河内領の穴山武田家が、僧衆三〇人の通行にあたって、「駿州口諸役所中」に宛てた、過所(関所通行を承認する手形)を発行し、それをうけて同月二十七日に、今川家は伝馬一疋《ぴき》の利用を、「駿遠参宿々中」に宛てた、伝馬手形を発行している。ここで高野山僧衆三〇人は、穴山武田家領国の河内領の通行について、街道上の関所(「役所」と称された)の通行を認められ、続いて今川家領国で、伝馬一疋の利用を認められている。

武田家と北条家の間では、天文二十二年十二月十四日付けで、北条家は小山田家家臣小林刑部左衛門《ぎょうぶさえもん》に対して、「甲州へ宿中」宛で、伝馬三疋の利用を認める伝馬手形を発行している。小林が何らかの用事で小田原に赴いていて、郡内領への帰還にあたって、物資輸送に便宜を図ったものになる。弘治元年(一五五五)三月二日には、武田家は、小田原で生活する黄梅院殿(「小田原南殿」)への定期的な物資輸送に際して、輸送責任者とみなされる武田家家臣の向山源五左衛門尉に、一月につき伝馬三疋の利用を認める過所を発行したことが知られる。これは婚姻ののちも、実家から定期的に物資が送られていたことを示す、貴重な事例といえる。

永禄元年（一五五八）六月十九日付けで、北条家は、「東役所中」に宛てて、甲斐から通行してきた僧衆五人に、領国内での関・渡・役所の通行を認める過所を発行している。「東役所」が具体的にどの地域を指すのかは確定できないが、北条家領国の東方を指しているのであろうか。武田家領国からの通行をうけて、過所が出されたとみなされる。同五年五月二十三日付けで、武田家は、相模へ通行する者に、「相州口」に宛てて過所を発行している。北条家領国での関係史料はないが、同様に北条家から過所や伝馬手形が発行されたことだろう。

同十一年七月九日付けで、北条家は、小田原近くの早川《はやかわ》に所在した海蔵寺《かいぞうじ》の住持が上洛するにあたって、「小田原より甲府迄関本透り宿中」に宛てて、北条家領国内での伝馬三疋の無料使用を認める伝馬手形を発行し、武田家領国に入ってからは、同年七月十三日付けで、武田家が、「信州木曾通り宿中」に宛てて、甲府から信濃木曾福島まで伝馬七疋の利用を認める伝馬手形と、それぞれの宿間での伝馬の利用料を規定した朱印状を与えている。ちなみに甲府から木曾福島までは、一一か所の宿で伝馬を継いで、一疋の利用料は全行程で二〇〇文（約二万円）、七疋分の合計は一貫四〇〇文（約一四万円）であったことが知られる。伝馬の利用料は、通常の輸送料（「駄賃」と称された）よりも安価で、三分の二ほどであったことが確認されている（野澤隆一『戦国期の伝馬制度と負担体系』）。この事例は、両大名家の領国間で、伝馬制度が連結されていたことを如実に示すものになっている。

今川家と北条家との間について、具体的な史料は残されていないが、同五年八月五日付けで、駿東郡の国衆・葛山氏元が、領国内の神山宿《こうやま》（御殿場市《ごてんば》）の名主に対して、神山宿の伝馬負担について規定して、「府中（駿府）・小田原其の外近辺所用の儀も、年来の如く相勤めるべし」と命じていることから、葛山家領国から駿府と小田原に、恒常的に伝馬による物資輸送がおこなわれていたことが確認される。

このように三大名家は、領国相互において、伝馬制度を連結させて、相互の通行を円滑にしていた。ある大名家から過所や伝馬手形を与えられた通行者は、他の大名家でも同様の便宜が与えられる、ということが実現されていた。これによって三大名家の領国は、巨大な一つの流通圏・通行圏として機能したのであった。

三大名家相互の取次と取次給

本章の最後に、三大名家相互の政治関係を担った取次についてみておくことにしたい。戦国大名家などの政治権力同士の関係は、双方でそれを担当する特定の取次を通じておこなわれた。これらは、当時「奏者」「取次」と称されていた。すでにこれまで随所で担当取次について触れてきているが、ここでそれらの状況を整理しておくことにしよう。

今川家から武田家に対しては、先述した家老の三浦氏員、側近家臣の一宮出羽守・高井兵庫助が務めていた。永禄五年（一五六二）には随波斎《ずいはさい》が務めているが、その役割の継続性からすると、すでに江戸時代から所伝があるように、一宮出羽守の後身とみてよいと考えられる。高井兵庫助は、永禄三年に法名連惇《れんじゅん》、「兵庫入道」でみえていて、永禄三年正月までに出家している。

対して武田家から今川家については、御一門衆の穴山武田信友・信君父子、家老の板垣信方、側近家臣の駒井政頼が務めていた（丸島和洋『戦国大名の「外交」』）。このうち穴山武田家については、先に触れたように、今川家本拠の駿府で屋敷（「旅宿」）を与えられていた。それだけでなく、同家は今川家からその領国で所領も与えられていた。天文十五年（一五四六）と推定される六月十九日付けで、信友は今川義元から駿河山西岡田（島田市）を与えられている。これは駿府での滞在料ととらえられ、取次にあたっている者への恩給であり、こうした取次者に与える所領を「取次給」と称している（丸島前掲書）。

武田家から北条家に対しては、親類衆の小山田信有、家老の甘利信忠《あまりのぶただ》、側近家臣の向山又七郎が務めていた（丸島前掲書）。ただしそれ以外にも、晴信が氏康からの使者に対面した際に、小山田信有とともに同席した宮川将監も、その役割を担っていたとみられる。その他に、北条家への使者を務めたものとして、安西伊賀守《あんざいいがのかみ》があげられる。永禄八年に推定される三月十三日付けで信玄（晴信）が安西伊賀守に宛てた書状で、安西が甘利に書状を出してきて、氏康・氏政父子の動向について連絡しあっていること、同九年三月に、氏政が信玄（晴信）に宛てた書状で、伝達者として安西伊賀守がみえていること、年未詳の九月二十六日付けで氏政が信玄（晴信）に宛てた書状で、使者として安西伊賀守がみえていることから、この安西伊賀守が、北条家への使者を務めていたことがわかる。

北条家からも、取次給を与えていたことが確認され、永禄二年の「北条家所領役帳」に、他国衆の部分の筆頭で、小山田信有に武蔵小山田庄一六か村・四一九貫八一二文、同弥五郎《やごろう》に伊豆五か所・三八一貫一〇〇文、飯富左京亮《おぶさきょうのすけ》に相模西郡一か所・一〇〇貫文、向山（又七郎か）に武蔵小机領一か所・五七貫二四一文があげられている。このうち小山田信有と向山又七郎についてはすでにみた通りであり、その他に小山田弥五郎と飯富左京亮（飯富虎昌《とらまさ》の嫡男か）も、同様に北条家への取次を担っていたとみなされる。

対して北条家から武田家については、先述のように、家老の遠山綱景、側近家臣の桑原盛正、国衆の大石道俊が務めていた。その後には大石家の家督を継承した御一家衆の北条氏照がみられるようになる。

今川家と北条家との間については、史料が残っていないため、ほとんど明らかになっていない。今川家から北条家に対しては、全く不明である。なお今川家家老の三浦氏員の妻は、伊勢宗瑞の娘、御一家衆・久野北条宗哲の妹であったから三浦が務めていたかもしれないと考えられるものの、実例を確認できていない。北条家から今川家に対しても、義元から書状を出されている北条宗哲、駿府に使者として派遣された側近家臣の遠山康光が、その可能性があるとみなされるにすぎない。

このように、三大名家は相互に、特定の取次や使者を通じて、政治関係を維持したのであった。そのことはすなわち、相互の政治関係が、それら取次の力量に大きく左右されていたことを意味した。

第五章　足利義輝の甲越和睦命令

甲越和睦の関連史料を読む

それでは永禄元年（一五五八）におこなわれた将軍足利義輝による武田晴信と長尾景虎に対する和睦命令について取り上げることにしよう。この和睦命令は、翌同二年にかけておこなわれ続けているものになる。ところがその関係史料の年代比定については、必ずしも一致してはいない状況にある。史料集の年代比定や、研究書や研究論文の年代比定において、永禄元年としたり、同二年とするなど、いまだに一定されていないのである。

永禄元年から同二年における足利義輝による甲越和睦命令について、直接の関係史料は以下の通りである。

①二月二十日　足利義輝御内書　長尾弾正少弼《だんじようのしようひつ》（景虎）宛
②三月十日　足利義輝御内書写　武田大膳大夫（晴信）・武田太郎（義信）宛
③三月十日　足利義輝御内書写　北条左京大夫（氏康）・北条新九郎（氏政）宛
④三月二十六日　大館晴光《おおだちはるみつ》書状写　横瀬雅楽助《うたのすけ》（成繁）宛
⑤十一月二十八日　武田晴信書状　大館上総介（晴光）宛
⑥十一月二十八日　武田晴信書状　大館上総介宛（東京大学史料編纂所架蔵影写本「神田孝平氏所蔵文書一」を使用。なお史料集のなかには追而書《おってがき》を掲載しているが、それは別文書のものである。）

関係史料としては以上の六通が存在している。これまでの研究でそれらの年代については、①は永禄二年、②③は永禄元年もしくは同二年、④は永禄二年、⑤⑥は永禄元年に比定されてきた。しかしながら結論としては、すべて永禄二年に比定される。やや煩雑になるがその理由を示すことにしたい。

景虎が和睦命令を受諾

まず①についてみていきたい。本文は次の通りである。

（武田）晴信と和談の事、去年内書を成し、委細を申し遣わすの処、大略同心の趣き、尤《もっと》も然《しか》るべく神妙に候、弥《いよいよ》相違無くそのこころを得べき事、肝要に候、猶《なお》（大館）晴光申すべく候也、

二月廿日　（花押・足利義輝）

長尾弾正少弼（景虎）殿

（本文現代語訳）

武田晴信との和談について、去年内書を出して、委《くわ》しく言い遣わしたところ、概《おおむ》ね同心するとのこと、とても神妙なことです。さらに違うこと無くその心得をすることが肝心です。なお大館晴光から伝えます。

ここにみえている「去年」は、あとで取り上げる⑥にみえる文言から永禄元年である。足利義輝から景虎に対して、晴信との和睦を命じる御内書が出されたことがわかる。ちなみにその御内書は、残念ながら現在は伝えられていない。このことによって本文書の年代は永禄二年に確定される。そしてこの永禄二年二月までに、長尾景虎は、晴信と和睦するように、

という足利義輝の御内書に対して、請書を提出したことがわかり、義輝はそれをうけてこの御内書を出して、景虎の行為を賞している。

武田家・北条家への和睦周旋命令

次に②と③について取り上げたい。本文は次の通りである。

②

（長尾）景虎と和談の儀、去年申し下し候、（今川）義元・（北条）氏康と相談し、弥急度無事の節を遂ぐれば、神妙たるべし、そのため悦西堂《えつせいどう》を差し下し候、委細は（大館）晴光申すべき也、

三月十日

武田大膳大夫（晴信）とのへ

武田太郎（義信）とのへ

（本文現代語訳）

長尾景虎との和談について、去年言い渡しました。今川義元と北条氏康と相談して、きちんと和睦を実現すれば神妙なことです。そのため悦西堂を派遣しました。詳細につい

ては大館晴光から伝えます。

③
（武田）晴信と（長尾）景虎の和談の儀、去年申し下し候、（今川）義元と相談し急度その節を遂げるべき事、神妙たるべし、そのため悦西堂に申し含めこれを差し下し候、委曲は（大館）晴光申すべき也、

三月十日

北条左京大夫（氏康）とのへ
北条新九郎（氏政）とのへ

（本文現代語訳）

武田晴信と長尾景虎の和談について、去年言い渡しました。今川義元と相談してきちんとそれが実現することは、神妙なことです。そのため悦西堂を派遣しました。詳細については大館晴光から伝えます。

②③にある「去年」は、やはりあとで取り上げる⑥にみえる文言から永禄元年である。そのため両文書の年代は永禄二年に確定される。さらにここで使者として派遣された悦西堂が

東国に下向したことについても、次に取り上げる④の関連文書の内容から、同様に永禄二年に確定される。したがってそれらのことから、両文書の年代が永禄二年であることは確実である。

ここで義輝は、晴信と景虎の和睦について、義元と氏康に晴信の説得を要請している。おそらくは義元にも、③の北条氏康・氏政父子に宛てたのと同じ内容の御内書が出されたと推定される。宛名は「今川治部大輔とのへ・今川五郎とのへ」とあったことであろうが、残念ながら今川家父子に宛てたものだけ、現在は伝えられていない。

ここで何よりも注目されることは、晴信の和睦に関して、それと同盟関係にあった今川家と北条家に対しても、その実現に尽力することを命じる御内書が出されていることである。義輝は、晴信を和睦に応じさせるために、その同盟者であった今川家・北条家にも協力させようとしたのであった。それは、義輝が駿甲相三国同盟を一体的な政治勢力として認識していたことを示している。先に朝廷が、東大寺修造に際して三大名家に一体的に命令を出したことについて取り上げたが、ここに室町幕府においても、同様の認識にあったことがわかる。

大館晴光から横瀬成繁への連絡

続いて④について取り上げよう。

甲斐（武田家）・越後（長尾家）・相模（北条家）の和談の儀に付いて、御使として悦西堂下向し候条、富森左京亮《とみのもりさきょうのすけ》これを差し下し候、路次の儀毎事然るべき様御入魂《ごじっこん》本望たるべく候、併せて頼みに存じ候、恐々謹言、

大館上総介

三月廿六日　　晴光（花押）

横瀬雅楽助（成繁）殿

（本文現代語訳）

武田家・長尾家・北条家の和談について、御使いとして悦西堂が下向したので、富森左京亮を派遣しました。通行について何事も適切に懇意にすることを望んでいます。あわせて頼みにしています。

これは室町幕府御供衆《おともしゅう》の大館晴光が、北条家に従属していた上野新田《にった》領の国衆・横瀬（のち由良）成繁に宛てた書状である。冒頭に武田・長尾・北条三家の和睦に関して、悦西堂と富森左京亮が東国に下向することが記されている。ここでは三家の和睦のように記されているが、この表現はこの書状にしか出ていない。おそらく横瀬家が北条家に従属する立場にあ

ったことを踏まえて、北条家も和睦の当事者になっているかのような表現をとったのではないかと思われる。

そして使者として派遣された悦西堂は、②③でも使者として派遣されたことがみえていた僧侶《そうりょ》である。またここには、富森左京亮もそれと同時に使者として派遣されたことが記されている。彼は幕府の直臣であった。大館晴光は、悦西堂と富森左京亮の東国下向を横瀬に連絡して、そこで両者の通行について便宜を要請している。横瀬の領国は上野新田領であることからすると、両者はその付近を通行することが予定されていたとみられる。そうすると両者は、景虎の領国である越後を経由して、相模・駿河を経て甲斐に赴くことになっていたと想定される。

そしてこの両者の東国下向の時期が永禄二年であったことについては、この四日前にあたる三月二十二日付けで幕府申次衆・進士《しんじ》晴舎《はるいえ》が横瀬成繁に宛てた書状によって明確になる。まずそこには、「去年（永禄元年）御出張成され、一戦に及び候処、三好《みよし》筑前守（長慶《ながよし》）懇望せられ、無事に相調え、御入洛」と記されていて、足利義輝が三好長慶と和睦し、京都に帰還したことを記している。その時期は永禄元年のことになる。それを「去年」と表現しているので、その書状の年代も、永禄二年であることが確定される。そのうえで富森左京亮に関して、「富森の儀若輩に候、殊更初めて遠国に下向し候」と、富森の東国への下向が、この時に初めてであったことが記されている。したがってこのことから、④の年代は永禄二年であること、それに連動して、これまで取り上げてきた①②③の年代も永禄二年に確定される。

ここまでのところを簡単に確認しておこう。①②③から、「去年」（永禄元年）に、義輝は晴信と景虎に和睦するようにという命令を出していて、①で景虎がそれを請けたことをうけて、義輝は晴信に②であらためて景虎との和睦を命じ、同時に晴信を説得するよう尽力することを③で、義元・氏康に命じた。②③の御内書は、悦西堂と富森左京亮を使者として派遣し、越後経由で北条・今川・武田家に届けられたと推測される。

晴信が和睦命令を受諾

続いて⑤について取り上げよう。

去る三月十日の御内書、謹んで頂戴す、忝《かたじけな》き次第に候、抑も信・越国切りを以《もっ》て和融致すべきの由の御下知、其の旨を存じ奉り候、猶覚悟の趣き、聊《いささ》かも悦西堂申し述べ候、宜《よろ》しく御披露に預かり候、恐々謹言、
十一月廿八日　晴信（花押）

大館上総介（晴光）殿

（本文現代語訳）

去る三月十日付けの御内書を謹んで受け取りました。忝いことです。そもそも信濃と越後の国境で区分して和睦しなさいというご命令、そのことを承知しました。なお考えの内容は、少しだけ悦西堂が伝えています。よろしく（足利義輝に）御報告をお願いします。

これは三月十日付けの義輝の御内書（②）が届けられたことをうけて、前年に出された義輝からの和睦命令について承諾したことを伝える請書にあたる。②をうけて出されたものになるから、その年代は永禄二年に確定される。ところがこの文書の年代は、これまで一様に永禄元年に比定されてきた。それは署名が「晴信」とあることによる。晴信は、永禄元年十二月十五日には出家して、以後は法名信玄を名乗っているので、俗名「晴信」で署名していることから、それより以前のものと理解されてきたためであった。

しかし本文書の年代は、内容から出家後の永禄二年しかありえない。そうすると晴信は、ここでは出家後にもかかわらず、あえて実名を署名していることになる。理由として考えられるのは、出家名をまだ幕府との通信に使用していなかったか、幕府宛の公式な外交文書であったため、あえて実名を署名したか、のいずれかにあたるように思われるが、判断がつかない。

そして承諾した義輝の命令とは、「信・越国切りを以て和融致すべきの由の御下知」であった。これは②にはみえない文言なので、前年に義輝から出された御内書の文面にあたるとみなされる。これによって義輝は、晴信と景虎に、信濃と越後の国境で領国を区分して和睦することを命じていたことが確認される。

そしてこの信濃・越後国境での「国切り」ということからすると、その前年の第三次川中島合戦の際に、氏康が晴信に景虎との和睦を勧めた時にも、この条件を提案していたことが想起されよう。晴信と景虎の周囲では、両者の和睦は、信濃・越後の国境によって領土区分するのが適切と認識されていたということなのだろう。景虎にとっては、北信濃に領国を及ぼしていたことからすると、この和睦条件は心外なものであったことだろう。しかし結局、景虎はそれを受諾した。義輝からの命令をうけざるをえない事情があったためと考えられる。それはすなわち、二度目の上洛の実現であった。景虎は四月末から七月中旬まで上洛するのであった。その内容についてはあとで触れることにしよう。

長文の意見書を晴信が出す

最後になるのが⑥であるが、これはかなりの長文である。そのため内容ごとに符号を付けておくことにしたい。

【A】御内書拝見せしめ、則ち御請に及び候、宜しく御執り合い本望たるべく候、一つ、【B】今度悦西堂へ御札披見の如くんば、去る夏（四～六月）越国に向かうの働き、上意を軽んじる様に候か、先《ま》ず以て驚き入候、【C】既に去る比、瑞林寺《ずいりんじ》御使節として下向し候砌《みぎり》、信州補任の　御内書を慥《たし》かに頂戴し畢《おわん》ぬ、然らば則ち他の綺有るべからず候処、其れ以後長尾（景虎）両度に及び信国放火、是　上意に背く第一に候、一つ、【D】去年（永禄元年）甲越和睦の御刷《あつか》いとして、聖護院御門主（道増）の御使森坊《もりのぼう》（増隆《ぞうりゅう》）御内書を帯び下国の由、是へ某は干戈《かんか》を停止し、信府（深志《ふかし》城）に在り城普請を申し付け候半ば、長尾　御内書頂戴す、未《いま》だ御請に及ばざる以前に信国海野《うんの》の地を放火す、是又存知の義に候、一つ、【E】その所当として晴信越国へ働き、聊かも　上意に対し奉り、緩急に非《あら》ず候、一つ、【F】今度重ねて乱入の意趣は、去る夏の働きの砌、越府破却致すべく候と雖《いえど》も、御使僧甲府に下向の由、留守の者共申し越し候条、重ねて　上意を奉る故を以て、越府の儀をさしおき帰陣す、【G】則《すなわ》ち（悦）西堂に対し愚存を申し述べ候わば、右に顕《あらわ》し候如く、信州補任の御内書、所持せしむる上は、彼《か》の和融の善悪は、越後へ仰せ届けられ尤もの由申し候キ、納得有り、彼の国へ下着し候処、是非無く押し帰り申し候、是併せて上意への逆心紛れ無く候事、御分別に過ぎるべからず候、一つ、【H】信州補任の　御内書の旨に違《たが》わず、信越国切りの和融の義、御下知を成され候条、其の旨を存じ候、【I】猶富森左京亮の口上有るべく候、恐々謹言、

十一月廿八日　大膳大夫晴信（花押）

謹上　大館上総介（晴光）殿

（本文現代語訳）

【A】御内書を拝見し、すぐに御請しました。よろしく御取り計らいいただければ幸いです。一つ、【B】今回悦西堂へ送られた書状を読んだところ、去る夏に越後に向けて軍事行動したことについて、上意を軽んじているとあり、ともかくも驚いています。【C】すでに以前に瑞林寺が御使節として下向してきた時に、信濃（守護職）補任の御内書を確かに頂戴しています。そうなので他者の妨害はあってはならないのに、その後長尾景虎は二度にわたって信濃に放火しました。これは（景虎が）上意に背いていることの何よりです。一つ、【D】去年甲越和睦の御周旋として、聖護院道増の御使い森坊増隆が御内書を持って下向してきたとのことで、それにあたって私は戦争を停止し、信

府に在所して城普請をおこなっていた途中に、長尾景虎は御内書を受け取りました。まだ御請していない前に信濃海野を放火しました。これについても存じられているでしょう。一つ、【E】その報復のため晴信は越後に軍事行動しました。少しも上意に対して態度を変えたわけではありません。一つ、【F】今回再び（信濃に）乱入した理由は、去る夏の軍事行動の時に、越府を滅亡させようとしていたけれども、御使僧が甲府に下向してきたということを、留守衆が連絡してきたため、再び上意に従うために、越府を攻撃することを諦めて帰陣しました。【G】すぐに悦西堂に私の考えを伝えたので、右に記したように、信濃（守護職）補任の御内書を所持しているからには、その和睦の成否は、越後に言いつけられるのが当然と言いました。（御使僧は）納得して、その国に赴いたところ、やむなく帰ってきました。これもまた上意への逆心であることは紛れない事です。十分に御考え下さい。一つ、【H】信濃（守護職）補任の御内書の内容に違わずに、信濃と越後の国境で領国を区分する内容で和睦を命令されたので、そのことを承知しました。【I】なお富森左京亮が口上で伝えます。

この書状は⑤と同日付けであることから、同じく年代は永禄二年と考えられる。さらに②の御内書を届ける使者として下向してきた悦西堂と富森左京亮が、晴信のもとに滞在を続けていることがわかり、そのことからもこの書状の年代は、永禄二年に確定される。ここでも晴信は、出家前の実名で署名している。

永禄二年五月の越後への進軍

晴信はまず冒頭【A】の部分で、三月十日付けの御内書（②）に対して承知したこと、すなわちそれを御請けしたことを述べている。

続く【B】では、今回、大館晴光から甲府に滞在中の悦西堂に書状が送られてきて、晴信がこの年の夏（四～六月）に、越後に向けて軍事行動したことについて、足利義輝の和睦命令を無視する行為である、と晴信を非難する内容を記してきたことがわかる。大館晴光が悦西堂に書状を送ってきた「今度」の時期については特定できないが、その後に秋（七～九月）におこなった再度の信濃への進軍について、「今度重ねて」と表現していることから、大館の書状はその行為をうけて出されてきたものと思われる。これらのことから大館の書状が出されたのは、この書状を出す直前のことであったとみなされる。それをうけて晴信は、この十一月末に⑤とこの⑥を出したと考えられるだろう。

ここから永禄二年四月から六月の間に、晴信が信濃に進軍し、越後に向けて軍事行動したことがわかる。このことについてはこれまでの武田家研究や上杉家研究において、十分に認識されていなかった。しかし実際に晴信は、五月に信濃佐久郡松原神社に願文を捧《ささ》げていて、「甲兵を引率し、信州奥《おく》郡並びに越州の境において」「敵城悉く自落退散し、しかのみならず長尾景虎吾軍に向かい、則ち越兵追北消亡えば」と祈願している。これによって、この時期に晴信が北信濃に出陣したことは確実であろう。したがって「去る夏」の軍事行動とは、それにあたると思われる。

そしてこの時の軍事行動については、あとの【F】の部分に、夏の軍事行動の時に、越府、すなわち景虎の本拠の春日山城《かすがやま》まで進軍して、同城の攻略を目標にしていたが、足利義輝の使者が甲府に到着した、ということを甲府留守衆が連絡してきたので、前年八月の時と同様に（後述）、上意を尊重して、軍事行動を中止して帰陣した、と述べている。これにより晴信は、この時に越後まで進軍して、春日山城まで攻略しようと考えていたことが知られる。

そして義輝からの「御使僧」が甲府に到着した、というのはつまり、三月十日付けの御内書（②）を持参した悦西堂と富森左京亮が甲府に到着したことを指している、ととらえられる。

このことから三月十日付けの御内書は、五月に晴信のもとに届けられたと思われる。晴信はそれをうけて、この時も軍事行動を中止した、というのであった。そしてこの時、景虎はちょうど二度目の上洛をおこなっていた。景虎は三月中旬に越後を出立し、四月末に上洛し、七月に帰国している。このことからみて、この時に晴信が越後に向けて進軍しようとしたのは、景虎の上洛の隙を衝《つ》いたものであった、ととらえてよいだろう。

信濃守護職の拝領の時期

晴信は、越後に向けて軍事行動したことについて、大館から上意を無視していると非難されたことに弁明していく。自身の行為が正当なものであることを主張し、その根拠として二つの内容をあげる。一つは、晴信が信濃守護職に任命されていること。二つは、長尾景虎こそ上意を無視する行為を続けている、というものである。

まず【C】で、晴信はこれより以前に、義輝から信濃守護職に補任されていたことをあげている。晴信が信濃守護職に任命された時期については、実は確定されているわけではない。そのことを示す関連文書として、正月十六日付けで武田家親類衆の今井昌良が大館晴光に宛てた書状がある。これは晴信が信濃守護職に補任され、嫡男義信が准三管領の身分格式を与えられ、それについての義輝の御内書が届けられたことをうけて、礼物の進上などについて伝えているものになる。したがって補任の御内書が出されたのは、前年末か、その年初めのことと推定される。この今井の書状の年代については、これまでにおいては一様に永禄元年に比定されている。しかしそのことが十分に論証されてきたわけではない。

【C】のなかで、晴信は、自身が信濃守護職に任命されたからには、他者がそれを侵害することはあってはならないことだと主張し、にもかかわらず、景虎が二回、信濃に進軍してきた、と述べている。自身が信濃守護である以上、信濃に進軍する景虎の行為は、許容されない、というのであった。またここから、晴信が信濃守護職に任命されてから、この永禄二年十一月までのうちに、景虎は二回、信濃に進軍した、とみることができる。ところが永禄元年における景虎の動向は、ほとんどわからないのである。そのため武田方の情報をもとに推定していくしかない。

永禄元年についてみると、まず四月に晴信は、北信濃の諸城に対して「敵揺るがせ」（敵の攻撃）に備えて在城衆を派遣していることが知られる。次いで閏六月十九日に、晴信の側近家臣の飯富《おぶ》（のち山県《やまがた》）昌景《まさかげ》が、信濃理性院《りしょういん》に「当秋（七～九月）信国の残賊退治、速やかに本意を達さば」と述べている。ここから晴信は、秋に信濃に出陣する予定を立てていたことがわかる。続いて八月に、晴信は北信濃戸隠大権現に願文を捧げて、「越後（長尾家）と甲州（武田家）の円融和同の事を停止し、干戈を働き吉すべきや否やの先（占）卜」と占いがあったことをうけて、「若《も》し越士干戈を働かば、先の筮《せい》坤卦の吉文、敵を忽《たちま》ち滅亡し、（武田）晴信勝利を得るは必す」を祈願している。ここから八月に、晴信は北信濃に出陣していて、それに向けて景虎も進軍してくる状況にあり、晴信はそれとの対戦を決意していたことがわかる。

次に永禄二年についてみると、晴信は五月に越後に向けて進軍していて、八月に再び信濃に進軍しているが、景虎が出陣してきた形跡はうかがわれない。ちょうどその時期、景虎は二度目の上洛をおこなっていた。それにともなってその年には、景虎は信濃には出陣していないととらえられる。

これらの状況をもとにすると、景虎の二度の出陣とは、永禄元年のことで、具体的には四月と八月におけるものであったと推定される。また八月の際に、晴信は「越後と甲州の円融和同の事を停止」と述べて、景虎との和睦交渉を中止することを表明している。それはすなわち、その時に景虎と和睦の交渉をおこなう状況にあったことを示している。しかし晴信は、それを中止して、景虎との対戦を選択したのだと思われる。

以上のことから、晴信が信濃守護職に任命された時期は、これまでの理解の通り、弘治三年（一五五七）末から永禄元年初めのことであり、先の今井の書状の年代も永禄元年に比定して間違いないということになる。

義輝の和睦命令が出された時期について

この景虎との和睦交渉というのは、永禄元年に足利義輝から出された晴信と景虎への命令をうけてのことと理解してよいだろう。義輝からの和睦命令については、【D】の部分で、前年の永禄元年に、足利義輝が晴信と景虎に和睦を命じる御内書を出してきたこと、その時は使者として聖護院道増（摂関家近衛稙家の弟）の家臣森坊増隆が派遣されたこと、使者が派遣されてきたので、晴信は軍事行動を中止し、在城していた深志城の普請をおこなうにとどめたこと、景虎は御内書を受け取ったのち、それに承知の請書を出す以前に、信濃小県《ちいさがた》郡海野領まで進軍してきたこと、を述べている。

ここから御内書が出されたのが永禄元年であったことが確定される。しかしその御内書が作成された時期、さらにはそれが晴信と景虎に届けられた時期は判明しない。けれどもここで晴信は、その時に深志城に在城していたことを述べている。対して景虎は、御内書を無視して小県郡海野に進軍したとある。こうした状況からすると、御内書が両者に届けられたのは（その場合でも作成時期までは判明しない）、先に晴信が景虎との対戦を決意した八月のことではなかったか、と考えられる。晴信が願文に、あえて和睦交渉の停止を明記して、景虎と対戦しようとしたのは、その時には御内書が届けられたことをうけてとみれば、状況として整合するととらえられる。

なおその場合、晴信は大館には、御内書の到着をうけて、軍事行動を停止して、ただ深志城の普請をおこなっただけだと述べていたが、願文では景虎との対戦を述べているので、実際には晴信は、御内書による命令を無視しようとしていたことになる。またこれらの状況によって、晴信と景虎は、この時にも北信濃で対陣していたことがわかる。晴信は深志城に在城し、景虎は海野領まで進軍してきた、というものであった。北信濃における両者の対陣は、いわゆる「川中島合戦」とされているが、それに照らせばこの永禄元年にも、北信濃で両者の対陣があったことになり、したがってそれも「川中島合戦」のうちに数え入れてよいことになろう。ここでは「第三・五次川中島合戦」とでもいっておくが、正しくはこれが「第四次川中島合戦」ということになるだろう。

そのため現在では、これも同合戦の一つとして認識されるようになってきている（前嶋前掲書）。ただし⑥の年代はこれまで通り永禄元年ととらえられているため、同年と翌年の武田家の動向が一体化してとらえられている。事実はここに述べている通りとなる。

永禄二年八月の信濃進軍

【F】では、晴信が「今度」、再び信濃に進軍したことが記されている。それは、永禄二年五月の進軍の時は悦西堂らが到着したことで、帰陣することになったので、その時に決めていた春日山城の攻略を実現するため、であったととらえられる。

この時の信濃出陣については、七月十八日に郡内谷村領の小山田信有が諏方浅間大菩薩に願文を捧げて、「今度出陣に（小山田）信有諸軍を抽んじて褒を取り、就中《なかんずく》数多《あまた》の高名を致し、別して上意御懇切」を祈願しており、出陣が近いうちにおこなわれる状況にあったことが知られる。九月一日に晴信が、信濃小県郡下郷諏方大明神に願文を捧げて、「越軍を相待ち出張す、防戦せしむべきや否やの吉凶」を占っている。信濃小県郡まで出陣していたこと、越後軍を迎え撃つことを想定していることがわかる。晴信の「今度」の出陣というのは、この時のこととしてよいだろう。この時は、景虎はすでに上洛から帰国していた。晴信が越後軍を迎え撃つことを想定しているのは、そのためであろう。

【F】では続けて、五月の軍事行動は、使者到着をうけて帰陣したことを記し、【G】ではその時に「御使僧」の悦西堂に、自身の考えを述べたことを記し、その内容はここまでに記してきたものである、すなわち自身は信濃守護職なので、信濃統治について他者の妨害があってはならないこと、景虎こそ上意を無視する行為を続けている、ということを述べている。そのうえで和睦成立のためには、悦西堂に、まずは景虎に言い聞かせるのが当然であると述べ、悦西堂もそれに納得して、その後に越後に赴いたが、成果無く帰還してきたことがみえている。その時期、景虎は上洛中であったから、交渉ができなかったため、仕方なく帰還せざるをえなかったことを意味している、ととらえられる。

もっとも晴信は、悦西堂の帰還についても、景虎の上意を無視する行為としてあげている。しかしその時期、景虎は上洛していたから、交渉にあたれるはずはなかった。景虎側が悦西堂に何らの対応もしなかったことについて、それを景虎の上意無視と表現したのかもしれない。

そして晴信は、そうした景虎の上意無視の行為があるからこそ、八月に信濃に出陣したのだ、と主張しているのだろう。とはいえこの八月における出陣について、具体的な戦果などを伝える史料はみられない。単に出陣した程度のものであったように思われる。

和睦命令を承知

そして最後に、【H】の部分で、義輝からの和睦命令を承知することを述べている。それについては⑤で、大館晴光を通じて義輝に報告していた。ここでは和睦命令に対して、晴信が信濃守護職にあるということと抵触しない、信濃と越後の国境で領土を区分することを条件に出されていることから、和睦に承知することを述べている。晴信の姿勢は、自身は信濃守護職にあるからには、信濃は武田家領国である、という建前を堅持することにあったことがわかる。

とはいえここまでに至るのに、最初に義輝から和睦命令が出された前年八月頃から数えると、一年三か月ほどが過ぎていた。この年の三月に出された御内書を受け取った五月頃からも、半年ほど経っていた。対して景虎は、最初の和睦命令に対して、半年ほどで承知の請書を出していたから、晴信がこの和睦に、極めて消極的であったことは確実といってよい。晴信としては、仕方なく承知の返事をしたというものだったろう。では最終的になぜ承知の返事をしたのであろうか。

それまでに景虎が二度目の上洛をおこなっていたことについては、先にも触れた。そのなかで景虎は、六月二十六日に、義輝から次の御内書を与えられていた。

甲越一和の事、(武田)晴信に対し度々下知を加えると雖も、同心無く、結句分国境目に至り乱入の由、是非無く候、然らば信濃国諸侍の事、弓矢半ばの由に候間、始末は(長尾)景虎意見を加えるべきの段肝要に候、猶(大館)晴光申すべく候也、

六月廿六日　(花押・足利義輝)

長尾弾正少弼(景虎)とのへ

(本文現代語訳)

甲越和睦について、武田晴信に数度にわたって命令を出したけれども、同意せず、あげくに領国の境目まで進軍し、とんでもない。そうなので信濃の諸領主について、戦争中であるということなので、決着については長尾景虎の考えによることが重要である。なお委しくは大館晴光が伝えます。

この御内書で義輝は、晴信が和睦命令に一向に同意してこないことをうけて、事実上、景虎に信濃諸領主への軍事指揮権を認めた。それら諸領主への軍事指揮権は、本来なら守護職に認められたものであった。そして義輝は、晴信を守護に任命していた。しかしここで諸領主への軍事指揮権を景虎に与えたということは、晴信に与えた信濃守護職を、事実上、反故《ほご》にする行為にあたるといってよいであろう。晴信が十一月末になって、義輝の和睦命令を承知する請書を出したのは、そのような事態が背景にあったからと考えられる。請書を出すことで、義輝の命令に従う姿勢をみせ、信濃守護職任命の無効化を防ごうとしたのだろう。

晴信は、大館晴光に書状を出し、義輝への和睦命令を承知する旨の報告を求め（⑤）、命令承知まで時間がかかったことの弁明として、この⑥を出したとみなされる。そしてそれらの文書は、【I】の部分に、富森左京亮が口上で詳細について伝える、とあることから、富森が届けたことがわかる。

甲越和睦交渉の経緯

ここまで、永禄元年から同二年にかけてみられた、足利義輝による晴信と景虎の和睦周旋に関する史料について、具体的に内容を確認してきた。ここであらためて、その経緯についてまとめることにしよう。

弘治三年（一五五七）の末頃から、翌永禄元年（一五五八）の初め頃に、晴信は足利義輝から信濃守護職に任命された。その時の御内書を届けてきた使者は瑞林寺であった。それに対して晴信は、永禄元年正月に、同職任命への礼を幕府側に述べている。

永禄元年四月に、景虎が北信濃に進軍してきたことに対して晴信は、北信濃の諸城に在城衆を派遣して、侵攻に備えた。八月に晴信は信濃に進軍し、景虎も信濃に進軍してきた。これは実質的には「第四次川中島合戦」というべきものにあたる。その在陣中に、足利義輝から出された晴信と景虎に和睦を命じる御内書が、聖護院道増の家臣森坊増隆によって、両者に届けられた。晴信は深志城に在城のまま軍事行動をしなかったが、景虎は御内書を無視して海野領に進軍してきた。

十二月に晴信は出家して、法名信玄を名乗る（以下、信玄の法名で記す）。

永禄二年二月、景虎は義輝の和睦命令に応じる請書を出した。おそらく信玄から請書が出されていないためであろう、義輝は三月十日に、信玄にあらためて和睦命令を受諾するよう命じる御内書を出し、あわせて信玄の同盟者であった今川義元と北条氏康に、信玄が和睦に応じるよう意見することを命じる御内書を出した。それらの御内書を届ける使者として、悦西堂と富森左京亮が派遣された。

三月中旬頃に景虎は越後を出立し、四月下旬に上洛した。景虎の上洛は、二月に義輝による和睦命令への請書の提出をうけ、おそらく義輝から強い要請があったためと思われる。五月に、信玄は景虎上洛の隙を衝くようにして、北信濃に出陣し、越後に向けて進軍しようとした。そこに義輝の御内書が甲府に届けられたことをうけて、帰陣した。帰陣後に信玄は、悦西堂らに景虎を説得することを要求し、悦西堂は越後に赴いたが、景虎は上洛による留守のため、対応をうけられず甲府に帰還した。

景虎は七月に帰国した。京都では六月二十六日に、義輝から、「裏書き御免」（三管領・足利家一族並みの待遇）、塗《ぬ》り輿《ごし》許可、山内上杉光哲《こうてつ》（憲政）の進退一任といった種々の特権などを認められた。これによって景虎の政治的地位は、今川家・武田家・北条家とも対等の有力戦国大名の立場に引き上げられた。さらに同日に、信玄が和睦に同意しないため、景虎に信濃の諸領主への軍事指揮権を公認し、信玄の信濃守護職を実質的に無効化した。

八月に信玄は再び信濃に進軍した。それをうけて大館晴光から悦西堂に、信玄の行為を非難する内容の書状が出された。さらにそれをうけて信玄は、十一月二十八日に、義輝の命令に応じる請書を出した。悦西堂は甲府に滞在していたが、富森左京亮はその書状を大館晴光に届けるため帰京した。

こうして義輝による信玄と景虎への和睦命令は、この年二月までに景虎が、そしてここに信玄が、ともに承知の請書を出したことで、実際に両者での和睦交渉がすすめられる状態になった。しかし両者とも、その後に具体的な行動は全くとっていない。しかもその後に、義輝も和睦実現に向けてあらためて要求などはしてきていない。

そもそも義輝が、信玄と景虎に和睦を命じたのは、景虎を上洛させるためであったと考えられる。しかし和睦が成立をみないなかで、景虎は上洛してきた。義輝はその行為を大いに評価した。そうして景虎に、戦国大名家のなかでも最高位の家格を認め、関東管領職の管轄、さらに信濃諸領主への軍事指揮権と、景虎が要求したであろう諸特権を悉く与えた、ととらえられる。義輝にとってはもはや、信玄と景虎の和睦は不要になっていた。だからこそ、その後に義輝はその実現を促さなかったし、信玄も景虎も和睦実現のための行動をとることがなかったのだろう。

北上野を氏康が制圧

足利義輝による信玄と景虎の和睦周旋の動向がみられたなかで、関東では北条氏康が北上野の経略を遂げて、ついに上野一国の領国化を果たした。これによって氏康も、景虎と直接に領国を接する状態になった。

氏康は永禄元年（一五五八）閏《うるう》六月に、初めて北上野に進軍している。閏六月十八日に、西上野安中《あんなか》領の国衆・安中重繁《あんなかしげしげ》に、岩下《いわした》領（「吾妻谷」）に向けて出陣することを伝え、参陣を命じている。この出陣は「火急」と記しているので、急遽《きゅうきょ》取り決めたものであろう。進軍先は岩下領となっているから、岩下斎藤《さいとう》家を攻撃するものであったとみなされ、北条方になっていたと推定される箕輪領との間で紛争が生じ、それへの対応のためであったろうか。またここで岩下領に進軍していることから、それより南部に位置した惣社長尾家・白井長尾家はともに、それまでに氏康に従属していたとみなされる。ただしこの時の進軍において、具体的な戦果はみられなかったようである。

続いて氏康は、翌同二年三月に上野に向けて出陣している。上野への出陣は、二十日ほどと予定していた。目的は上野での城普請であった。普請は四月十八日の時点でもおこなわれていた。この時の普請は、おそらく北上野の沼田《ぬまた》城（沼田《ぬまた》市）についてのものと推定される。沼田領の国衆・沼田家では、この時までに内乱が生じていて、隠居の万喜斎《ばんきさい》（顕泰《あきやす》）が、次男で当主であった弥七郎《やしちろう》（朝憲《とものり》か）を殺害し、沼田城を攻略しようとする事態が生じた。朝憲の舅《しゅうと》で、北条家に従属していた厩橋長野賢忠《まやばしながのけんちゅう》は、それに対抗して沼田城に加勢し、万喜斎を越後に没落させたという。万喜斎は長尾景虎に味方し、厩橋長野家は氏康に従属していたから、これは沼田家における北条派と長尾派との抗争とみなされる。この内乱をうけて氏康は、北条綱成の次男・康元《やすもと》を、沼田家の養子に送り込んで、沼田領を継承させた（拙著

『増補改訂 戦国大名と外様国衆』)。そうした経緯から、この時の氏康による城普請は、康元を沼田領に送り込み、沼田城を確保するためであったと考えられる。

康元はその後、八月の時点で、沼田城主として、沼田領の統治にあたっている。こうして氏康は、上野最北の沼田領の経略に成功した。そして十月には、再び上野に出陣して、岩下領に進軍したとみられ、十月二十三日に、岩下領のうち岩櫃《いわびつ》領(東吾妻《ひがしあがつま》町)・嶽山《たけやま》領(中之条《なかのじょう》町)を勢力下においている。これは岩下斎藤家を従属させたことを示す。これにより氏康は、上野一国の経略を遂げたとみなされる。それは氏康が、山内上杉家の領国をすべて併合したことを意味した。

しかしそれによって、氏康も長尾景虎と直接に領国を接することになった。それだけでなく氏康も、時期は明らかではないが、越後に進軍したらしく、その時に沼田家家臣の赤見山《あかみやま》城守《しろのかみ》があげた戦功について、氏康から感状が出されたことが確認される。おそらくは、長尾方の沼田万喜斎を越後に退去させるなどの際に、北条方の軍勢が越後にまで進軍することがあったとみられる。氏康は北上野の経略を遂げたことで、必然的に越後との抗争を生じさせたのであった。

すでに景虎は、その年の上洛によって、足利義輝から山内上杉家の進退の差配を認められていた。そうしたなかで北条軍による越後進軍がみられたのである。それは氏康も景虎と本格的に対戦していくことの予兆とみることができる。このことが翌年に、長尾景虎が関東に侵攻してくる直接の前提になったといえるであろう。

こうして北条家の動向に、新たな局面を迎える兆しが出てきた。そうしたなか十二月二十三日に、氏康は家督を嫡男氏政に譲って隠居した。氏康は四五歳、氏政は二一歳であった。ただし氏康はその後もしばらく、北条家の最高権力者として存在し、そのため氏康・氏政父子は「小田原二御屋形」「御両殿」などと呼ばれ、氏康は「御本城様《ごほんじょうさま》」と称された。この隠居について、氏康は「一代のうち横合い無き時に身を退くは聖人の教えと存じ」と述べている。領国が安泰の時に退位するものである、という考えによったのだという。

ここに北条家も、今川家と同じく、前当主と当主による両頭体制となった。三大名家相互で縁組みを結んだなかで、今川氏真と北条氏政はともに当主になったのである。残る武田義信のみが、その後も嫡男の立場のままとされた。このことを義信はどのようにとらえていたのか、大いに気になる。というのは、その後に起こした義信の行為が、三国同盟を崩壊にもたらす発端となるからである。

第六章　三大名家共闘の実現

反北条の関東勢力が景虎を頼む

永禄二年（一五五九）、足利義輝から長尾景虎は、関東管領《かんれい》山内上杉光哲（憲政）の進退についての一任と、信濃の諸領主に対する軍事指揮権を獲得した。これは、景虎が義輝から、北条家と武田家との抗争について、全面的に支持をうけたことを意味した。信玄と北条家にとり、それとどのように対抗していくかが課題となったのである。

先に動いたのは信玄であった。永禄三年（一五六〇）三月末に、景虎は初めて越中に侵攻する。それは椎名《しいな》家と神保《じんぼ》家の抗争に介入し、椎名家を支援したものであったが、対抗する神保家は、すでに信玄と結んでいた。信玄は景虎への対抗のため、越中の政治勢力との連携をすすめた。これをうけて景虎は、神保家が「甲府（武田家）へ深く申し合わせ、（長尾）景虎信州へ働き出でるにおいては、栖裏《せいり》へ行を成すべき内通穏便ならず候間、向かえ撃たんがため」と、景虎が信濃に進軍した際に、信玄に内通した神保家にその背後を衝《つ》かれては困るため、先制攻撃したのであった。そして神保家の本拠・富山《とやま》城（富山《とやま》市）を攻略し、それによって景虎は越中の三分の二の領国化を果たした。いよいよ景虎も、国外経略を開始した。

関東では、前年のうちに北条家が上野一国の領国化を遂げていた。北条家は、古河公方足利義氏の外戚《がいせき》であり、かつ関東管領として、それを全面的に補佐する立場にあった。そこでは公方足利義氏との政治関係は、北条家に対する政治関係と同一化する事態になっていた。足利義氏に従うという立場は同時に北条家に従うこととなり、北条家に敵対することは同時に足利義氏に敵対することになる、ということであった。北条家は足利義氏の政治的権威を背景に、関東・陸奥《むつ》南部の大名・国衆との政治関係を展開するようになっており、この時点で明確に北条家と敵対関係にあったのは、房総里見家と常陸小田家にすぎない状態であった。

ところが、景虎が山内上杉家の進退を管轄する立場になったことをうけて、北条家の味方勢力と抗争関係にあった勢力が、景虎に通信を求めてきた。関東勢力で最初に確認されるのは常陸《ひたち》佐竹義昭《さたけよしあき》である。佐竹は北条家と通信していたものの、本質的には、小田家・下野那須家・陸奥岩城家と同盟関係にあり、北条家を頼っていた下総結城《ゆうき》家・陸奥白川《しらかわ》家と敵対関

永禄３年初め頃の勢力図
（黒田基樹『関東戦国史』より）

係にあった。四月二十八日に、景虎は佐竹義昭に返書を出していて、それまでに佐竹が景虎に通信を求めてきていたことがわかる。佐竹の意図が、景虎に一刻も早く関東に侵攻してくることを求めたものであったことはいうまでもない。

続いて六月二日に、北条家に従属していた下野足利長尾政長《まさなが》（当長の子）が、北条家と抗争していた上総久留里城《くるり》（君津市《きみつ》）の里見義堯《よしたか》に書状を送って、今年の秋（七〜九月）に景虎が関東に侵攻することを、山内上杉光哲（憲政）と取り決めたことを伝えている。この時、里見家は北条家によって本拠の久留里城を攻囲されていた。そのため景虎に支援を要請したのであった。

それを取り次いでいる長尾政長は、この時点では北条家に従属する立場にあったが、足利長尾家はかつて山内上杉家の家宰を歴任した家系であった。長尾政長は旧主上杉光哲と通じていた。ただし、そのことが山内上杉家の関東没落から継続していたのか、この時点になって復活したのかは判断できない。あるいは光哲から、景虎の関東侵攻が現実化したことで、広く関東勢力に働きかけたとも考えられる。ここで長尾政長は、里見家からの、景虎への関東侵攻の要請を上杉光哲に取り次いでいる。こうして佐竹家に続き、里見家も景虎に支援を要請した。そして景虎も、それらの支援要請に応《こた》えるべく、秋に関東に侵攻することを表明したのであった。

今川家・武田家の不協和音の始まり

そうしたなかで、その後の三国同盟の行く末に大きな影響を与える一大事件が生じた。永禄三年（一五六〇）五月十九日の尾張桶狭間《おけはざま》合戦で今川義元が戦死してしまったのである。義元はまだ四二歳であった。今川家は尾張東部までを領国化していたが、この敗戦によってただちに尾張を織田信長に奪回されることになる。さらには三河西部への侵攻をうけることになった。駿府に在所していた当主の氏真は、反撃しようとしたものの、領国統治の継承や家臣団の再編成など、「代替わり」政治が多忙を極めたことで、すぐに反撃できなかった。そのため三河情勢は悪化していくことになる。

この合戦の結果は、氏真と信玄の間にある種の不協和音を生じさせたらしい。六月十三日に信玄は、今川家重臣・岡部《おかべ》元信《もとのぶ》に書状を送っている。岡部が氏真から了解を得て、在城していた最前線の尾張鳴海《なるみ》城（名古屋《なごや》市）から後退し、駿府に帰還したことについて喜びを伝えたうえで、「佞人《ねいじん》の讒言《ざんげん》を信じられざる様、馳走本望たるべく候」と述べ、信玄について讒言する今川家家臣がいたらしく、その内容を他者が信用しないよう奔走することを要請している。今川家では信玄を不審視する状況があったことがうかがわれる。理由については明らかではない。この時に信玄は援軍を派遣していたと推定されていて、その援軍の武田軍の行動に、何か問題があったのだろうか（丸島和洋「武田氏から見た今川氏の外交」大石泰史編『今川義元』所収）。

続いて二十二日に、信玄は駿府に滞在していた穴山武田信友に書状を送って、氏真に対して等閑にしていないことを伝え、氏真がそのことに同意して聞き届けたら帰国することを命じている。具体的な内容はわからないが、やはり信玄は氏真から何らかの不審の念を持たれていたことがうかがわれる。それについて信玄は、氏真への取次を担っていた穴山武田信友に、信玄は少しも氏真を等閑にしてはいないとして、氏真にそれを理解してもらえるよう働きかけることを命じていて、氏真が納得したら帰国することを認めている。逆にいえば、氏真が納得するまで帰国は認めないということになる。これからすると、氏真からの疑念は、それなりに深刻なものであったことがうかがわれる。そのため信玄は、氏真の不審の念を払拭することに尽力しているといえるだろう。

しかしここで氏真が抱いたであろう疑念は、最終的には氏真から消えることはなかったようである。疑念は、その心の底に残り続け、今川家と武田家の同盟、ひいては三国同盟そのものを崩壊に導くことになったといえるかもしれない。それだけに氏真に信玄への疑念を抱かせた理由が知りたいところである。とはいえ信玄と氏真の関係は、すぐには綻《ほころ》びをみせることはなかった。十二月二十三日に氏真は、穴山武田信君（信友の子）に、その父信友死去に対して香典を送っている。両家の関係は静穏を維持し、しばらくは引き続いて協力関係を展開していくのであった。

北条家・武田家と奥羽伊達家の通信

永禄三年（一五六〇）八月八日に、北条氏康が、同月十日にその側近家臣の大草康盛《おおくさやすもり》が、出羽米沢《でわよねざわ》領の伊達晴宗《だてはるむね》宛に書状を送っている。これは伊達から通信があり、それに応じたものになる。伊達晴宗から氏康に、伊達家家臣中野宗時《なかのむねとき》が上洛するにあたってその通行について便宜を要請してきて、氏康はそれに応じた。中野は上洛の途中に、小田原城を訪問してきて、氏康・氏政父子はそれに対面した。伊達からの通信の申し出をうけて氏康は、「この後は遠方ながらも緊密に連絡するつもりなので、それに賛同して欲しい」と述べて、それに応じている。

さらに伊達は、「殊更に（武田）晴信（信玄）に御入魂《ごじっこん》、当国（北条家）同前に申し談じらるべきため、直札を以《もっ》て申し達され候」と、信玄とも、北条家に対してと同様に入魂にしたいとして、通信を図っていて、信玄に書状を出している。おそらく中野は、このあとに信玄のもとを訪れて伊達からの書状を届けたことであろう。その通行には、北条家が尽力したと思われる。このことは南奥羽の大名にも、北条・武田両家が一体的な政治関係にあると認識されていたことを示していよう。

ちなみに信玄と伊達の通信は、実際にその後に開始されていて、翌同四年二月晦日《みそか》に、伊達晴宗から信玄に書状が送られている。

長尾景虎が関東に侵攻

永禄三年八月末に、景虎がいよいよ関東に向けて進軍してきた。景虎は九月初めに上野に侵攻し、五日に上野沼田城などを攻略した。これは山内上杉光哲（憲政）を擁したもので、上杉光哲を関東政界に復帰させ、それにともなって北条家を滅亡させることを目的としたものだった。関東支配をめぐって、北条家と景虎の抗争が本格的に開始されることになった。

景虎の関東進軍が開始されると、上杉光哲は関東勢力に書状を送って自身への参陣を要請した。佐竹義昭とその重臣で常陸水戸領の江戸《えど》忠通《ただみち》に送った書状で、「甲相両軍出張の上は一途に御刷《あつか》い御逼塞《ごひっそく》」と、武田軍・北条軍が出陣してきたならば、ひたすらに対応するしかないと、参陣を要請したことが知られている。書状はまず佐竹に届けられ、九月十二日に光哲の使者に佐竹からの使者が同行して、江戸に書状が渡された。そして光哲が関東に進軍した際には、まず代官を大将にした軍勢を派遣し、さらにその後は自身参陣することを要請したことがわかっている。江戸はこのことを九月十三日、光哲への取次を担っていた足利長尾

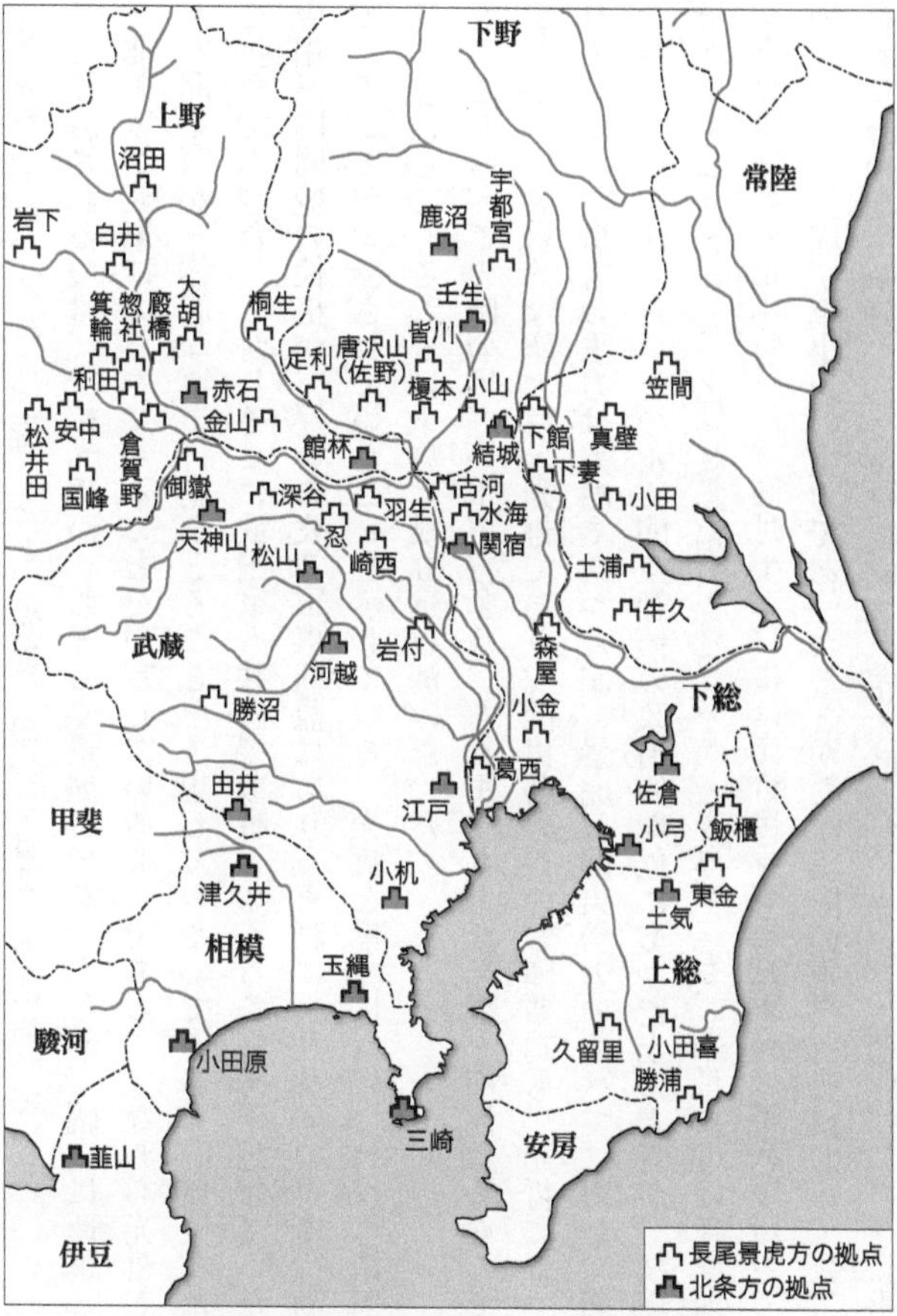

長尾景虎の関東侵攻に参陣した武将の拠点分布図
（黒田基樹『関東戦国史』掲載図を基に作成）

当長（政長の父）に、それに同意したと、光哲に報告することを依頼している。

ここで注目されるのは、上杉光哲が、おそらく景虎もであったろう、関東に進軍したら武田家と北条家が迎撃にあたってくることを想定していることである。すなわち光哲と景虎は、武田家・北条家が一体的な軍事行動をとることを予想していたのである。関東侵攻は、北条家との抗争であった。しかしそこに武田家も共同で参戦してくることを予想していた。これは駿甲相三国同盟の性格が、互いの攻守軍事同盟にあり、それにより共同の軍事行動をおこなってくることが認識されていたことを示している。光哲と景虎には、これから武田軍が関東戦線に参戦してくることは十分に織り込み済みだった。

またここから、この時の景虎の軍事行動は、あくまでも上杉光哲を補佐するものであったことがわかる。名目的な総大将は光哲であり、関東勢力への参陣要請も、光哲によっておこなわれていた。軍事力の主力は景虎であったが、景虎は関東勢力のすべてに対して通信する手段を持っていなかった。そのため関東管領の政治的地位にあった上杉光哲が、積極的に働きかけたととらえられる。佐竹家勢力だけでなく、里見家にも、九月六日に長尾禅昌《ぜんしょう》（当長）が里見家家老の正木《まさき》時茂《ときしげ》に、同月十二日には光哲自身が里見義堯に書状を送っている。

その一方で、景虎が軍事力の主力であったことから、実際の軍事行動においては、景虎と連絡を取り合った。十月二日に里見家家老の正木時茂は、景虎（「越府」）に直接に書状を送

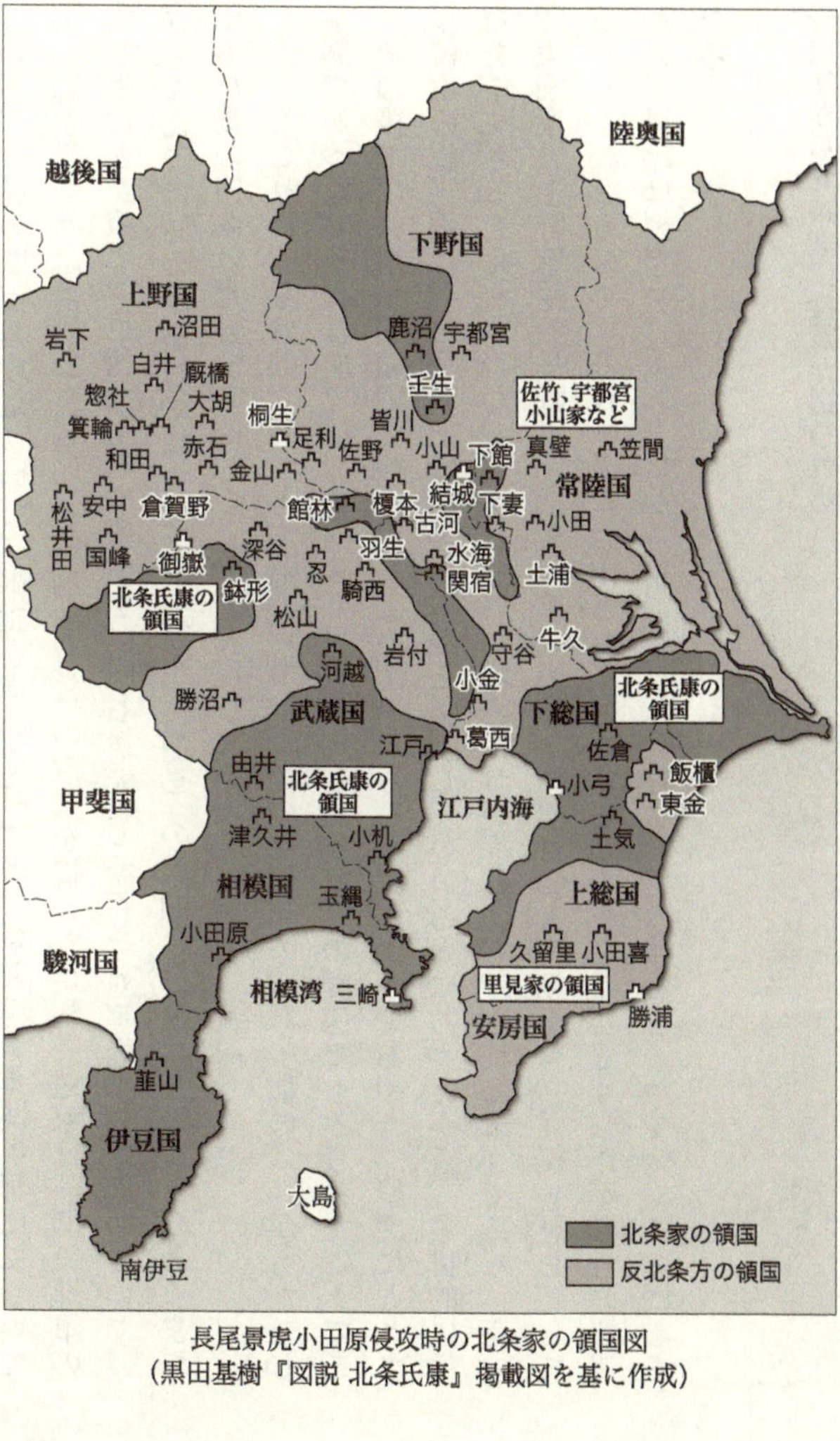

長尾景虎小田原侵攻時の北条家の領国図
（黒田基樹『図説 北条氏康』掲載図を基に作成）

っていて、景虎の関東侵攻について「御旗を進められ」と、景虎による関東制圧について「関東御静謐《せいひつ》」と、表現している。光哲やそれへの取次を担った足利長尾家は、関東進軍の主体を光哲と認識し、足利長尾家は景虎を「同名景虎」と記して対等のように扱っていて、景虎もまたこの時の軍事行動について、「憲当《のりまさ》（光哲）の入国に供奉《ぐぶ》せしめ」と、あくまでも軍事行動の主体は光哲であるかのように表現している。

もっともこれは、身分的な問題と実際の軍事行動での主体との、ある種のズレがもたらした事態であった。それはすでに、古河公方足利義氏と北条家との関係でもみられたことであり、その後では将軍足利義昭と織田信長との関係にもみられることであった。景虎にとって、関東侵攻の正当性は、自身が上杉光哲の進退を管轄していることにあったから、名目的には光哲を立てざるをえなかった。しかしそれにはいくつか不具合もみられたようである。有力な関東国衆の上野箕輪領長野家・武蔵忍領成田家・同岩付《いわつき》領太田《おおた》家から、従属の証《あか》しとして人質が出されたものの、それは光哲に出されていたらしいのである。そうした不具合の解消のため、景虎は翌年に、上杉光哲から家督を譲り受けるという体裁をとっていくことになるのだろう。

今川家から北条家に援軍が送られる

氏康・氏政父子は、景虎が関東に侵攻してきた際には、里見家の本拠久留里城を攻囲していた。しかし景虎の進軍をうけて、九月二十八日に久留里陣から退陣し、景虎迎撃のため武蔵河越城に着陣した。十月二十五日にはさらに前進して、氏康は松山城に進軍した。その時点では、上野で越後軍の迎撃を図っていたようだが、叶《かな》わなかったためであろう、十二月二日には迎撃を断念し、河越城・江戸城を防衛戦にして小田原城に帰陣した。氏康・氏政父子は、それらで越後軍を食い止めようとしたのであった。

しかしすでにこの時までに、上野・下野・常陸・武蔵・上総・安房の大名・国衆のほとんどが景虎・上杉光哲に応じていた。北条方として残ったのは、上野館林領赤井家・下野壬生家・同那須家（ただしその後に景虎方になる）・下総結城家・同千葉家のみという状況であった。そのなかで厩橋領長野家・大胡《おおご》家・赤石領那波家は景虎によって滅亡させられ、厩橋領・大胡領は景虎の直接統治下に置かれた。赤石領は有力な味方勢力となっていた新田領の横瀬（のち由良）家に与えられ、またやがて沼田領も景虎の直接統治下に置かれた。こうして景虎は、上野にも領国を拡大した。それらについては拙著『関東戦国史』『図説北条氏康』などを参照していただきたい。

そうした状況のなか、冬（十〜十二月）に、今川氏真から北条家に援軍が派遣されてきた。援軍として送られてきた今川家家臣としては、小倉内蔵助《おぐらくらのすけ》と畑彦十郎《はたひこじゅうろう》の存在しか確認できないが、数百人は送られてきたと思われる（かつて今川家・北条家が武田家への援軍として信濃伊那郡に三〇〇人を派遣していた）。この時期、氏真は三河情勢に対応しなければならない状況であったものの、まだ三河に本格的な援軍を派遣できないでいた。にもかかわらず、北条家には援軍を送ってきたのである。氏真にとって、北条家との同盟関係がとても重要なものと認識されていたことがうかがわれる。

この今川家からの援軍は、最前線に位置することになった河越城に配備された。そして同城で籠城《ろうじょう》することになる。同城での籠城は十二月からすすめられたことから、それらの援軍はその際に同城に配備されたと思われる。ちなみにこのように援軍は、対等の同盟関係にあった大名からのものでも、最前線に配備されるのが通例であったようである。そうすると桶狭間合戦の際に、武田家から今川家に援軍が派遣されていたとしたら、同じように最前線の、おそらくは鳴海城などに配備されたことが推測される。最前線にありながら何か不都合な行動をとってしまったのだろうか。詳細は不明とはいえ、やはり気にかかる。

景虎の小田原侵攻、氏真・信玄の自身出陣

景虎は永禄三年（一五六〇）を、上野厩橋城で越年した。そして年が明けて永禄四年になると、正月（十八日以後か）に厩橋城を出陣し、小田原に向けて進軍した。そしてまずは武

蔵松山城を攻撃した。これに北条方では河越在城衆が応戦している。しかしその甲斐無く、二月二十七日までに景虎は松山城を攻略した。直後の二月晦日《みそか》に、伊達晴宗は信玄に書状を送っていて、景虎の侵攻をうけて、「(北条)氏康種々窮方の由そのきこえ候」と、氏康が困難におちいっているという情報があるとして、「関東備えの様体」、景虎への対抗の状況について問い合わせている。景虎の進軍により、北条家が劣勢になっているという情報が、奥羽にも知られるようになっていた。

三月になると、武田家からも北条家に援軍が派遣されてくることになった。三月三日に大石(北条)氏照(氏康三男、武蔵由井領の国衆・大石家を養子継承していた)は、武田家家臣で郡内上野原領主の加藤虎景《かとうとらかげ》に書状を送って、長尾軍が相模中郡に進軍してきたことをうけて、「甲府(武田家)御加勢」はすぐに相模津久井領千木良口(相模原市)に進軍して欲しいと要請している。そしてそのことについては、氏照から信玄にも書状で要請したこと、また加藤には氏康からも連絡があることを伝えている。加藤が武蔵・相模国境地域に、郡内から直接、援軍として進軍してくる状況にあったことが知られる。

さらにこの時、信玄自身も援軍として出陣することが決まっていた。それに関して信玄は、三月十日に某に送った書状で、加藤景忠《かげただ》(虎景の子)を武蔵由井領に進軍させようとしたところ、氏照(「由井」)から無用と言われたこと、側近家臣の跡部長与《あとべながとも》を小田原に派遣し、

「上口」から相模に進軍することを申し入れたこと、しかし今川家御一家衆で駿河駿東郡の国衆であった葛山氏元の意向が不明なので、「下口」から進軍する意向を述べている。

まず信玄は、郡内加藤家の軍勢を、由井領に派遣しようとしていたが、由井領の氏照からはそれは必要ないといわれたことが知られる。直前に氏照は加藤虎景に、津久井領への進軍を要請しているので、氏照としては、由井領ではなく、津久井領への派遣を要望していたことがわかる。そして信玄自身も出陣することにしていた。信玄は、小田原城に進軍することになっていたようである。それはおそらく北条家からそのように要請されたのだろう。景虎が武蔵に進軍してきたことをうけて、氏康・氏政は、信玄に、そしてこのあとでみるように氏真にも、自身出陣による援軍を求め、小田原への進軍を要請したととらえられる。

信玄はすぐに氏康・氏政からの要請を容《い》れて、小田原に進軍しようとした。そのことと進軍ルートを、家臣跡部長与を小田原に派遣して伝えさせた。その際には、相模へは「上口」から進軍する予定を立てていた。ところがそのルート上に位置した葛山氏元から、そのことに関して返事がなかったらしく、そのため信玄は、葛山の意向が判明しないから、として、「下口」からの進軍にルートを変更している。葛山は、今川家御一家衆であり、かつ氏康の妹婿であったから、十分に信頼できるであろうが、返事がないことから、あえてその領国を通行することを避けている。驚くべき戦国大名の疑い深さ、用心深さといえるかもしれない。

ちなみにここでいう「上口」は、駿東郡を通行するのであるから、籠坂峠《かごさか》から駿東郡に入って相模に進むルート、対して「下口」は、甲斐平野《ひらの》（山中湖村《やまなかこ》）から三国峠《みくに》を通って駿東郡の東北端を通って相模に進むルート、にあたっている。

三月下旬になると、信玄・氏真の出陣の状況が北条家で共有されるようになっていて、二十四日に北条家御一家衆・久野北条宗哲は、北条家の諸足軽衆筆頭・大藤秀信《だいとうひでのぶ》に送った書状で、「今川（氏真）殿は近日出馬有るべく候」「武田（信玄）殿は吉田迄出陣、一万余人数の由に候、五日の内河村《かわむら》へ出馬すべきの旨申し越され候」と、氏真は近日中に出陣してくること、信玄は郡内領吉田まで着陣していて、五日のうちに相模西郡河村《かわむら》（山北町《やまきた》）まで進軍する予定にあったことが知られる。そうすると信玄は、二十九日には河村に到着するというから、閏三月一日には小田原に到着することが見込まれよう。

景虎退陣

先の氏照の書状にあったように、すでに景虎の軍勢は、三月三日には相模中郡まで進軍してきていた。二十二日には西郡曾我山《そがやま》（小田原市）で合戦がおきていて、その時には西郡まで進軍してきていた。氏康は大藤秀信に、敵の先陣の動向次第では、小田原城北西の水之尾《みずのお》に着陣することを命じている。二十四日に大藤秀信は、沼田《ぬまた》（南足柄市《みなみあしがら》）に布陣して、敵軍と交戦している。それをうけて氏政は、敵が酒匂川《さかわ》を越えてきたら、小田原に着陣することを命じている。越後軍は、東側と北側から小田原城に迫りつつあったことがうかがわれる。

そうして三月二十七日頃に、景虎はついに小田原近所まで進軍してきて、酒匂川対岸に着陣した。川を越えれば一気に小田原城攻撃という状況になった。ところが景虎は、小田原城まで攻撃をしてこなかった。この頃には、武田軍本軍が相模まで進軍してきていたとみられるので、その動向を気にしたのだろう。予定通りであったなら、信玄は閏三月一日には小田原まで着陣したであろう。さらに閏三月四日までには、氏真が小田原に着陣してきた。こうした状況をうけて景虎は、その日に酒匂陣から後退し、相模東郡鎌倉に向かうのであった。

景虎は、関東進軍において参陣してきた関東の大名・国衆を従えて、小田原近所まで進軍してきた。その軍勢数を伝える当時の史料はみられないが、のちの永禄九年に景虎（当時は上杉輝虎）が関東の大名・国衆に軍事動員した際の軍勢数は約三千人であった。これは正規兵についての人数なので、従者を数えれば一万人ほどであったろうか（先の北条氏政と黄梅院殿の結婚の際、武田家で供奉した家臣数は、三千騎・一万人とあった）。この時に景虎が参陣させた軍勢は、その永禄九年時よりも従属していた国衆が多かったので、それよりも多かったとみなされるが、それでも二万人を超えることはなかったに違いない。

けれども北条家への援軍として、信玄は一万人の軍勢を率いていた。氏真については判明しないが、同様に一万人ほどを率いていたと推測してよいだろうから、それら両大名家の軍勢が北条家への援軍として到着したことで、北条方の軍勢は三万人を上回ったことであろう。景虎本軍の人数にしても、長期遠征という点から考えて、多くて一万人ほどであったろうから、ここに軍勢数では北条方が上回ったに違いない。そのため景虎としても、それ以上の攻撃はできなかったと考えられる。結局、景虎が小田原近所に在陣したのは、わずか七日程度でしかなかった。

そのように景虎が大した軍事行動をしないで退陣したのは、何よりも氏真・信玄の進軍があったからであった。そしてこの時、今川・武田・北条三大名家は、初めて当主出陣による共同作戦を実現したことになる。それにより景虎を退陣に追い込んだのであった。三大名家は互いに攻守軍事同盟を結んでいたが、三大名家の当主が揃って出陣し、同陣したというのは、三大名家としてもこれが初めてのことだった。それが景虎による北条家の本拠小田原城への攻撃という事態で、実現をみたのであった。氏真・信玄としても、親密な同盟関係にあった北条家が滅亡する事態は、何としても避けねばならない、と考えた結果であろう。そしてこのことは、同時に三大名家が一体的な政治勢力にあることを、世間に強く認識させることになったであろう。

関東管領・山内上杉家当主となった景虎

景虎の退陣をうけて、援軍として進軍してきた氏真と信玄は、それぞれしばらくのうちには帰国したとみなされる。対して鎌倉に後退した景虎は、閏三月十六日に、鎌倉鶴岡八幡宮の社前で、上杉光哲から山内上杉家の家督を譲られ、光哲の最初の実名「憲政」から偏諱《へんき》を与えられて、上杉政虎《まさとら》を名乗った。同時に、山内上杉家は関東管領職を家職にしていたから、政虎は関東管領として存在することになった。そして以後は、「山内殿」と呼ばれるようになり、他の関東の諸大名・国衆よりも、明確に上位の政治的地位に位置する。ここに新たな山内上杉家当主として、そして関東管領として、上杉政虎が誕生したのであった。それは再び関東政界に、山内上杉家と北条家の、二つの関東管領家が存在するようになったことを意味した。

政虎が光哲から家督を譲られたのは、「寔《まこと》に斟酌《しんしゃく》千万に候と雖《いえど》も、各頻《しき》りにして御意見の間、先《ま》ず以て其の意に任せ候」と、遠慮していたけれども、関東の大名・国衆（「各」）が強く勧めてきたので、その通りにした、といい、のちには「（上杉）憲政（光哲）の事は病者に渡り候間、名代職の事、愚拙に与奪有るべきの由、諸家一揆《いっき》同心を以て、領掌然《しか》るべきの段、頻りにして懇望し候」と、光哲（憲政）が病態になり、家督について政虎に譲るといい、それについて諸大名・国衆が一様に、引き受けるべきと要請してきたため、引き受けた、と説明している。

その時に光哲が病態であったのかは確認できない。家督継承について周囲を納得させる理由付けのように思われる。また政虎は躊躇《ちゅうちょ》したが、関東の諸大名・国衆から強く要望されたので引き受けた、というのも、いかにもありがちな説明といえるだろう。ここで政虎が、光哲の養子になるのではなく、家督そのものを継承していることが重要ととらえられる。そもそも政虎はこの時、三二歳になっていて、それに家督を譲った上杉光哲は、それよりも七歳年長にすぎない三九歳であった。この年齢差でこの当時、養子に入ることは考えられないので、この家督継承は、名跡の継承であった。これまであまり深く検討しないで、政虎は光哲の養子になって家督を継承した、と考えられてきたが、実態を正確に把握するならば、山内上杉家の名跡を継承した、というかたちであったと考えられる。

そうであれば政虎にとって、自身が山内上杉家当主になること、それに付随した関東管領の政治的地位が必要であったのではないだろうか。その立場になることではじめて、それまで上杉光哲への従属という名目で参陣してきた諸将に対して、自身への従属として扱うことができるようになるからであった。逆にいえば政虎は、自身の手で真剣に関東の制圧を遂げることを考えていたといえるだろう。自身の立場を、それまでの越後の戦国大名家としてではなく、関東管領として関東政界を統治する存在として認識したとみなされる。そうして政虎は、これ以降、真剣に関東の領国化に乗り出してくるのであった。

北条家が反撃を開始

上杉政虎がまだ関東に在陣しているなか、氏康・氏政父子は早くも上杉方への反撃に着手するようになっている。四月八日に、氏康は上杉方になっていた武蔵勝沼《かつぬま》領の国衆・三田綱定《みたつなさだ》の家臣・金子家長《かねこいえなが》を調略している。氏康はまず初めに、最も領国近くに所在していた三田家の攻略を考えたと思われる。

なおその同日に、氏康・氏政は今川家からの援軍の畑彦十郎と小倉内蔵助に感状を出している。河越城に在城した今川家の援軍は、この時まで同城に在城を続けていたとみなされる。ちなみにこの感状は、畑・小倉に直接に与えられたのではなく、主人である氏真に送られたととらえられ、それをもとに氏真は同月二十二日・二十五日に、両者に感状を出している。この時には両者は駿河に帰陣していたと考えられる。両者は北条家の家臣ではなかったので、直接に与えることができず、主人を経由しなければならなかったため、ととらえられる。こうして今川家からの援軍は、すべて引き上げたと思われる。

次いで四月十三日に、信玄は次郎（誰か不明）と小山田信有それぞれに書状を送って、由井領に関して、氏康からの書状でその方面が無事であること、上杉政虎は上野草津《くさつ》（草津《くさつ》町）に湯治していること、上杉軍は上野倉賀野城に在陣していることなどを伝え、不慮の際には早飛脚で連絡するのですぐに参陣することを命じている。このことから信玄と氏康が、政虎の動向について連絡を取り合っていたことがわかる。

同月二十五日になると氏康は、古河公方足利家の直臣衆に向けて、下総葛西城奪還のため出陣することを表明している。ただしこの時の出陣はなかったし、その後に葛西領に出陣することもなかったことからすると、味方へのアピールにすぎなかったと思われる。氏康が標的にしていたのは、先にもみたように三田家であった。そして六月三日に、氏康は勝沼領に向けてついに進軍を開始し、先に調略していた金子に参陣を命じている。三田綱定はこの北条軍の進軍をうけて、本拠勝沼《かつぬま》城（青梅《おうめ》市）から後退し、唐貝山《からかいやま》城を築いて対抗をこころみていく。

六月二十日には、氏康は三日後の二十三日に三田家に対して決戦することを予定し、それについて武田家にも飛脚で連絡した。勝沼領経略について、氏康は信玄と連携していたことがわかる。先に信玄から援軍として派遣されてきた加藤景忠は、そのまま由井領に在陣を続けていたらしく、それを進軍させるにあたって、信玄の了解を得なくてはならなかったためであろう。

七月十日に、信玄は由井領に在陣していた加藤景忠と駒井昌直《まさなお》（政頼の子）それぞれに、氏康が由井に在陣し、三田家と対陣したままでいることについて、状況の連絡を命じ、また加藤と駒井がいまだに由井城に在陣していることについて不審を示し、事情の連絡を命じている。信玄としては、いまだに氏康も、そして援軍として派遣した加藤・駒井も由井城に在陣したままでいることに納得がいかなかったらしい。

北条家による勝沼領経略には、このように武田家から派遣されてきた援軍も参加していた。すでに上杉政虎も、六月下旬には上野から越後に帰国していた。そのため氏康・氏政はその反撃を考慮することなく、勝沼領の経略をすすめることができる状況にあった。北条家がいつ唐貝山城を攻略し、三田家を滅亡させて勝沼領を経略したのか明確ではないが、八月六日には勝沼領内の所領を家臣に戦功として与えるようになっているので、七月中には経略したであろうと推定される。それによりようやく、武田家からの援軍の加藤らは、帰陣したと思われる。

信玄が北信濃に軍勢を派遣する

その一方で、信玄は北信濃に軍勢を派遣していた。七月十日までに、上蔵城《かみくら》（飯山市《いいやま》）を攻略していて、そのまま越後に進軍させることを図った。軍勢が十六日・十七日に越後に進軍したら、信玄自らも出陣することにしている。信玄の勢力は越後国境にまでおよぶように

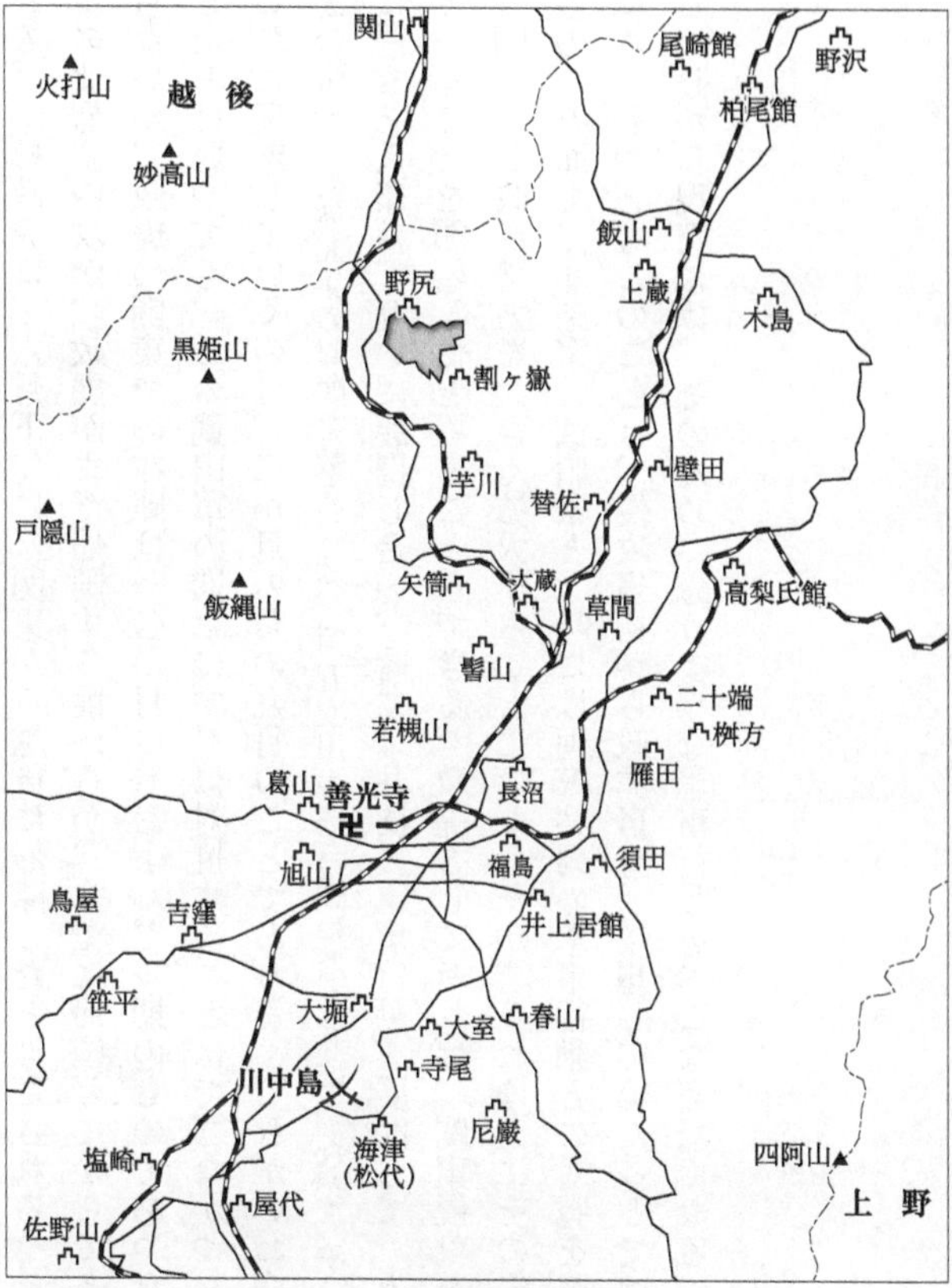

北信濃関係図
（平山優『図説 武田信玄』掲載図を基に作成）

なっている。上杉政虎は、六月下旬には関東から越後に帰陣したと推定される。武田軍の北信濃侵攻が、政虎がまだ帰国する前からか、すでに帰国してからであったのかはわからないが、政虎の関東での在陣は一〇か月にもおよんだ長期のものであった。そのため帰陣したとはいっても、この武田軍の進軍にすぐに対抗することはできなかったであろう。政虎がこれに反撃していくのは、二か月のちの九月のことであった。これがいわゆる「第四次川中島合戦」（永禄元年の対陣を数えれば、第五次川中島合戦になる）につながっていく。

　ここに信玄と氏康は、互いに連携し合い、時には共同の軍事行動を展開して、上杉政虎に対抗していくことを開始したとみることができる。政虎としてみれば、関東侵攻を開始したことで、関東にも政治勢力を大きく拡大することにはなったが、それゆえにその後は、関東と北信濃の二方面で、北条家と武田家と、時には両家共同の軍事行動との対戦を強《し》いられることになる。もっともこのことは、侵攻当初から政虎自身、予想していたことではあったはずである。しかし現実には、そのために思うような軍事行動をおこなえなくなるのも事実であった。

第七章　三大名家相互の軍事協力

第四次川中島合戦

北条氏康・氏政父子は、勝沼領経略後も、引き続いて上杉方になっていた勢力の攻略をすすめていた。永禄四年（一五六一）の九月十一日までに、勝沼領から武蔵松山領に進軍し、また武蔵天神山領に軍勢を派遣している。

天神山領の国衆・藤田家には、氏康五男の乙千代丸（のち氏邦、一五四八～九七）が婿養子に入って家督を継承していたが、乙千代はまだ年少のため、同領に入部していなかった。上杉政虎の侵攻をうけて、家中にそれに応じる者が出て（主謀者は前代・藤田泰邦の母・西福御前《さいふくごぜん》であったか）、本拠の天神山城を占拠される状態にあった。北条派の家臣が反撃をすすめていたため、それへの支援として軍勢を派遣した。そしてその日までに、天神山城を開城させている。

その後も、氏康・氏政は引き続いて松山領に在陣して、同領の経略を図るが、進展していない。松山領は政虎に攻略されたあとは、岩付太田家が管轄し、政虎が新たな扇谷上杉家当主として取り立てた八条上杉憲勝《のりかつ》が城主として在城した。上杉憲勝はまた、下総葛西城も管轄し、松山領・岩付領・葛西領を支配した。扇谷上杉家勢力がにわかに復活した状況になっていた（拙稿「新出の上杉憲勝書状」）。そのため氏康・氏政も、容易にはそれらを攻略できなかったのだろう。しかし他方で、天神山領の反北条方勢力の制圧は、着実にすすめていった。

このようななかで大きな動きがあったのは、北信濃であった。八月二十九日に、政虎は春日山城の留守に関して指示して、北信濃進軍をすすめた。出陣はおそらく翌日・九月一日のことであったろう。そうして九月十日、いわゆる「第四次川中島合戦」がおきる（永禄元年の対陣を数えれば、第五次川中島合戦になる）。政虎の出陣から合戦までは、実はわずか十日でしかなかった。この合戦については、江戸時代前期に作成された武田家を主題にした軍記史料『甲陽軍鑑』によって、二か月におよぶ長期の対陣を経て合戦になったように記されているが、それらは事実ではなかった。政虎の川中島地域着陣からすぐに合戦になったとみなされる（今福匡『上杉謙信』『図説上杉謙信』）。

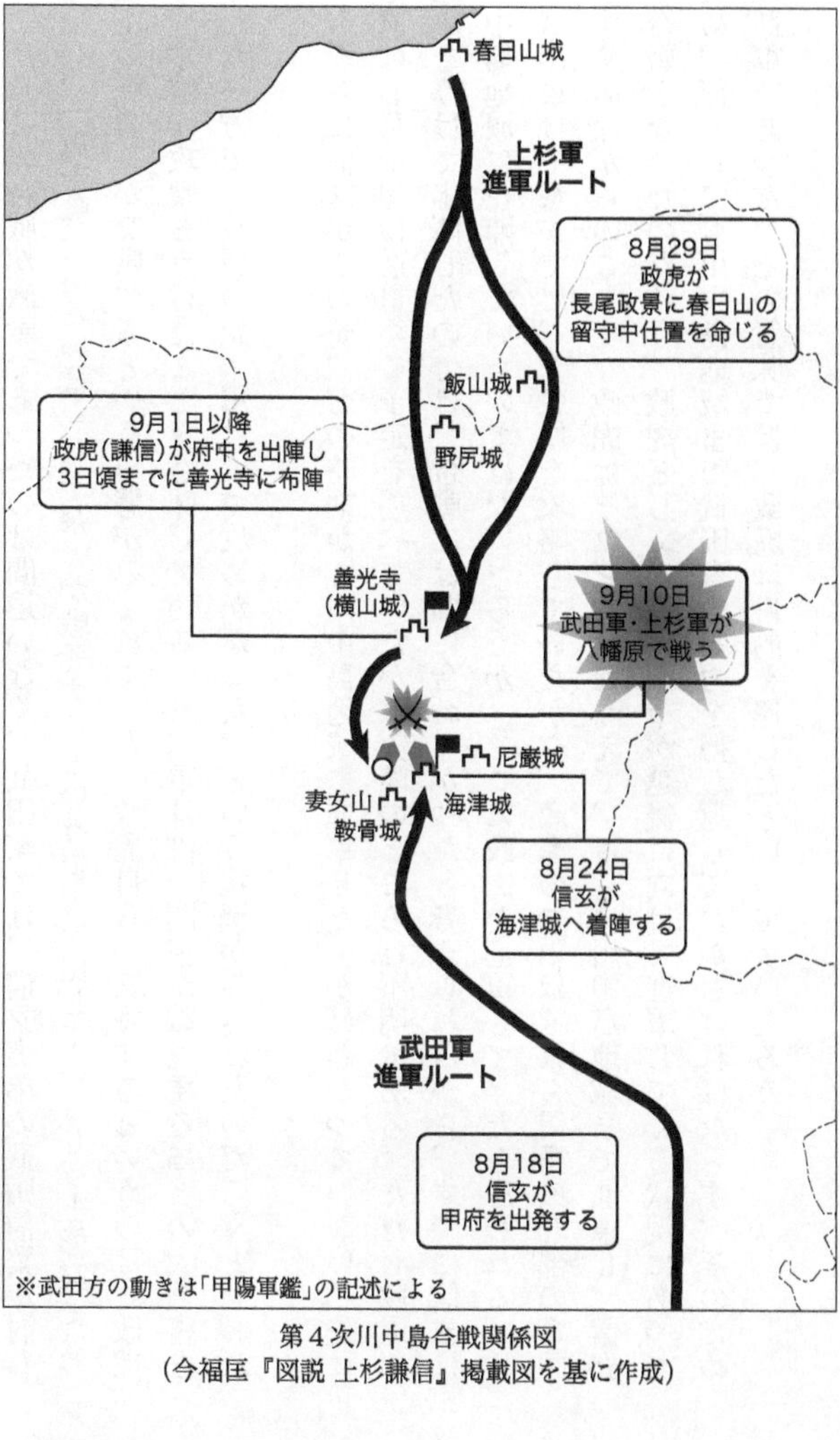

第４次川中島合戦関係図
（今福匡『図説 上杉謙信』掲載図を基に作成）

しかしこの合戦が激戦であったのは間違いなく、武田家では、信玄実弟の武田信繁《のぶしげ》が討ち死にし、「数千騎」あるいは「八千余」が戦死するという損害を出しているし、上杉家では、当主政虎自らが交戦するという事態がみられていた。政虎自らが交戦するというのは、政虎の旗本軍が攻撃をうけたことを意味している。武田軍は御一門衆が戦死するほどの大損害を出した一方で、政虎の旗本軍にまで攻めかかった、という状況がみられたのだろうと思われる。

ちなみに信玄がこの時、どの時期から川中島地域に進軍したのかはわかっていない。先に信玄は七月中旬に進軍する予定を述べていたが、実際のところは不明である。ただし政虎の進軍をうけて出陣したのでは、合戦には間に合わなかったと考えられるから、すでに信玄は川中島地域に在陣していたのではないだろうか。そこに政虎が進軍してきたと思われる。また武田軍はそれまでに、上蔵城を攻略していたから、政虎の進軍はそれら信濃最北部の奪回をすすめながらのことで、政虎はそれを遂げたうえで、さらに川中島地域まで進軍し、信玄と合戦となったのだろう。政虎としては、武田軍が越後に向けて進軍してくる状況にあったため、何としても川中島地域まで武田家の勢力を押し返しておかなければならず、そのための進軍であった。その意味では、政虎は目的を達したといってよいだろう。

信玄の西上野経略開始

信玄は、川中島での政虎との激戦で大きな損害を出したものの、上杉方への攻略の手を緩めなかった。一転して、今度は西上野の経略をすすめていった。この地域では、国峰《くにみね》領小幡《おばた》家や岩下《いわした》領の鎌原《かんばら》家から支援の要請をうけていて、それに応《こた》えるものであった。

永禄四年（一五六一）の十月一日に信玄は、西上野最西部に位置した松井田《まついだ》領（安中《あんなか》市）の諏方家一族を調略していて、西上野経略に着手するようになっている。同月五日の時点で、北条氏康・氏政父子はなお松山領に在陣を続けていた。信玄の西上野進軍は、それと連携することも視野におさめていたことだろう。そして十一月二日に、信玄は信濃佐久郡松原大明神に願文《がんもん》を捧《ささ》げ、西上野西牧（下仁田町）・高田（富岡市）・諏方（松井田）各城の攻略を祈願している。その後に西上野に進軍したとみなされる。信玄本軍は内山峠《うちやまとうげ》口から進軍したが、別の一軍が鳥井峠《とりいとうげ》口から岩下領に進軍した。

信玄の進軍を聞いて、政虎も十一月十六日までに上野に軍を進めてきた。同月十九日に、信玄はすでに西上野に進軍してきていて、その日に高田家を従属させ、翌日からは国峰城攻撃に向かうことにしている。国峰城は武田家・北条家に両属していた小幡憲重《のりしげ》の本拠であったが、前年の政虎の侵攻をうけて、政虎に応じた一族・家中がでて、それらから追放されていた。なお政虎に応じた一族は、政虎から小幡家家督を認められて、次郎景高《かげたか》を名乗っていた（拙著『戦国期山内上杉氏の研究』）。そしてすぐに国峰城を攻略し、小幡憲重を復帰させたと思われる。

一方、松山領に在陣していた北条軍は、政虎の進軍をうけて北上したとみられ、十一月二十七日に、武蔵御嶽領生山《なまのやま》（本庄市《ほんじょう》）で北条軍と上杉軍が合戦となり、北条軍が勝利した。これにより上杉軍は上野に後退したとみられ、それを北条軍が追撃した。そこに武田軍も合流した。そして十二月七日には、信玄と氏康・氏政は上杉方の上野倉賀野城を攻撃した。

これについて政虎は、同月九日に、下総古河《こが》城在番の長尾満景《みつかげ》に送った書状で、「（武田）晴信（信玄）・（北条）氏康手を合わせ相働き候、（上杉）政虎備え手堅きに依り、敵の働き今日に至り一道無く候間、敗北の儀眼前に候」「此分は敵敗軍すべく候間、翌日に佐野に向かい政虎出馬すべく候」と、信玄と氏康が共同で軍事行動しているが、政虎の防備が堅固なため、敵軍は今日まで一つの成果もあげられず、敗北するのは確実だ、敵が敗退したら、その翌日に下野佐野（佐野《さの》市）に向けて進軍する、と述べている。実際にも信玄と氏康・氏政は、倉賀野城を攻略できず、ともに帰陣したと思われる。政虎は、佐野に進軍するといっていたものの、実際には上野に在陣を続け、そこで越年した。

こうして信玄による西上野経略が開始された。そしてそこで信玄と氏康・氏政は、共同して政虎と抗争することをみせた。政虎は関東での勢力を維持していくには、この信玄と氏康・氏政の両方と抗争しなくてはならない状況になった。この後において、信玄は西上野への経略をすすめ（詳しい経緯は拙著『戦国期東国の大名と国衆』参照）、氏康・氏政は武蔵の上杉方の経略をすすめていくのである。そしてそこでは、今回のような両家による共同の軍事行動が、しばしばみられるのであった。

足利義輝の駿三和睦命令

北条家と武田家が共同して上杉政虎との抗争をすすめる一方で、今川氏真が三河岡崎《おかざき》領の国衆・松平元康《まつだいらもとやす》（のち徳川家康、一五四二〜一六一六）をはじめとした、離叛《りはん》した三河国衆との抗争に追われるようになっていた。前年に氏真は、北条家支援のため小田原まで出陣していたが、それから帰国したかどうかの時期に、松平元康が織田信長と停戦和睦を結んだうえで、離叛した。その後は、松平による今川方国衆の切り崩しがすすめられ、松平方国衆と今川方の国衆との抗争が展開され、三河は「三州錯乱」と称されて、内乱状態が起きていた。

氏真は松平をはじめとする敵対国衆の鎮圧をおこない、永禄四年（一五六一）九月にはようやく援軍も派遣して、敵方の攻略をすすめた。そして同五年正月には、自身三河に進軍することを表明し、実際にも二月中旬には三河に進軍した。

その一方で、氏真は将軍足利義輝に、松平元康との和睦周旋を要請していた。義輝はそれに応えて、永禄五年の正月二十日付けで、氏真に松平との和睦を命じる御内書を出したが、それだけでなく、氏真と攻守軍事同盟を結んでいた信玄と氏康にも、氏真に協力して和睦の実現を命じる御内書を出した。氏真が義輝に和睦周旋を要請した時期は判明していないが、御内書が出された日付から考えると、前年末から今年初めにかけてのことと推測される。ちょうど氏真は、自身三河に進軍することを決めていたから、それにあわせてのことであった可能性が考えられる。

そしてここで注目すべきは、氏真の和睦に関して、三国同盟を結んでいた信玄と氏康にも、それへの協力が命じられていることである。これは先の永禄二年における甲越和睦交渉でみられた事態と、まったく同様といえる。三大名家のうちどれか一つの大名家の和睦を実現する場合、他の二つの大名家にそれに協力させるのが有効的と、義輝に認識されていたことがわかる。ここでも三大名家が政治的に一体的な勢力であったことがわかる。

まず氏真宛の御内書は次の通りである。ちなみにここで氏真は、受領名（朝廷の地方官に因《ちな》む通称）上総介を称しているが、これは桶狭間合戦後から前年十月までの間に、今川家の歴代官途であった上総介に任官したことによっている。

当国（今川家）と岡崎（松平元康）鉾楯《むじゅん》の儀に就き、関東の通路合期せざるの条、然《しか》るべからず候、是非をさしおき早速和睦せしめば、神妙たるべく候、委細は三条《さんじょう》大納言（実澄《さねずみ》）ならびに文次軒《ぶんじけん》（孝阿《こうあ》）演説すべく候、猶《なお》（上野《うえの》）信孝《のぶたか》申すべく候也、穴賢、

正月廿日　（花押・足利義輝）

今川上総介（氏真）殿

（本文現代語訳）

今川家と松平元康の抗争について、関東への通路が滞っているのはよろしくないです。善し悪しを考えるのは後回しにして、すぐに和睦すれば神妙なことです。詳しいことは三条実澄と文次軒孝阿が説明します。なお上野信孝から伝えます。

同時に出された信玄宛の御内書は以下に示した通りである。なお信玄については、上野信孝の副状《そえじょう》も残されている。氏真と氏康については副状は現在は残されていないが、同様に出されたことは、それぞれ宛の御内書に、副状発給者として上野の名があげられていることから推定できる。

駿州（今川家）と三州（松平家）鉾楯の儀に就き、関東の通路合期せざるの条、急度和睦然るべく候、仍《よ》って（今川）氏真に対し内書を遣わし候間、堅く意見を加え相調える

べき事簡要に候、其のため文次軒（孝阿）を差し下し候、猶委細は（上野）信孝申すべく候也、

正月廿日　「花押同前（足利義輝）」

武田大膳大夫入道（信玄）とのへ

（本文現代語訳）

今川家と松平家の抗争について、関東への通路が滞っているので、すぐに和睦するのがよいです。そうなので今川氏真に内書を出したので、きちんと（氏真に）意見して（和睦を）成立させることが重要です。そのため文次軒孝阿を派遣します。なお詳しいことは上野信孝から伝えます。

駿州（今川家）・三州（松平家）鉾楯の儀に就き、関東の通路合期せざるの段、諸人の煩い、余りに然るべからず思し召し候、然らば双方に同前に堅く仰せ出され候条、総州（今川氏真）に対し申され御意見有り、無事の段急度仰せ調えらるべきの由、其のところを得申し入れるべきの旨仰せ出され候、猶委細は文次軒（孝阿）演説申すべく候間、巨細に能《あた》わず候、恐惶《きょうこう》謹言、

正月廿日　信孝（花押）

大膳大夫入道（武田信玄）殿参る
人々御中

（本文現代語訳）

今川家と松平家の抗争について、関東への通路が滞っていることは、人々を悩ましていて、とてもよくないことと（義輝は）御思いになられています。そうなので双方に同様にきつく（和睦することを）御命じになられましたので、今川氏真に御意見されて、和睦についてすぐに成立させるようにと、そのことを了解して（氏真に）申し入れなさい、と御命令されました。なお詳しくは文次軒孝阿が説明しますので、詳細は記しません。

同様に、同時に出された氏康宛の御内書は次の通りである。

（今川）氏真と三州岡崎（松平元康）鉾楯の儀に就き、関東の通路合期せざるの条、然るべからず候、仍って三条大納言（実澄）並びに文次軒（孝阿）を差し下し、内書を遣わす間、急度意見を加え無事の段馳走すべき事肝要に候、猶（上野）信孝申すべく候也、

正月廿日　（花押・足利義輝）

北条左京大夫（氏康）とのへ

（本文現代語訳）

今川氏真と松平元康の抗争について、関東への通路が滞っているのはよろしくないです。そうなので三条実澄と文次軒孝阿を派遣して、内書を与えるので、すぐに（氏真に）意見して和睦について奔走することが重要です。なお上野信孝から伝えます。

このように足利義輝からは、当事者である氏真だけでなく、それと三国同盟を結んでいた信玄と氏康にも、氏真と松平との和睦成立への尽力を命じる御内書が出されたのであるが、興味深いのは、それぞれで文言がそこそこ異なっていることである。

信玄宛のものには、使者として三条実澄の名はなく、文次軒孝阿のみがあげられている。これはおそらく、信玄のもとには三条実澄は赴かないことが決まっていて、文次軒孝阿だけが信玄のもとに赴くことになっていたことを意味しているととらえられる。三条実澄は、これらの御内書を、まず氏真に届け、次いで氏康に届けて、その後は小田原に滞在を続け、文次軒孝阿ひとり、そこから甲府に赴いたと考えられる。

その他の部分でも、全く同文にはなってはおらず、微妙に表現や内容は異なっている。このことから同じ案件についての御内書ではあったが、相手によって内容を変化させていたことを認識できる。先の永禄二年の時の御内書では、当事者の信玄に対するものと、それに協力させる氏康に対するものでは、文面は、当事者かそうではないかに関わる表現以外では、ほとんど変わるところはなかった。それと比べると今回の御内書の文面には、違いが目立っている。このことがこれらの御内書の作成において、何を意味しているのかについてはただちには判断できないが、興味深い事柄だと思われる。

それらの御内書が作成されたのは、日付が示すように正月二十日であったが、それらが何時、それぞれのもとに届けられたのかまでは判明しない。また現在は残されていないが、もう一方の当事者である松平元康にも御内書が出された。三条実澄・文次軒孝阿は、御内書をそれらに順に届けたとみなされる。経路からすると、まず松平に、次いで氏真、氏康に、そして信玄に届けられたと推定される。

氏康から松平家への働きかけとは

この駿三和睦に関しては、氏康が実際に松平方に和睦に応じるように働きかけていたことが確認される。氏康のもとに先の御内書が届けられた時期は判明しないが、氏康は五月一日に松平方に、和睦に応じることを要請する書状を出しているので、四月のうちには届けられたと推測される。そこで氏康は、五月一日に、まず松平元康の筆頭家老であった酒井《さかい》忠次《ただつぐ》に書状を送っている。

態《わざ》と申せしめ候、蔵人佐殿（松平元康）・駿州（今川氏真）一和の儀、玉滝坊《ぎょくりゅうぼう》（乗与《じょうよ》）を以《もっ》て申し届け候、成就（北条）氏康において念願せしむるばかりに候、あわせて其方馳《ち》走《そう》在るべく候、恐々謹言、

五月朔日　氏康（花押）

酒井左衛門尉（忠次）殿

（本文現代語訳）

こちらから書状を出しました。松平元康と今川氏真の和睦について、玉滝坊乗与によって伝えます。（和睦が）成立することを氏康は願っています。あわせてあなたはそれに奔走するべきです。

そしてそれと同日に、氏康は三河刈谷《かりや》領・尾張緒川《おがわ》領の国衆・水野《みずの》信元《のぶもと》に書状を出している。水野信元は、織田家に従属する国衆であるとともに、元康には母方の伯父《おじ》にあたり、さらには織田家から元康への取次の役割を務めていた存在である。その水野に書状を出しているということは、氏康はこの和睦について、織田信長に了解させることを図っていたと考えられるだろう。元康は織田方に味方していたから、この和睦については織田家の了承が必要

と考えていたとみなされる。ちなみにこの書状については、すでに拙著『徳川家康と今川氏真』でも触れたように、従来は「小田原編年録」所収の写が利用されてきたが、結城水野家所蔵「水野系譜」所収の写のほうが良質であることから、ここでもそれを使用する。

久しく音問に能わず候、抑《そもそ》も近年駿州（今川家）に対し逆意を企てらるるの由、誠に以て嘆かわ敷き次第に候、其れに就き駿府（今川家）より当方へ出陣の儀承わり候間、（北条）氏康自身出馬拠《よ》んどころ無く候、然りと雖《いえど》も尾州（織田信長）怨敵をさしおき、三州に於いて弓矢所詮無く候、去年来の筋目駿（今川家）・三（松平家）和談念願す、就中《なかんずく》三亜相（三条実澄）御物語の如く、今程調えを得京都（足利義輝）御下知を成し下され、当国（松平元康）も御内書を附さるるの由、各御面目の時に到り候者や、松平（元康）方へ異見有り、早々に落着し候様、偏《ひと》えに其方御馳走有るべく候、委細は口上に申し含め候間、省略せしめ候、恐惶謹言、

五月朔日　　氏康

水野下野守（信元）殿

（本文現代語訳）

しばらく連絡していません。さて近年今川家に対して逆意を企てられているとのこと、

とても残念です。それについて今川家から当方に出陣の要請があったので、氏康みずから出馬することはやむをえません。けれども織田信長が怨敵であることを差し置いて、三河で戦争することは意味の無いことです。昨年からの道理で今川家と松平家の和睦を念願しています。とりわけ三条実澄が言われるように、先ほど足利義輝のご命令が下され、松平家にも御内書が寄越されたとのことで、それぞれ御名誉の時が来たことでしょう。松平元康に意見して、早々に決着するように偏にご尽力するべきです。詳しくは口上に申し含めましたので、省略します。

ここで氏康は、氏真から援軍要請をうけていて、それに応じる用意のあることをちらつかせている。ここから氏真が、氏康に、そしておそらくは武田信玄にも、自身での出陣による援軍派遣を要請していたことがわかる。氏康は、前年に氏真から自身出陣による援軍をうけていただけに、この要請には応えざるをえない状況だったとみられる。ここからも三国同盟の攻守軍事同盟ぶりを顕著に認識できよう。

そのうえで氏康は、将軍足利義輝の命令であることをもとに、その和睦に応じるよう、元康を説得することを要請している。もっとも氏康はこれと同日に、元康の家老・酒井忠次に書状を出していたが、そこでは元康と氏真の和睦について、氏康が念願していること、和睦成立に尽力することを要請するだけで、かなり簡略である。またそこから、この時に氏康は小田原城下に所在する鎮守社の松原神社の別当・玉滝坊乗与を使者として派遣していたことが知られる。おそらくこの水野信元への書状も、同人が届けたのだろう。

しかし文面をみると、酒井忠次に宛てたものより、この松平家の外部に位置した水野宛てのほうが圧倒的に詳しい内容になっている。氏康は、元康への働きかけは水野からのほうが効果的とみていたようだ。水野が織田家に従属する国衆で、元康への取次であったことから、織田家から元康に働きかけがあることを期待してのことであったかもしれない。

しかしこの和睦交渉については、その後に進展はみられない。おそらく元康が応じなかったためであろう。また氏康が援軍として出陣することもなかった。氏真も、松平との和睦については諦めたらしく、六月には自身は再び三河に進軍することとし、そして信玄に援軍として自身出陣することを要請していくのであった。

再び信玄から氏康に援軍派遣する

足利義輝による駿三和睦を命じる御内書が、当事者に届けられたかどうかの時期、関東では北条家と上杉家の抗争がおこなわれるなか、再び武田家から北条家に援軍が派遣される状況がみられていた。

永禄五年（一五六二）の三月十四日に、大石（北条）氏照は下野佐野《さの》領の天徳寺《てんとくじ》宝衍《ほうえん》（佐野昌綱《まさつな》の弟）に書状を送った。そこで上杉輝虎（前年末からこの年初めに、足利義輝から偏諱《へんき》を与えられて政虎から改名）が佐野城を攻撃していることに関して、武蔵忍領成田《なりた》長泰《ながやす》と連携して救援のため勝沼領に進軍したこと。「然らば甲州衆も小山田（信有）・加藤《かとう》（虎景《とらかげ》）半途へ打ち出ると雖《いえど》も、敵退散の間、打ち返され候」と、武田家から郡内小山田家・加藤家が援軍として途中まで進軍してきたが、上杉軍が退陣したことをうけて引き返したこと。そして氏康も河越城に進軍し、さらに厩橋城に向かって進軍したが、和田川を越えられないままでいたところに、上杉軍が後退したので、いずれも帰陣したことを述べている。

上杉輝虎が下野佐野家を攻撃したことをうけて、北条家はその救援のために出陣し、氏康は河越城からさらに厩橋城に向けて進軍した。しかし、和田川を越えることができずに（増水によろう）、立ち往生していたところ、上杉軍も佐野城攻撃から退陣したために帰陣したことがわかる。大石氏照も出陣して、勝沼領まで進軍していたが、同様に帰陣した。さらにそこに、武田家から郡内勢が援軍として派遣されてきた。由井領・勝沼領への進軍であったから、これまでと同じく郡内勢が援軍として派遣されたととらえられる。しかしそれらの援軍も、北条軍が帰陣したため、途中まで進軍していたものの、引き返したことが知られる。武田家からは、北条家が上杉家と交戦するにあたって、立て続いて武蔵西部に援軍が派遣される状況にあったことがわかる。

なおこの時、信玄自身は二月と五月に、西上野安中城（安中市）攻めのため西上野に進軍しているが、三月は甲府に在所していたようだ。郡内勢はそれには従軍していなかったとみられ、そのため北条家への援軍としてそれらが派遣されることになったとみなされる。ちなみにこの時に関わるとみられる、三月十四日付けの信玄の書状がある。そこで「仍って（武田）信玄則《すなわ》ち出馬すべく候と雖も、近所に有る（北条）氏康父子出陣催促のため、今に存の外延引す、但し今晩当国若神子《わかみこ》迄出馬し候」と、信玄はすぐに出陣しようとしたが、近所にいた氏康父子から出陣を催促されたので、今まで延期になっていたけれども、今晩甲斐若神《わかみ》子《こ》（北杜市《ほくと》）まで出陣する、と述べている。

この書状の宛名は失われているので、誰に宛てたものか判明せず、そのためどこに出陣しようとしていたのかも把握できない。なお信玄は、この書状で、花押の代わりに竜朱印を署名下に据えているが、それは眼病により花押を書けなかったことによる。この書状の年代についての比定は簡単にはおこなえないが、氏康父子との共同の軍事行動によることから、永禄四年から同八年までのものと推定され（『戦国遺文武田氏編』では永禄七年に比定）、そのうち三月の時点で、信玄が甲府に在所しているとわかるのは、永禄五年だけである。それにより年代は同年に比定してよいと考えられる。

この時、信玄は西上野南部から帰陣したばかりであった。氏康・氏政からの出陣催促というのは、その西上野南部への進軍そのものを指している可能性を想定できよう。信玄が出陣しようとしていたのは、それとは異なる地域とみられ、それには西上野北部か北信濃が該当する。ただいずれが妥当なのかは、現時点では判断できない。

氏真から信玄への援軍要請

氏真は永禄五年（一五六二）の六月二十日に、次の書状を信玄に送った。

御帰陣の上早々に申すべきの処、少し取り乱れ候て、遅々意外の至りに候、仍って去年は随波斎を以て申し候処、一書を以てこれを承り候、其のこころを得□□申すべく候、御在陣に就き□（遅カ）引疎意に非《あら》ず候、只今《ただいま》の存分を定林院を以て申せしめ候、（今川）氏真に於いて聊《いささ》かも別儀無く候、将亦《はたまた》初秋（七月）に三州に至り出馬すべく候、兼約の如く御合力候わば、祝着たるべく候、此の時御入魂《ごじっこん》偏に憑《たの》みに存じ候、様体に於いては彼の口上に付し候、猶三浦備後守《みうらびんごのかみ》（正俊《まさとし》）申すべく候、恐々謹言、

六月廿日　氏真（花押）

徳栄軒《とくえいけん》（武田信玄）

（本文現代語訳）

御帰陣したらすぐに言わなくてはならなかったところ、少し忙しくて遅くなってしまいました。さて去年に随波斎によって伝えたことに、書状で（御意向を）承りました。その内容について承知しました。在陣されていたため（その書状への連絡が）遅くなったことは蔑《ないがし》ろにしたわけではありません。現在の考えを定林院によって伝えます。氏真としても少しも異存はありません。ところで七月に三河に出陣するつもりです。かねての約束の通りに御援軍していただければ嬉《うれ》しいです。今こそ御入魂いただくことをひたすらに頼みに思っています。状況については彼（定林院）から口上で伝えます。なお三浦正俊から申します。

この書状は無年号であるが、信玄が帰陣してしばらくして出されたものになる。そこでの信玄の出陣は西上野におけるものととらえられ、また氏真の三河侵攻が想定されるのは、永禄四年から六年までの時期に限られるので、その間で五月・六月まで信玄が西上野に在陣している状況は、永禄五年に該当する。そのためこの書状の年代は、同年に比定される。

ここで氏真は、七月に再び三河に進軍することを予定していて、実際にもその後に、三河に進軍したと思われる。その際に、信玄に自身出陣による援軍を要請したことがわかる。しかもそれについては「兼約の如く」とあるので、かねてから約束していたものであったことが知られる。おそらくは、信玄はこれより以前の時期に、氏真が三河に進軍する時に、援軍として出陣することを約束していたと考えられる。しかし信玄の側も、信濃や西上野への相次ぐ出陣によって、それを果たせない状況になっていたのだろう。

氏真はその前年に、武田家への取次担当であった家臣の随波斎（もと一宮出羽守か）を派遣していて、それへの信玄の返書が、武田家の使者・定林院によってもたらされている。内容は判明しないが、氏真と信玄の親交を深める内容であったことがうかがわれる。かつて氏真は、桶狭間合戦直後では、信玄に不審の念を抱いていたが、こうした連絡の取り合いによって、それも解消されるようになっていたのだろう。逆に氏真は、信玄の援軍としての出陣を強く希望し、ひたすらにそれを望むようになっていた。

氏真は、信玄が西上野から帰陣したことをうけて、あらためて援軍として出陣してくることを要請したのであった。三国同盟の性格からすると、同時に氏康にも出陣を要請していたことは十分に考えられる。氏真は予定通りに、七月に三河に進軍するものの、信玄も氏康も援軍として出陣してくることはなかった。

信玄は、五月中旬の時点で、六月下旬に西上野に出陣することを予定していた。実際には六月に出陣はなかったが、九月には西上野に出陣して、安中城を攻略している。他方の氏康は、七月の動向はわからないが、八月七日までに、常陸小田家・下野宇都宮《うつのみや》家を味方に付けて、それをうけて五日のうちに武蔵岩付領に向けて進軍することを表明している。しかもそこでは、「(北条)氏康は武田晴信(信玄)と相談し」と述べていて、信玄と共同して軍事行動することを予定していた。信玄も氏康も、関東での上杉方への経略を最優先せざるをえなかったとみられ、そのため氏真のもとに援軍として出陣することはできなかったのだと思われる。

結局、氏真は松平らとは、独力で抗争していくしかなかった。もしそれに信玄や氏康の援軍があったなら、三河情勢は大きく変わったことであろう。しかしそれは果たされることはなかった。信玄と氏康は、何よりも関東での上杉輝虎との抗争に追われる状況にあったためだった。そうするともし、輝虎の関東侵攻がなければ、氏真による三河鎮圧は実現していたかもしれない。そもそも輝虎の関東侵攻がなければ、松平元康らの氏真への離叛《りはん》はなかったであろうから、桶狭間合戦に敗北したとはいえその後の状況は全く異なるものになっていたことだろう。このように考えてみると、氏真の運命は輝虎の動きによって大きく狂わされてしまったと思わざるをえなくなる。

三大名家共闘の計画

氏康・氏政が、信玄と連携して上杉方の攻略をすすめようとしている状況をうけて、上杉輝虎は永禄五年（一五六二）の八月二十四日に、西上野小泉領の国衆・富岡主税助《とみおかちからのすけ》と館林領の国衆・長尾政長に書状を送って、来月に上野に進軍することを伝えた。「定めて甲相両軍も出張たるべく候間、防戦を以て一途に落着すべく候」と、それをうけて武田・北条両軍も進軍してくるに違いなく、それを迎撃する意向にあることを記している。もっとも輝虎は、すぐには関東に進軍してくることはなく、実際に進軍してくるのは十二月のことで、同月十六日に沼田城に着陣している。

一方の氏康・氏政の出陣も遅れたが、九月四日には武蔵岩付領のうちの石戸《いしど》城（北本《きたもと》市）と河越城に着陣している。この時には信玄も西上野に進軍していて、安中城を攻略し、その後は箕輪城（高崎市）・惣社城（前橋《まえばし》市）・倉賀野城の上杉方諸城を攻撃した。そこからさらに進軍して、北条軍と合流する予定にあったと考えられる。ところがそれは実現されず、信玄は同月十八日までに甲府に帰陣してしまった。在陣を続けることができない何らかの理由があったのだろう。

そこで信玄は、十八日に下野宇都宮広綱《うつのみやひろつな》に書状を送った。宇都宮は北条・武田両軍の進軍を期待していた一人で、その期待に応えられなくなったので、引き続いて期待を繫《つな》ぎ止めておくためであった。そこでは「来月下旬に今川（氏真）・北条（氏康）と申し合わせ、必ず利根川を越え、此の時関東の是非を付けるべき存分に候」と、来月下旬に今川氏真・北条氏康と共同の軍事行動をおこない、利根川を越えて東上野に進軍する意向を伝えている。ここに再び、関東の三大名家による共同の軍事行動が計画されていたことがわかる。

もっとも実際には、信玄は十月に西上野に進軍してはいない。また氏真の進軍もみられなかった。氏康・氏政は、そのまま引き続いて岩付領・松山領への攻撃を続けていたと思われる。十月十六日には松山領か岩付領との軍勢と合戦がおこなわれている。これは松山城攻めに向かうなかでの行動であったのか、上杉方では「初冬頃大田美濃守（資正《すけまさ》）年来抱え候松山と号す地に向かい」と、岩付領太田資正が維持している松山城に向かった、と記している。そして氏康・氏政は、十一月十一日から松山城への攻撃を開始した。

そして氏康は、松山城攻撃にあたって、信玄に援軍としての出陣を要請した。信玄も十月二十九日に、東美濃岩村領の国衆・岩村遠山家の一族・遠山三郎兵衛入道に送った書状で、「近日（北条）氏康に合力として関東へ出馬すべく候」と、近日のうちに氏康への援軍として関東に進軍する予定を伝えている。そして十一月九日には、信玄は西上野大戸領の国衆・浦野中務少輔《うらのなかつかさのしょう》と某（西上野吾妻衆の鎌原宮内少輔《かんばらくないのしょう》か）に書状を送って、「（北条）氏康に加勢として不図に出馬し候」と、氏康への援軍として出陣したことを伝えている。こうして信玄は、氏康への援軍として関東に出陣した。

ところでこの時期におけると推定される、氏真が穴山武田信君に宛てた八月二十九日付けの書状がある。無年号だが、氏真の花押型の形状変遷から、永禄五年前後に比定されることが指摘されている（大石泰史『今川氏滅亡』）。

其れ以後は申し承らず候、仍って高白斎（駒井政頼）注進の分は、越後衆出張せしむると雖も、指したる儀無く退散の由、先《ま》ず以て御心安く候、其れ以後は如何に候哉《や》、承りたく候、これに因《よ》り陣中へ飛脚を以て申し候、恐々謹言、

八月廿九日　　氏真（花押）

武田彦六郎（信君）殿

（本文現代語訳）

その後は通信いただいていません。さて駒井政頼からの連絡では、越後軍が進軍してきたけれども大したことなく退陣したとのことで、ともかく御安心でしょう。その後はどのような状況なのか御報《しら》せ下さい。そのため陣中に飛脚を派遣してお伝えしています。

宛名の穴山武田信君は、武田家から今川家への取次担当で、永禄三年末の父信友の死去を

うけて、その役割を担っていた。また文中にみえる駒井政頼も今川家への取次を担っていた人物であるが、永禄六年に死去している。これらからこの書状の年代は、永禄四年か同五年にあたり、そのうち永禄四年では、ちょうどいわゆる「第四次川中島合戦」が起きる状況にあるので、該当しない。そのため年代は永禄五年に確定してよいと考えられる。

その八月末の時点で、武田軍は西上野に進軍していて、九月中旬に甲府に帰陣していたから、この時点ではまだ在陣中と考えられ、この書状が「陣中」に送られたこととは矛盾しない。もっとも越後軍に関しては、八月下旬の段階で、輝虎は出陣を表明していたものの、実際には出陣はみられなかった。しかしそのようなことが、越後軍の進軍として認識されたことは十分に考えられる。実際の進軍はみられなかったため、「指したる儀無く退散」と表現されたのだろうと思われる。

ここから、氏真と信玄が、緊密に連絡を取り合っていた状況を知ることができる。もっともその時期、氏真は三河に進軍してそこから帰陣した時期にあたっている。その進軍にあたり信玄に援軍としての出陣を要請したものの、結果としておこなわれなかったという経緯があったことを踏まえると、氏真としては、信玄に余裕ができたのなら、援軍としての出陣を要請したいと思っていて、そのために緊密に連絡をとっていたのかもしれない。その後は、先にみたように、逆に十月下旬に、信玄と氏真が北条家に援軍として出陣することが計画された。信玄は出陣したものの、氏真は出陣していない。氏真は三河進軍から帰陣したばかりであったから、出陣する余裕はなかったためと思われる。

第八章　三大名家による二度目の共闘

氏康・信玄の松山城攻略の実態

永禄五年（一五六二）十一月から、北条氏康・氏政父子は武蔵松山城を攻撃したが、そこに武田信玄が、西上野から武蔵に進軍してきて、十二月十八日までに合流した。それについて上杉輝虎は、その日に下野那須《なす》資胤《すけたね》に送った書状で、「甲南談合有り、松山に向かい陣を張る」と述べている。「南」は、「南方」の略で、北条家を指している。北条家の本拠小田原が、関東の政治的中心地である古河よりも南方に位置していたことで、そのように呼ばれていた。こうして北条・武田両軍は、共同で松山城を攻撃した。

両軍の松山城攻撃は、そのまま年を越して永禄六年に入った。輝虎は救援のため、ようやく武蔵に進軍し、二月初めに味方の岩付領石戸城に着陣してきた。しかしその甲斐もなく、二月四日に氏康は松山城を攻略した。これは信玄が、松山在城衆に人質を出して、その仲介により開城させたものだった。在城衆は、城が両軍に包囲されていたため、輝虎が石戸城まで着陣してきたことを把握できていなかった。そのため信玄の申し入れに応じてしまったのだった。落城により輝虎は、岩付太田家の本拠・岩付城に移った。

輝虎はそこから松山城攻撃を図ったが、北条・武田両軍は松山城から出てこなかった。輝虎は陣所を変えて、両軍を城からおびき出そうとした。それでも両軍は会戦に応じなかった。そうならばと、輝虎は両軍の陣所を攻めようとするが、内通者が出て攻撃の期日が漏れたらしく、両軍は退陣してしまった。二月二十一日の時点で、氏康・信玄はともに松山城に在城している。輝虎は両軍との会戦を諦めて、十一日に岩付城から退陣し、利根《とね》川沿いに進軍した。信玄は三月には帰国したとみなされる。

「氏康頼もしからず」の評判

輝虎はその後、武蔵北部・下野・下総北部・上野東部を蹂躙《じゅうりん》して、北条方の大名・国衆を相次いで攻撃し、従属させていった。そうして四月二十六日に、ようやく厩橋城に帰陣するのである。そこでは、武蔵崎西《きさい》領小田家・忍領成田家・下野藤岡領茂呂《もろ》家・小山家・宇都宮家・下総結城家・上野桐生《きりゅう》領佐野家を相次いで従属させている。下野佐野家についても攻撃し、従属しかけるところまで追い詰めたようだが、従属させるにはいたらなかった。

この事態から、北条家は信玄に、再度の出陣を要請した。それをうけて四月七日、信玄は大石（北条）氏照に書状を送って、輝虎が小山家を従属させ、続いて佐野家攻めに向かったことから、十二日に出陣することを伝えている。

続いて信玄は、四月十四日に下野佐野昌綱《まさつな》に書状を送って、輝虎が佐野城を攻撃していることから、十二日に側面支援のため北信濃に出陣する予定でいたが、輝虎が退陣したので出陣を延期したことを伝え、「誓約の旨に任せて、（北条）氏康御同意比類無く候」と、佐野が氏康に味方し続けていることを賞賛する。その一方で、「（武田）信玄の備え油断の様に御覚悟有るべく候」と、（支援してこない）信玄の対応について佐野が「油断」と考えているに違いないと見越して、利根川を越えられないので（増水のためか）、北信濃に出陣することにしたが、そこでも犀《さい》川の増水によってすぐに出陣できなかったことなどを伝えている。そのうえで「来秋の行《てだて》一途無くんば、甲相滅亡に極まるの旨、深重に存じ入候」と、秋に反撃しなければ武田・北条両家は滅亡するとの覚悟にあることを伝えている。

それと同日に、古河公方足利義氏の直臣で北条家と陸奥白川《しらかわ》家・芦名《あしな》家との取次を務めていた河村定真《かわむらさだざね》は、白川晴綱《しらかわはるつな》に送った書状で、「来る廿日の内に（北条）氏康父子は結城へ自身御出馬に相定まり候」と、二〇日のうちに氏康父子は結城領に自身進軍すること、その際に「武田晴信（信玄）・今川氏真両将引き立て申され、武・上の備えを相頼み申され、（北条）氏康父子は来る廿日の内に越河に定まり候」と、信玄・氏真から自身出陣による援軍をおこなってもらい、それらには武蔵・上野の守備にあたってもらい、氏康父子は利根川を越えて結城領に進軍する予定を伝えている。

また四月二十五日に、陸奥南部の芦名《あしな》盛氏《もりうじ》が河村定真に送った書状には、輝虎が北条方の大名・国衆を攻撃していた際に、氏康が救援しなかったことについて、「内々奥口に於いても、後詰めの御刷《あつか》いこれ無き事、頼も敷からざるの由に存じ候」と、陸奥では「氏康頼もしからず」と評判していたことを伝えていて、そのうえで、氏康が近日に下野宇都宮領に進軍すると表明したことをうけて、「簡要の至り」と評価している。

ここからわかるように、氏康は味方を救援しなかったことで、周囲の政治勢力から「頼もしからず」と批判されていた。このことは戦国大名の本分が、味方が危機になった場合に、救援することにあったことを示している。そのため氏康は、その批判を払拭しなければならなかった。「頼りにならない」戦国大名には、国衆は従わなくなるからだった。だからこそ氏康は、すぐに反撃の一戦をおこなうことを表明したのだった。

そしてその反撃にあたっては、氏康はここでも氏真・信玄に自身出陣による援軍を要請した。氏康は三大名家の総力によって、輝虎の勢力を関東から排除することを図ったのだろう。

「伊勢」「長尾」と呼び合う仲

氏康は二〇日のうちに出陣すると言っていたが、実際には出陣は遅れた。永禄六年（一五六三）五月十日に、氏康・氏政は武蔵御嶽領の国衆・安保晴泰《はるやす》・同泰倫《やすとも》に、従属してきたことをうけてその領国を安堵《あんど》している。安保家の領国は、上野南東部の緑埜《みどの》郡にも及んでいた。その地域については、「（武田）信玄と申し合わせ」て、武田家領国にすることを取り決めていたが、安保家の領国としてそのまま安堵することを保証している。このことから信玄と氏康との間では、上野・武蔵で国分けする領土協定が取り決められていたことがわかる。しかし氏康は、安保家の領国をそのまま保証することで、安保家の従属を実現することを図ったのである。おそらくはその後、このことについて信玄に申し入れし、了解を獲得したことだろう。

上杉輝虎は、この頃になると、信玄と氏康について盛んに調伏をおこなうようになっている。輝虎としては、信玄と氏康の共同の軍事行動によって、関東支配が困難になっていることについて、何とか打開したいとの思いであったのだろう。七月十八日には、越後飯塚極楽寺と薬師寺に、「武田晴信（信玄）・北条氏康」の調伏（呪詛《じゅそ》）を依頼している。一方の信玄と北条家も、比叡山延暦寺に輝虎の調伏を依頼していたらしく、このことを知った上杉家では、比叡山にそのことを問い質《ただ》すと、比叡山側は八月十八日に延暦寺正覚坊《しょうかくぼう》重盛から上杉家家老の河田《かわだ》長親《ながちか》・直江《なおえ》政綱《まさつな》に送った書状で、「武田晴信（信玄）・伊勢新九郎（北条氏政）」からの依頼で輝虎を調伏したという申し出に、その事実はないことを返答している。

両勢力の間で、調伏合戦が繰り広げられていたことがうかがわれよう。またここで注目されるのは、輝虎が、七月の時点では、北条家について、北条苗字《みょうじ》で呼んでいたのが、この八月には旧苗字の伊勢苗字で呼んでいることである。北条苗字は、当時においてすでに関東管《かん》領《れい》に対応する苗字になっていたことを踏まえると、輝虎は北条家の関東管領としての立場を承認しないという姿勢をとって、旧苗字の伊勢苗字で呼んだととらえられる。

興味深いのは、対する北条家も、輝虎のことを上杉苗字では呼ばずに、「長尾輝虎」と旧苗字の長尾苗字で呼んでいることである。そのことが確認されるのは永禄九年（一五六六）からだが、それまで輝虎を苗字で呼んでいる事例がないことからすると、輝虎が上杉苗字に改称した時からそのように呼んでいた可能性が考えられる。上杉苗字は関東管領と一体化したものであったから、それを呼ばないというのは、北条家が当初から、輝虎の関東管領の地位を承認しない姿勢をとっていたことを示していよう。さらに輝虎の実名についても、輝虎と呼ぶ一方で、旧名の「景虎」で呼んでもいた。それは永禄五年から天正二年（一五七四）

にわたっている。ちなみに北条家が正しく上杉苗字で呼ぶようになるのは、永禄十二年から輝虎と同盟交渉を開始してからになる。

輝虎を上杉苗字で呼ばないというのは、信玄も同様だった。信玄は輝虎が上杉苗字に改称してからも、ほぼ一貫して長尾苗字で呼んでいた。信玄は、元亀三年（一五七二）にその時の将軍足利義昭から和睦の命令をうけて、それについて義昭方に返答している時だけ、「上杉輝虎」と呼んでいる。ちなみに実名については、輝虎に改名してからも、旧名の景虎で呼ぶこともみられているが、その割合は少なく、それもほぼ永禄五年から同七年初めまでしかみられない。これは北条家の場合とは異なっている。

このように北条家と武田家は、上杉輝虎については、ほぼ一貫して上杉苗字では呼ばずに、長尾苗字で呼び続けた。輝虎の上杉苗字への改称が、関東管領になったことと同義であったことからすれば、北条家・武田家ともに、上杉苗字で呼ばないということは、両家は当初から輝虎の関東管領の地位を承認しなかったことを意味していた。他方の輝虎は、当初は北条家について、北条苗字で呼んでいたが、永禄六年から伊勢苗字で呼ぶようになった。それは同十年までみられたが、その間でも、足利義秋《よしあき》（のち義昭）の命令で北条家と和睦交渉がすすめられていた時期には、北条苗字で呼んでいた。

これらは戦国大名家にとって、苗字が、その政治的地位を示すものであったことを意味しており、それゆえに敵対関係にあった者は、その地位を認めることができない場合には、その苗字で呼ぶことすらおこなわなかったことを示している。似たような事態は、織田信長が美濃一色《いっしき》家について旧苗字の斎藤で呼び続けたことや、徳川家康がしばらく旧苗字の松平で呼ばれ続けたことなどにもみられる。戦国大名家にとって、どの苗字を称するのかは、重要な政治的意味を持っていたのである。

三大名家が利根川へ進軍する

永禄六年（一五六三）七月になると、いよいよ三大名家共同の軍事行動がおこなわれることになった。同月二十二日に、武田家家老の甘利昌忠（のち信忠）は、大戸領浦野家一族の浦野新八郎に書状を送って、「今川（氏真）殿は駿遠両国の衆を以《もっ》て、来る廿六日に（北条）氏康に御加勢として御出張に候、御屋形様（武田信玄）も近日に出馬し候」と述べていて、今川氏真が氏康への援軍として今度の二十六日に出陣すること、信玄も近日のうちに出陣することを伝えている。実は氏真は、五月に三度目の三河進軍をおこなっていた。そこではかなり敵方を追い詰めるようになっていた。にもかかわらず、それを切り上げるようにして、関東に出陣してくるのであった。氏真は、三河経略よりも北条家への援軍を優先させたことになる。氏真にとっては、北条家との同盟関係の維持が、何よりも重要であったと考えられていたことがうかがわれる。

氏康・氏政は、七月二十六日に北関東に向けて出陣し、相模川沿いの大神《おおかみ》（平塚《ひらつか》市）に着陣した。これに「今川（氏真）殿・武田（信玄）方自身合力」のために出陣してきて、氏真は二十四日に駿府を出陣して、七月末に小田原に着陣し、そこから進んで八月二日に大神陣の氏康に合流した。氏康は数日、同陣に在陣しているが、それは相模川が増水していたためであった。氏真が着陣した時には相模川の水量も低下したので、ともに進軍した。信玄も関東に出陣してきて、八月六日には西上野に進軍してきた。そうして三大名家は、「先《ま》ず岩付へ一調儀有り、越国の備え、駿甲へ相任せられ、（北条）氏康父子は越河有るべき兵談」と、氏康・氏政は岩付領の攻略をすすめ、氏真と信玄は、救援のため進軍してくるであろう輝虎に対処するという作戦をとった。

しかし輝虎はこの時、関東に進軍してくることはなかった。そのためか氏康・氏政は、岩付領攻略をすすめるのではなく、四月に予定した通りに、三大名家は共同して下野に向けて進軍したと思われる。ところが利根川が増水のため、渡河できなかった。九月九日に北条綱成が芦名盛氏に送った書状に、「既に駿甲打ち出でらるべき砌《みぎり》、七月下旬洪水以ての外に候」「十月中旬に至らば利根川浅瀬出来たるべく間、必ず駿甲一同に越河たるべく候」と、氏真・信玄が進軍してきたのに利根川が七月下旬から増水していること、十月中旬には利根川の増水も引くだろうから、その時に氏真・信玄とともに利根川を越えて下野に向けて進軍する予定にあることを伝えている。

三大名家の進軍は、九月上旬の時点でも、利根川の増水によりまだ東上野に進軍できていなかった。そのため三大名家は、十月中旬まで利根川沿いに待機し、水量が低下したら川を渡って進軍する予定にあったことが知られる。しかし結局、三大名家が利根川を越えて進軍することはなかった。氏康・氏政は、その十月中旬には退陣し、帰陣の途中に同月二十六日まで岩付城を攻撃したが、攻略できなかったため、小田原に帰陣した。信玄も十月十六日までに帰国している。氏真については帰陣した時期は判明しないが、その頃に帰国したとみなされる。

氏康のもとに、氏真・信玄が自身援軍として出陣してきたのは、永禄四年の上杉輝虎による小田原攻め以来、二年ぶりにして、二度目のことになる。そうして三大名家は、三大名家の当主が揃って軍事行動したものの、今回は具体的な成果をほとんどあげることができなかった。それは偏《ひと》えに利根川の増水によった。三大名家は、それで二か月以上におよんで、利根川沿いに在陣したまま立ち往生を強《し》いられてしまった。結局、利根川の水量の低下を待つことはできずに、それぞれ帰陣を余儀なくされたのであった。

「遠州忩劇」による氏真の勢力の後退

これが、結果として、三大名家が共同して軍事行動したものとして、最後にあたった。氏真が帰陣した直後といっていい永禄六年（一五六三）十二月に、氏真の領国の遠江で、国衆の相次ぐ叛乱《はんらん》がみられた。これは「遠州忩劇《そうげき》」と呼ばれている。これにより氏真は、それらの叛乱鎮圧に追われることになってしまった。

氏真は一年近くかけた末に、永禄七年のうちに何とか「遠州忩劇」を鎮圧するが、もはやその後に三河に進軍する余裕は残っていなかった。逆に永禄八年三月までに、松平元康に三河一国の経略を許した。さらに松平から、遠江に進軍をうけるようになってしまった。その後、氏真と松平元康の抗争は小康状態になるが、それはお互いにそれ以上に軍事行動する余裕が無くなっていたからと思われる。氏真はそれから、遠江と三河国境で、松平との対峙《たいじ》を続けるのだったが、それは駿甲相三国同盟が崩壊する時期まで続いていくことになる。

これらによって氏真は、信玄や氏康と共同して軍事行動することはできなくなったのである。そもそも「遠州忩劇」勃発《ぼっぱつ》の直接の契機は、氏真による関東出陣にあった。桶狭間合戦以来、遠江国衆は戦争に動員され続けていたが、一向に三河経略を遂げられないでいたなかで、氏真は永禄四年とこの同六年に、二度におよんで大軍を率いて関東に出陣していた。今からすれば、その軍事力を三河経略に注いでいたら、状況は変わっていただろうが、氏真の立場からすれば、氏康に援軍として支援することで、そのあとに信玄・氏康から援軍をしてもらうことを考えていたとも思われる。

氏真は三河経略をすすめていくなかで、信玄と氏康に、何度か自身出陣による援軍を要請していた。しかし結果としてそれは一度もおこなわれることはなかった。信玄と氏康は関東での上杉輝虎との抗争に追われ、とても氏真に援軍する余裕が生まれなかったため、と思われる。それでも信玄は、氏真の三河経略に協力する態度をとっていた。この永禄六年に、時期は判明していないが、松平元康を滅亡させる策略をすすめてもいた。下伊那国衆の下条《しもじょう》弾正に、松平の使者に密会させようとしていて、相手方が不審に思ったら、氏真の書状を見せるからと言って、呼び出す策略を立てている。そこから松平をどのように滅亡に導こうとしていたのかはわからないが、信玄なりに、氏真の三河経略に精一杯、協力しようとしていたことはうかがえるだろう。

実際、永禄六年には、松平家の重臣や松平氏の有力一族が、元康に叛乱していた。もしかしたらそれらの叛乱の背後に、信玄の策略がみられていたのかもしれない。しかしそれが効果を出す前に、今川家領国で「遠州忩劇」が勃発してしまったことで、氏真は三河経略どころではなくなってしまったのである。このような状況をみるにつけ、政治状況の推移は、偶然の積み重ねでしかないことがよくわかり、氏真にはつくづく運が無かったとしかいいようがない。

北条・武田両軍共闘の軍事行動

信玄と氏康・氏政は、永禄六年（一五六三）十二月に、再び上野で共同の軍事行動をおこなった。先に利根川の増水によって東上野に進軍できず、全く成果をあげられなかったので、そのリベンジにあたったとみなされる。

十二月九日に武田家家老の甘利昌忠は浦野中務少輔に書状を送って、信玄が西上野に進軍して、同月五日・六日に箕輪城を攻撃し、七日に信玄は木部《きべ》城（高崎市）を再興したことを伝えた。そのうえで、「兼ねて又近日（北条）氏康御岳に至り御着陣の由、只今御使者着陣致され候、当冬中一途にこれ有るべく候と本望に存じ候」と、あらかじめの約束の通りに、氏康が武蔵御嶽城まで進軍して着陣したと、北条家の使者が到着して連絡してきて、この冬（十～十二月）に決着を付ける意向にあることを伝えている。これによれば氏康は、信玄からの要請をうけて、援軍として出陣し、武蔵御嶽城に進軍したことがわかる。

氏康は御嶽城から西上野に進んで、信玄に合流したと思われ、そうして十二月二十日に武田・北条両軍は合流し、利根川を越えて東上野に進軍した。翌二十一日に、上杉輝虎は里見義堯に送った書状で、「(北条) 氏康の事も手を合わすの由に候」と、信玄が倉賀野城を攻撃していて、そこに氏康が援軍として出陣してくることを伝えた。続いて閏《うるう》十二月五日に輝虎が小泉領の富岡主税助《とみおかちからのすけ》に送った書状では、「甲南両軍は利根越河し、金山の地に向かい働き懸け候」と、武田・北条両軍が利根川を越えて東上野に進軍し、新田領横瀬家の本拠・金山《かなやま》城攻めをおこなっていることを伝えている。武田・北条両軍は共同で金山城攻撃をおこなったことが知られる。

そうしたなか同月六日に、信玄は穴山武田信君の家老・佐野泰光《やすみつ》に次の書状を送っている。

幸便を以て一筆を染め候、仍《よ》って遠州の体実義に候や、是非無き次第に候、駿州の内彼方の調え然《しか》るべき（べからずカ）様候て、過半駿の内相破るる様に候わば、早々に注進致すべし、此の表は焼き働き迄《まで》の事に候条、夜を以て日を継ぎ急ぎ候て納馬すべく候、又遠州の者心替え候え共、駿州衆各々（今川）氏真前を守り、元より三州の備えも氏真本意有るべき様候わば、次いでを以て暫《しばら》くこれに在陣し、関東の義隙を明けるべく候、何に両様に其方くわしく見聞致し、早飛脚を以て注進待ち入り候、謹言、

壬十二月六日　信玄（花押）

佐野主税助（泰光）殿

追って、駿州必ず相破れるべき様に聞き届け候わば、此の時に候間、早々に納馬し、彼

の国の本意相急ぐべく候、此の所を能《よ》くよく聞き届け、注進尤《もっと》もに候、又彼かたへ書状を越し候、彦六郎（武田信君）に渡し候間、指し越され候わば、早々に届けらるべく候、以上、

（本文現代語訳）

都合良く手紙を出せたので書きました。さて遠江の事態は本当のことでしょうか。とんでもないことです。駿河で今川方（「彼方」）の対応がよく（なくヵ）、駿河の多くが敗北してしまうようであったら、すぐに報告しなさい。こちらは敵地を放火する程度のことなので、急いで帰陣します。また遠江衆が（今川家から）離叛したとしても、駿河衆が氏真を守備して、もちろん三河への防衛も氏真の考えの通りの状態になるようであったら、そのままこちらにしばらく在陣して、関東のことについて決着を付けるつもりです。いずれにしてもどちらになるかあなたはくわしく見聞して、早飛脚での報告を待っています。

追伸、駿河が必ず敗北してしまう状況を確認したら、この時しかないので、すぐに帰陣して、駿河が本意になるよう急ぐつもりです。このことを十分に理解して報告するのがよいです。また今川方に書状を送りました。武田信君に送ったので、到着したら、すぐに（今川方に）届けなさい。

信玄は「遠州忩劇」の勃発を聞くと、氏真への取次を担っていた穴山武田信君の家老・佐野泰光に書状を送って、状況の把握に努めている。そしてそこでは、氏真の置かれた情勢が悪化したら、関東での在陣を切り上げて帰国し、氏真の「本意」が達せられるよう尽力する意向を示している。ちなみにこれまでは、信玄がこの時に駿河経略を志向するようになったと理解されることもあったが、文面を正確に理解すると、実態としては、信玄が今川家への支援を図ろうとしていたことは明らかである。信玄としても、今川家が存続の危機におちいることは、領国の西側の情勢が不安定になることにつながり、そうすると関東・北信濃での上杉輝虎との抗争に尽力できなくなるからであろう。そのために信玄は、氏真を支えようとしたとみなされる。しかし氏真が劣勢になることはなく、信玄は関東での在陣を継続した。

閏十二月十一日に輝虎が横瀬成繁に送った書状によると、それまでに「甲相両軍」は、金山城攻めのための藤阿古陣（太田市《おおた》）を引き払って、上野館林領と下野足利領の間に在陣したことが知られる。同月二十七日に輝虎が里見義堯・義弘《よしひろ》父子に送った書状によると、「甲南両敵出張す、剰《あまつさ》え去月廿日利根越河、希《のぞ》みの所に候条、即ち懸け向かい興亡を付けるべき分に候」と、輝虎は武田・北条両軍と対戦を図って、十九日に厩橋城に着陣したが、すると「（北条）氏康は松山の地に在城、（武田）晴信（信玄）は西上州に陣を張り候」と、氏康・信玄は退陣したことがわかる。

氏康・氏政は、信玄の援軍をえて、共同して、新田領横瀬家・館林領長尾家の領国に進軍したが、攻略にはいたらず、そこに救援のため輝虎が上野に進軍してきたことで、ともに退陣したということになる。氏康も信玄も、輝虎と正面から衝突することは避けていたようだ。氏康・氏政と信玄は年内のうちに帰陣したと思われる。

永禄七年（一五六四）に入ると、氏康・氏政は正月八日に里見家・岩付領太田家と下総国府台《こうのだい》（市川市）で合戦し（第二次国府台合戦）、家老の遠山綱景・隼人佑《はやとのじよう》父子や富永康景《とみながやすかげ》を戦死させるなど甚大な損害を出したものの、勝利をおさめ、里見軍を敗退させた。その後は下総に進軍して、里見家に経略された地域の回復をすすめて、二月九日に江戸城に帰陣した。

その頃、信玄は、嫡男義信とともに西上野北部の岩下領に進軍していて、その経略をすすめ、先陣は岩櫃城（東吾妻町）まで進軍していた。その大将は、信玄四男の諏方（のち武田）勝頼（一五四六〜八二）と信玄弟信繁長男の望月信頼であった。氏康はこの連絡をうけて、二月十三日に小山田信有に書状を送っていて、輝虎が後退すれば、信玄・義信父子も帰陣できるだろうと述べている（丸島和洋「諏方勝頼・望月信頼の岩櫃在番を示す一史料」）。

この時、輝虎は常陸小田家、次いで下野佐野家を攻撃して、小田氏治《うじはる》は一時的に本拠から没落し、佐野昌綱は輝虎に従属した。信玄の岩下領経略はその隙を衝《つ》くようなものといえる。

その後に信玄は帰陣したとされるが、四月頃に、上野在陣の軍勢によって倉賀野城の攻略を遂げている。これによって信玄の西上野での領国は、国峰領から倉賀野、岩下領に及ぶことになり、西上野での輝虎方は、箕輪領・惣社領・白井領だけになっていた。

輝虎はそれへの報復として、三月に武田方の和田城（高崎市）を攻撃したが、攻略できなかった。輝虎は越後に帰国したのち、五月十三日に飯塚八幡宮に願文を捧《ささ》げて、「武田晴信（信玄）退治、当秋中（七～九月）に甲府に旗を立て、晴信分国を悉《ことごと》く（上杉）輝虎手に入れるべく祈念」と、秋に甲斐に向けて進軍すること、そして武田家を滅亡させて、その領国を経略することを祈願している。ここでの輝虎の戦略が、いわゆる「第五次川中島合戦」（永禄元年の対陣を数に入れれば第六次川中島合戦）に続くことになる。またここで輝虎は、武田家領国の経略を図っていたことが明確であり、このことから「輝虎の軍事行動に領土的野心はなかった」的な理解が、全くの想像でしかないことを認識できるであろう。

足利義輝が越相和睦命令を出す

そうしたなか、輝虎が信玄滅亡を祈願したのとちょうど同じ日にあたる、永禄七年（一五六四）五月十三日に、将軍足利義輝は上杉輝虎に、氏康との和睦を命じる御内書を出した。御内書は輝虎に宛てたものと、その家老中に宛てたものが出されている。

輝虎に宛てたものは、以下である。

（北条）氏康と数年鉾楯《むじゅん》に及ぶの段、然るべからず候、分別を以て和睦せしめ肝要に候、巨細においては（大館）藤安《ふじやす》に申し含め候、

五月十三日　（花押・足利義輝）

上杉弾正少弼（輝虎）とのへ

（本文現代語訳）

北条氏康と数年抗争していることは、よろしくないことです。考えて和睦することが重要です。詳しくは大館藤安に言い含めました。

輝虎の家老に宛てたものは以下である。

（北条）氏康と数年鉾楯に及ぶの段、然るべからざるの趣き、（上杉）輝虎に対し申し遣わすの条、各々分別を加え、和睦せしむるの様、馳走《ちそう》肝要に候、巨細に於《お》いては（大館）藤安に申し含め候也、

五月十三日　（花押・足利義輝）

上杉弾正少弼（輝虎）

年寄中

北条氏康と数年抗争していることは、よろしくないという内容を、上杉輝虎に伝えたので、それぞれは考えて和睦するように奔走することが重要です。詳しくは大館藤安に言い含めました。

（本文現代語訳）

ここで足利義輝は、突然輝虎に、氏康との和睦を命令してきたのであった。このあと、輝虎は和睦するなら氏康を説得して欲しいと要請していくので、これが輝虎の要請によるものでなかったことは確実である。そのためこの和睦命令は、義輝の都合から出されたものになる。義輝が輝虎に氏康との和睦を命じるのは、これが初めてのことになる。

とはいえこの和睦命令の背景はよくわかっていない。輝虎に氏康との和睦を命じているということであれば、本来なら同時に氏康にも和睦を命じる御内書が出されたと考えられるが、どうやら届けられていないらしい。まずは輝虎にだけ、そのように命令したととらえられる。この時期、義輝は京都政界で苦しい立場にあったことからすると、自身を補佐する大名として輝虎を頼みにし、輝虎を上洛させて自身を補佐させようとして、輝虎に氏康との抗争を停止させることで、それを実現しようとしたようだ。

その一方で輝虎は、この時期、尾張織田信長と通信を図っている。それへの返書が、六月九日付けで織田信長から、輝虎家老の直江政綱に出されている。この時期、織田信長は美濃経略をすすめていたから、連携することで、東美濃を領国化している信玄を挟撃しようと図ってのことと思われる。ただし輝虎と信長の通信が、頻繁におこなわれるようになるのは、信長がようやくに尾張一国の経略を遂げた、翌年の十一月からのことになる。この後、輝虎と織田信長との交流が、駿甲相三国同盟の展開に大きく影響していくことになるが、これはその端緒にあたるものであった。

第五次川中島合戦へと

輝虎は永禄七年（一五六四）の六月二十四日に、信濃への進軍を控えてのことと思われるが、越後弥彦《いやひこ》神社・越中姉倉比売《あねくらひめ》神社に願文を捧げて、「武田晴信（信玄）・伊勢（北条）氏康退治」を祈願し、また春日山城内看経所《かんぎんしょ》・弥彦神社に「当秋武田晴信（信玄）退治」を祈願し、信玄の「悪行」を列挙した願文を捧げている。

そのなかで輝虎は、信玄の悪行の筆頭に、「塚原《つかはら》陣の時、駿河（今川義元）の噯《あつか》いを以て無事、既に神慮を驚かし、誓詞を以て申し合わせ、翌日翻す事」とあげている。かつて弘治元年（一五五五）の第二次川中島合戦の時に、輝虎が塚原（長野市）に在陣していた際に、今川義元の仲介で信玄と和睦したことに関して、起請文を交換して停戦和睦を成立させたにもかかわらず、信玄は翌日にそれを反故《ほご》にした、と述べている。輝虎としては、和睦を勝手に破棄した信玄の行為が許せなかったのだろうか。一〇年も前のことを書き立てていることが興味深い。

そして翌日の二十五日に、輝虎は小泉領富岡主税助に、「来る秋（七〜九月）の調義の事、相州口へ働きを成すべき義定の処」と、当初は秋に北条家領国に侵攻する予定でいたところであったが、来月八日に信濃に進軍することを伝えている。続いて二十六日に、輝虎は同じく富岡主税助に、来月に武蔵・上野に進軍する予定でいたが、八日に信濃に進軍することにしたことを伝え、「（北条）氏康後詰めに及ぶべきの間、東口諸味方中上州に至り打ち着き、南方（北条家）の働きを相押さえらるべき由行《てだて》に及び候」ことを要請している。

ちなみにこの二通の富岡宛の書状は、内容が同一であるから同時に出されたものとみなされる。ところが二十六日付けに据えられている輝虎の花押型の形状は、翌永禄八年のものに該当している。そのため同文書の年代については、これまで永禄八年に比定してきたのであったが、内容から考えると、前年にあたる永禄七年に比定するのが妥当である。同じ時期のものであるのに、据えられた花押型の形状は異なっている、ということになり、このことをどのように理解したらよいのか、現在のところ成案はない。引き続いて検討していくことが必要である。

それはともかくとして、七月六日に上杉家重臣で上野厩橋領の毛利北条高広《もうりきたじょうたかひろ》は、常陸石岡《いしおか》領の国衆・大掾貞国《だいじょうさだくに》に書状を送って、八日に信濃に進軍することを伝えた。それにともなって「（北条）氏康は定めて後詰めに及ばるべく候間、御自身上州に至り御出陣を遂げられ、南方（北条家）の働きを相押さえられ頼み入るの由、申さる事に候」と、氏康が後詰めのため上野に出陣してきたら、大掾貞国自身が上野まで出陣することを輝虎が要請していることを伝えている。このように輝虎は、信濃出陣の隙を衝いて氏康が上野に進軍してくることを想定していた。しかし実際には、氏康は上野に進軍してくることはなく、七月下旬には上総に進軍していくのであった。

そして輝虎は、七月二十三日に富岡主税助に、翌日の二十四日に信濃に進軍することを伝え、実際に輝虎は同月二十九日に信濃川中島地域に着陣した。輝虎にとっては三年ぶりの同地域への進軍であった。八月四日に輝虎は、常陸佐竹義昭に書状を送って、三日に犀川を越えて川中島に着陣したこと、「武田大膳大夫（信玄）打ち向かうに至りては、一戦を遂げるべき分を以て、色々計義を廻《めぐ》らし候と雖《いえど》も、今に陣所聞こえず候」と、信玄が立ち向かってきたら、一戦するつもりでいるが、信玄の陣所についての情報が得られていないことを伝え、そのうえで佐竹に、すぐに自身出陣して、「上・武境に御陣取りされ、南方（北条家）の後詰めを相押さえらるべき義」と、自身出陣して北条家の動きを牽制《けんせい》することを要請している。

輝虎は佐竹義昭に書状を送ったのと同日に、足利義輝の側近家臣の大館晴光に、長文の書状を送った。先に義輝から出された、氏康との和睦を命じる御内書が届けられたことをうけて、それに返事したものであった。そしてそこでは、義輝から氏康との和睦を命じる御内書を受け取ったことを伝え、「和談致す事は聊《いささ》かも存じ寄らざる題目に候」と、氏康と和睦することについては、全く考えていなかったと述べたうえで、義輝の命令を受諾するつもりで、義輝からの上使が下向したことをうけて、関東の味方勢力に氏康と停戦するよう要請したところ、皆が油断した状態になっていて、氏康の攻勢がすすめられているという状況にあるとして、「（北条）氏康所へ御下知如何これを成され候哉」と、氏康にきちんと命令しているのかを問い質している。

これによって輝虎が、義輝の和睦命令について、本音としては受け容《い》れたくなかったことが認識される。しかし義輝にはこれまで種々に便宜を与えられていたことから、一応、和睦に応じる姿勢をとることにし、義輝からの和睦命令を受けて、関東の味方勢力に氏康との停戦を要請したことがうかがわれる。しかし氏康には、義輝から和睦命令が伝えられていなかったため、氏康は上杉方との抗争を続けていた。直前の七月二十三日には、岩付領太田家が氏康に従属していた。岩付領太田家の嫡男の氏資《うじすけ》（氏康の娘婿）が、父資正が城外に出ていたところを、岩付城を乗っ取るクーデターを起こして、資正を領国から追放し、北条家に従属してしまうということがおきていた。こうしたことから輝虎は、義輝の命令を受け容れるのはやぶさかではないものの、その前にきちんと氏康に和睦命令を伝えることを求めたのであった。

輝虎はすでに七月末から川中島地域に在陣していたが、その在陣は八月二十四日になっても続いていた。それまで輝虎は、信玄の陣所の所在を把握できていなかったが、その日に信玄は、善光寺平の手前の塩崎《しおざき》（長野市）に在陣していた。ここに信玄と輝虎は、三年ぶりに川中島地域で対陣した。いわゆる「第五次川中島合戦」にあたる。繰り返し述べてきているように、永禄元年の対陣を数に入れれば、それは「第六次川中島合戦」となる。しかし信玄は、輝虎と一戦する気はなかったとみられ、すぐに転進してしまい、九月一日には信濃佐久郡小諸《こもろ》城（小諸《こもろ》市）に在陣し、先陣は小県郡岡村（上田市）に在陣するという状況にあった。

両軍の在陣はしばらく続いたものの、大きな動きがみられることはなく、ついに十月一日に輝虎は帰陣した。これをうけて信玄も、西上野に進軍したうえで同月四日には帰国した。

こうしてこの年の信玄と輝虎の、信濃での対陣は終了した。そしてこれが、北信濃の領有をめぐって、信玄と輝虎がともに出陣して同地域で対陣したものとして、すなわち「川中島合戦」としては最後にあたるものとなった。

もっとも両者は、何か考えがあってあえて対陣しなくなったのではなかったと思われる。その後も信玄は、永禄九年八月〜閏八月と同十年八月に、輝虎との対戦を想定して小県郡岡村に在陣している。また、輝虎は同八年九月に信濃に進軍しており、信玄が信濃に出陣していた同十年八月には、飯山城を取り立てたうえで、輝虎も北信濃への進軍を予定していたが、結果としてその時に輝虎の信濃出陣はおこなわれず、そのため信玄との対陣はなされなかった。こうして信玄と輝虎による北信濃をめぐる足かけ一二年におよんだ対陣は終息をみた。この時点で、輝虎は北信濃においては、わずかに最北端の飯山領を確保するにすぎない状態になっていた。北信濃における両者の優劣は、すでに決定的になっていたといってよい。むしろ輝虎にとっては、いかに武田軍が越後に侵攻してくることを防いでいくかが、課題になっていったと思われる。

なお近時、ここで永禄七年として扱った史料のいくつかについて、同十年に比定する見解が出されていて、それにより同年に信玄と輝虎で大きな「川中島合戦」があったとみられるようになっている（前嶋前掲書・同編『上杉謙信』・村石正行『検証　川中島の戦い』など）。ただしそれらの年代比定の変更は、まだ十分に確定されていないとみられ、さらには永禄八年に比定できる可能性もあると考えられる。そのため永禄七年・同八年・同十年の川中島をめぐる政治状況についてはひき続いて検討していくことが必要と認識している。本書では、それらについて全面的に再検討する余裕はないため、本文の記述としたが、今後私自身もあらためて検討していくことにしたい。「川中島合戦」については、まだまだ解明していかなくてはならないことがわかる。

第九章　北条家と信玄が関東で優位を確立

続く武田・北条両家の対上杉共闘

永禄八年（一五六五）になっても、武田・北条両家は関東で上杉輝虎に対して共同の軍事行動を続けた。まず輝虎は、関東に進軍することを予定して、二月二十四日、武蔵忍領成田氏長《うじなが》・下野榎本《えのもと》領小山高朝《おやまたかとも》に対して、関東侵攻の前に厩橋城に着陣することを要請している。

この状況をうけて信玄と氏康・氏政は、共同で輝虎の迎撃を図った。信玄は、越後軍が沼田に進軍してきたという情報から、三月十日に甲府を出陣して、十二日に信濃佐久郡岩村田《いわむらだ》（佐久市）に着陣した。信玄と氏政は上野での合流の期日を約束しており、信玄は十六日に甲府を出陣し、二十二日に倉賀野城に着陣することを取り決めていた。信玄はその約束に少しも遅れられないとして、時期を早めて十日に出陣し、十二日に岩村田に着陣した、という経緯があった。

信玄は岩村田に着陣した翌日の十三日に、上野在陣の家臣安西伊賀守《あんざいいがのかみ》に書状を送って、岩村田まで進軍してきたことを伝えた。越後軍は退陣したとの情報を得たうえで、「(北条)氏康・氏政は早々に上州へ進陣せられ、兼約の如く行《てだて》に及ばれ候間、(武田)信玄も武州迄《まで》働きを成すべく候」と、氏康・氏政父子がかねての約束の通り上野に進軍してくるので、自身は武蔵に向けて進軍する意向を示している。実際には上杉軍の進軍はなかったが、信玄と氏康・氏政は、上杉方勢力の攻略をすすめようとしたのであろう。

しかし氏康・氏政は、上野に進軍せず、三月二日から下総関宿城《せきやど》(野田市《のだ》)攻撃をおこなっていた。そのため信玄は西上野に進軍したものの、すぐに帰陣したと思われる。ちなみに三月十八日付けで信玄が氏政に送った書状があり、そこで「早々に御父子共御出陣有るべきの由、祝着に候」と、すぐに氏康・氏政父子が出陣するとの連絡をうけて、それを喜んでいる。これまでその年代は比定されていないが、三月における上野での武田・北条両家の共同の軍事行動を予定していることから、この年の可能性が高いと推定される。

信玄は、氏康・氏政から、関宿城から転じて上野に進軍してくることを連絡されていたのだろう。しかし氏康・氏政は関宿城攻めに失敗してしまい、そのため上野に転進できなくなったようだ。氏康・氏政がその後出陣するのは八月になってからとなる。

足利義輝が再び輝虎に氏康との和睦を命じる

永禄八年（一五六五）三月二十三日に、足利義輝は輝虎に、再び氏康との和睦《わぼく》を命じる御内書を出した。義輝の御内書と、大館晴光の副状《そえじょう》が出されている。

北条左京大夫氏康と和睦の事、去年（大館）藤安を差し下し申し遣わすの処、内存聞こし召されおわんぬ、然《しか》りと雖《いえど》も急度《きっと》其の節を遂げるべき事簡要に候、其のため氏康に対し使節を差し下し申し越し候間、其れ以前に行《てだて》に及ぶに於《お》いては然るべからず候、猶《なお》（大館）晴光申すべく候也、

三月廿三日　（花押・足利義輝）

上杉弾正少弼（輝虎）とのへ

（本文現代語訳）

北条氏康との和睦について、去年大館藤安を派遣して命じたところ、考えを聞きました。けれどもすぐにそのことを実現することが重要です。そのため氏康に使節を派遣したので、それ以前に軍事行動するのはよくありません。なお大館晴光が伝えます。

北条左京大夫氏康と御和談の事、去年同名兵部少輔《ひょうぶのしょう》（藤安）を差し下され、御内存の趣き委細を聞こしめされ候、然りと雖も是非をさしおかれ急度其の節を遂げらば肝要たるべく候、其のため相州（北条家）へ御使を差し越され候条、其れ以前に御行の事、御用捨専一に候、此等の通り其のこころを得申すべき由、仰せ出され候、恐々謹言、

三月廿三日　陸奥守晴光（花押）

謹上　上杉弾正少弼（輝虎）殿

（本文現代語訳）

北条氏康との和睦について、去年大館藤安が派遣され、お考えを詳しくお聞きになりました。けれども善悪を後回しにしてすぐにそのことを実現することが重要です。そのため北条家に御使者を派遣されたので、それ以前の軍事行動については自重するのがよいです。これらの内容を承知しなさいとのご命令です。

前年五月に足利義輝は、輝虎に氏康との和睦を命じていたが、同年八月に輝虎は、その命に承知する意向を示しながらも、氏康にも直接に命令することを要請していた。これはそれをうけて、あらためて出されたものになる。ここには義輝が氏康にも使者を派遣して、御内

書を出したことを伝えている。そのうえで義輝は、和睦を命じる御内書を氏康に届けることにしているからとして、輝虎に氏康との停戦を命じている。

信玄と織田信長の停戦和睦へ

信玄は永禄八年（一五六五）四月になって、東美濃で織田信長と衝突した。信玄は天文二十三年（一五五四）以来、東美濃国衆の岩村領遠山家・苗木領遠山家らを従属させて、東美濃を領国化して、それらの武田方国衆は美濃一色方と抗争する関係にあった。そうしたなかで尾張織田信長が、尾張北部の犬山領の経略をすすめるとともに、東美濃にも進出してくることになり、そして永禄八年四月に、武田方と織田方が美濃神篦《こうの》城（瑞浪《みずなみ》市）で衝突することになった。

そのままいけば信玄は、織田信長とも抗争を開始しなくてはならなくなる。かつて信玄は、今川義元が健在であった時期には、一色家・織田家は今川家の敵対勢力であったことから、それらの勢力拡大を防ぐ姿勢をとっていた。しかしこの時点では、氏真は三河を松平家に経略されていて、織田家・松平家との抗争を挽回できる状態になっていなかった。美濃で織田家と抗争を開始することは、信玄がその方面で前面に立って、一色家だけでなく、織田家・松平家とも抗争しなくてはならなくなることを意味するのは、容易に予想されたであろう。

しかしこれは信玄にとって、北信濃・西上野での上杉輝虎との抗争に専念できなくなることを意味し、それは得策では無いと判断したことだろう。一方の織田信長にとっても、一色家攻略をすすめているなかで、信玄とも抗争することはやはり得策では無いと判断したであろう。そうして信玄と信長は、停戦和睦に向かうことになる。

そのようななか、戦国史の展開に大きな影響を与える事件がおきた。五月十九日に京都で「永禄の変」が生じ、将軍足利義輝が戦死したのである。義輝の政治勢力は、弟の一乗院覚慶《いちじょういんかく》《けい》（のち足利義秋・義昭、一五三七〜九七）が継承することになり、覚慶は将軍任官の実現に向けて、周囲の政治勢力に支援を要請していくことになる。この動向が、織田家・一色家に大きな影響を与え、さらにはそれが駿甲相三国同盟にも影響をおよぼしていくことになる。

六月二十四日に輝虎は、越後愛宕《あたご》神社に願文を捧《ささ》げて、「武田晴信（信玄）・伊勢（北条）氏康退治」を祈願している。このあと輝虎は信濃に進軍するので、それにあたって戦勝を願ったものと思われる。そうしたところ八月五日に、一乗院覚慶は輝虎に上洛のための支援を命じた。輝虎は、兄義輝が頼みにしていた戦国大名であった。覚慶もそれにならって、輝虎に支援を求めてきたのだろう。この覚慶の御内書が輝虎に届けられた時期は明確ではないが、九月上旬に輝虎はそれに関して触れているので、その時にはすでに届けられていたことがうかがわれる。

八月二十四日、氏康が武蔵天神山領鉢形《はちがた》（寄居町）に着陣した。上野の上杉方ではこれを、信濃での信玄と輝虎の抗争に、武田家への支援のため御嶽城に進軍するためのものとみていた。しかし実際のところは武蔵忍領攻撃のためであった。このあと氏康・氏政は、九月にかけて忍領攻撃をおこなうが、攻略することはできず帰陣している。ちなみにこの時の出陣が、氏康にとって最後の出陣となった。翌年から氏康が出陣することはなかった。北条家の軍事行動は、すべて当主の氏政に任せていくのである。

ところでこの氏康の、武蔵北部への進軍について、上杉方では信玄の支援のためと認識していたが、それは信玄と輝虎が信濃で抗争することが予測されていたからである。そして輝虎は実際に、九月上旬に信濃に進軍したことが確認される。九月六日に上野館林領長尾景長（もと当長）が輝虎家老の河田長親《かわだながちか》に宛てた書状に、輝虎が信濃に進軍したことについて述べている。続いて同月十八日の、輝虎が家臣斎藤朝信《さいとうとものぶ》らに宛てた書状で、信濃に目付を派遣して武田軍の陣所や軍事行動の様子を探索させていることを伝えるとともに、尾張織田家と美濃一色（斎藤）家が和睦し、「甲府（武田家）へ調儀に及ばれ、断じて彼の口動揺の由」との推測を示している。

輝虎は信濃に進軍したものの、武田軍の陣所を把握できていないというから、この時に信玄の進軍はなかったととらえられる。また覚慶は、織田信長と一色義棟《よしむね》（いわゆる斎藤竜興《さいとうたつおき》）

にも支援を命じて、それにより織田家と一色家は、一時的に和睦状態になったことが知られる。その状況をうけて輝虎は、織田家・一色家が、信玄に対して攻撃していくと観測している。信玄と輝虎の抗争に、にわかに覚慶をめぐる政治勢力が関わってくるようになってきたのである。

そのことに関わるとみられるのが、織田信長から信玄に停戦和睦を申し入れたことである。九月九日に信長は、信玄に、信玄四男の諏方勝頼と自身の養女・竜勝寺殿《りゅうしょうじ》(美濃苗木《なえぎ》領遠山《とおやま》直廉《なおかど》の娘、信長姪)との婚姻を申し入れたことが伝えられている。典拠史料は「甲陽軍鑑」であるため、その年月を全面的に信頼することはできないが、前後における政治状況の展開と合わせてみても、矛盾しない。そして信長に信玄との停戦和睦の成立を促したのは、覚慶ではないかと思われる。覚慶は、信長に自身への支援を求めるにあたって、信長と他勢力との抗争を停止させる必要を認め、そのために信長と信玄を和睦させようとしたと考えられる。

さらに覚慶は、九月二十八日、信玄にも直接に御内書を送って、自身の上洛への支援を要請するのであった。信玄がその御内書の内容に返答するのは、翌年の三月のことになる。ここで覚慶が信玄にも上洛支援を要請していることからみて、その直前に、信長が信玄に停戦和睦を申し入れているのは、覚慶への支援を想定してのことであったとみると、状況としては整合するだろう。

武田義信の謀叛事件が起こる

信玄の動向に、一乗院覚慶をめぐる政治状況がにわかに大きな影響を与えるようになってきたなかで、武田家を大きく揺るがし、それだけでなくその後の駿甲相三国同盟の展開にも大きな影響を及ぼしていくことになる一大事件が勃発《ぼっぱつ》した。信玄の嫡男・武田義信による謀《む》叛《ほん》事件である。

事件は、永禄八年（一五六五）十月十五日に発覚し、それにより義信は甲府東光寺《とうこう》に幽閉され、主謀者として家老の飯富兵部少輔虎昌が処刑された。もっとも事件の詳細については、それを示す史料が残されていないため、現在においても不明である。わかっているのは、義信が謀叛事件をおこしたこと、その責任を家老の飯富虎昌が負わされて、飯富が処刑されたことくらいにすぎない。事件はすぐに周囲に知られたようで、国衆からも信玄に事情の問い合わせがくるようになっていたらしい。事件発覚から八日後でしかない十月二十三日に、信玄は上野国衆・国峰領小幡家一族の小幡源五郎（憲重次男の信高《のぶたか》か）に、返事を出している。

態《わざ》と音問祝着に候、仍《よ》って飯富兵部少輔（虎昌）の所行を以て、（武田）信玄と義信の間を相妨げるべき隠謀露見し候条、生害を加えられ候、父子の間の事は元来別条無く候、

心易かるべく候、恐々謹言、

十月廿三日　信玄（花押）

小幡源五郎（信高か）殿

（本文現代語訳）

そちらから連絡してきたことは喜ばしいです。さて飯富虎昌の行為で信玄と義信の関係を妨げようとする隠謀が露見したので、（飯富を）自害させました。父子の関係は元から問題はありません。安心下さい。

不安に思った小幡源五郎は、信玄に事情を尋ねてきたのだろう。それに対して信玄は、飯富虎昌が信玄と義信の関係を悪化させようとする隠謀を企《たくら》んでいたことが露見したため、飯富虎昌を自害させたと伝え、にもかかわらず信玄と義信の関係は、別条は無いので心配はいらないと述べている。後段はあくまでも、領国の動揺を抑えるための方便である。実際には、義信を東光寺に幽閉するのであるから、義信を事件の真の主謀者として処罰することになる。なお幽閉の時期は判明していないが、このちに義信の動向は一切みられなくなるので、事件直後のことと考えて間違いなかろう。ともあれ信玄としては、事件による味方勢力の動揺を、懸命に抑えようとしていたことがうかがわれる。

事件の理由については、いまだ全面的な解明にはいたっていない。もっともその背景については、これまでにもいくつかの事柄が指摘されている。

一つは、駿河今川家に対する外交方針の対立があったとする考え方である。信玄はそれより以前の永禄六年、今川家領国で遠江国衆の叛乱が展開された時点で、今川家領国の経略を考慮するようになっていた、と考えられていた。しかも事件直前の永禄八年九月に、今川家の怨敵にあたる織田信長から、養女・竜勝寺殿と信玄四男勝頼との結婚が申し入れられ、事件後の十一月に婚儀がおこなわれたと伝えられている。このことから、義信事件はその結婚阻止のタイミングで起こったと推測されてきた。そして二年後の義信の死去をうけて、今川家は信玄に対して敵対姿勢をとっていくことになる。こうしたことから、信玄と義信の間には、今川家への外交方針をめぐって、対立があったことが想定されてきた。私もかつてはそのように考えてきた（拙著『北条氏康の妻　瑞渓院』）。

ただし織田家との関係は、同盟ではなく停戦和睦ととらえるのが妥当である。結婚は信玄庶子の勝頼と、信長の養女との間でおこなわれているにすぎない。この内容では、とても武田家と織田家との同盟関係の形成と理解することはできない。婚姻関係をともなっての攻守軍事同盟の形成であれば、必ずや嫡男や嫡出の娘との間で結ばれると考えられるからである。実際その後の同十一年になって、信玄と信長は攻守軍事同盟の成立を図るが、その時には信玄五女の松姫《まつひめ》と信長嫡男の寄妙丸《きみょうまる》（のち信重《のぶしげ》・信忠《のぶただ》）の婚約が成立している。それと比べれば、この時点で単に信玄の庶子でしかなかった勝頼と、信長の養女との婚姻に、両家の攻守軍事同盟を保証するほどの効力はなかったと思われる。

もっとも織田家との和睦が、武田家と今川家の関係悪化をもたらしたであろうことは確かと思われる。しかし義信がその結婚に反対する立場を取っていたのかどうかは、必ずしも当時の史料から確認できているわけではない。勝頼の結婚の直前に、義信謀叛事件がおきているという、時系列をもとにした推測でしかない。またかりに織田家との和睦に反対する立場にあったとしても、それが今川家に肩入れしてのものかどうかは、別問題であろう。今川家の立場を抜きにして、今後の武田家の行く末を考慮して織田家との和睦について反対したことも十分に考えられるであろう。

また一つは、武田家中に守旧派と新興派の対立があったとする考えである（上野晴朗『定本武田勝頼』）。これは、義信事件に加担したものに、前代信虎以来の家老である飯富虎昌がおり、また武田家譜代家臣の長坂《ながさか》氏・曾根《そね》氏らがいたことからの見立てである。たしかに当時の武田家の家老には、馬場《ばば》信春《のぶはる》・秋山虎繁《あきやまとらしげ》・小山田《おやまだ》虎満《とらみつ》ら、本来は家老の家格になかったものが、信玄に抜擢《ばってき》されてつくようになっていた。その後も内藤昌秀《ないとうまさひで》・山県昌景《やまがたまさかげ》・春日《かすが》虎《とら》綱《つな》・土屋《つちや》昌続《まさつぐ》など、小身・牢人からの抜擢人事には枚挙に暇が無い。こうした状況をみると、家臣団内での対立が存在したという見解には、一定の妥当性があるように思う。

もう一つには、義信自身が信玄への不満をもった要因として、家督を譲られていなかったことが想定されている（丸島和洋『武田勝頼』）。というのは、同盟関係にあった今川家では、弘治三年（一五五七）に氏真が家督を継いでいて、同じく北条家でも永禄二年に氏政が家督を継いでいた。それに対して、義信だけが家督を譲られておらず、そのことに義信は大きな不満をもっていたのではないか、という見立てである。これは史料の根拠があるわけでなく、状況からの仮定ではあるが、その蓋然性は高いように思われる。三国同盟を互いの婚姻関係によって形成していたなかにあって、義兄弟にあたる氏真・氏政が、ともに大名家当主になっているのに、自身だけがその立場になく、またその気配すら示されていないことに、不満をもたなかったわけはないだろう。

そしてもう一つは、当時の社会状況があげられる。すなわちこの年から永禄十年春にかけて、全国的な飢饉《ききん》に見舞われていた。武田家領国でも同様であり、この年秋に、「在地徳政」（民衆による債権・債務関係の強制的破棄）がおこなわれていた可能性が想定される（拙著『戦国期の債務と徳政』）。このことからすると、永禄八年秋には、武田家領国では飢饉により在地の村落・百姓の困窮が深刻化していた状況を想定することができる。義信の謀叛事件は、まさにそれと同時期におこなわれたものになる。

そもそも信玄の家督相続自体、深刻な飢饉状況のなかで、その克服のためにおこなわれたものであった。そうするとその嫡男の義信が、同様の事態に接して、同じようなことを発想した可能性があったのではないか。ともあれそのように飢饉状況が発生していたとみなされることからすれば、社会では国王交替などによる「世直し」（復興）を求める情勢が生まれていたとみてよく、そうした場合、義信が謀叛を決断した背景に、この状況を想定することは十分に可能と考えられる。かりに信玄に対して義信に様々な不満があったとして、なぜ謀叛がこの時であったのかということを考えた場合、この飢饉状況の発生は決定的な理由になるだろう。

いずれにしろ義信謀叛の本当の理由については、いまだ明確にはなっていない。しかし、これまでもっとも有力視されてきていた、今川家との関係をめぐる問題については、むしろ可能性は低いと考えられる。この問題については、引き続き追究していく必要があることは間違いない。

輝虎と信長が同盟を結ぶ

信玄が織田信長と和睦をすすめる一方で、上杉輝虎と織田信長は同盟を結ぶようになった。その背後にも、将軍候補の覚慶の働きかけがあった可能性があるように思われる。

まず輝虎は、永禄八年（一五六五）十月十六日に、八月五日付けで出されていた覚慶からの御内書に対して、承知の旨を伝えた請書を出したことが知られる。家老の河田長親は、覚慶からの取次である和田惟政《わだこれまさ》に、「御内書御請」について伝えている。そのうえで織田信長は輝虎に使者を派遣し、それに輝虎から返書が出されて、さらにそれへの返書が、十一月七日に信長から輝虎家老の直江政綱に出されている。なお両文書の年代について、これまで前年の永禄七年に比定されることがあったが、この年九月九日、信長の尾張犬山領経略をうけて、信長が直江に送った書状の冒頭に、「その後音問を絶し候」と述べていて、しばらく輝虎と信長の間に通信がおこなわれていなかったことがうかがわれる。そのため両文書の年代はそれ以降にあたると考えられ、この永禄八年と推定される。

そこで信長は直江に、「則《すなわ》ち御入眼有り、種々の御懇慮、本懐少なからず候」と、すぐに輝虎が信長の申し入れを受諾してきたことについて、希望が叶《かな》ったとして満足していることを述べている。その上で、「御誓談の条々、忝《かたじけな》き次第に候、殊に御養子として愚息を召し置かるべきの旨、寔《まこと》に面目の至りに候」と、輝虎から信長に起請文が出されたことについて感謝するとともに、輝虎から信長の子息を養子に迎えるとの申し出が出されたことについて、大変名誉であると応《こた》えている。これによりこの時に、輝虎と信長は、起請文を交換して同盟を結んだこと、それにともなって輝虎は、信長の子息を養子に迎えるという、姻戚《いんせき》関係の形成を申し合わせたことがわかる。

ここに輝虎と信長の同盟が成立した。その同盟は信長から働きかけたものと思われる。信長はこの時、先に信玄に停戦和睦を申し入れていて、今ここに、信玄と深刻な敵対関係にあった輝虎にも、同盟を申し入れたのであった。信長のそれらの行動は、覚慶の上洛を支援するためであった。そのため覚慶の取り成しの上、一色家とも和睦をすすめていた。信玄との和睦、そして輝虎との同盟も、上洛を図る覚慶の意向をうけてのことと考えられる。

そして輝虎は、信長からの申し入れを受け容《い》れて、信長との同盟を成立させた。その際には、信長の子息を養子に迎えるという、姻戚関係の形成を図った。もっともこのことは、結果的には実現していないので、以後の両者の政治関係は、同盟として真に機能するにはいたらなかった。輝虎は、信玄への対抗から、信長からの同盟申し入れに応じたと考えられる。先にみたように、輝虎は、信長が一色家と和睦したことをうけて、両家がともに武田家領国に侵攻することを期待していた。輝虎にとって信長との同盟は、あくまでも信玄に対する戦略としてのものであった。

信玄と信長の停戦和睦が成立

信玄と織田信長の停戦和睦の条件になっていた、信玄庶子勝頼と信長養女・竜勝寺殿の結婚は、十一月十三日に成立したことが伝えられている。なお勝頼と竜勝寺殿の間には、二年後に嫡男武王丸（のち信勝《のぶかつ》）が誕生しているので、この結婚時期については、おおむね妥当とみてよいだろう。ちなみにその時の竜勝寺殿の年齢を二〇歳とみると、彼女の生年は天文十七年（一五四八）と推定される。勝頼は同十五年生まれなので、彼女は勝頼より二歳年少にあたっていたことになり、おおよそ妥当な推測と思われる。

これによって信玄と信長は、停戦和睦を成立させたと考えられる。もっとも先にも触れたように、織田家は今川家にとっては怨敵にあたっていたから、それと停戦和睦を結ぶことは、今川家との関係を悪化させていく懸念はあっただろうが、信玄もそのことを承知していたことであろう。そもそも攻守軍事同盟においては、相手の敵対勢力と勝手に同盟・和睦を結ぶことを互いに禁止する契約が結ばれていた。この信長との停戦和睦について、信玄は今川家には承諾をえないですすめたと考えられるから、ここでの信玄の行為は、明確に今川家との契約に違反するものであったと思われる。

にもかかわらず信玄が、信長と停戦和睦を成立させたのは、先述したように、美濃情勢に全面的に関わることから回避するためであろう。実際のところ信玄は、信長とだけ停戦を取り決めたのではなく、信長と抗争関係にあった一色家とも和睦を成立させている。そのことは翌年の十一月には確認される。信玄は、織田家と一色家の抗争が激化していくなかで、どちらにも加担しなくてすむように、いわばその抗争に巻き込まれることを回避するために、両者と和睦を結んだと考えられる。したがってそれは、将来における今川家との敵対を視野におさめてのことではなく、ましてや今川家との関係悪化をもたらすことになるとも考えていなかったであろう。

そもそも信玄が信長と停戦和睦を結んだ背景には、将軍候補の覚慶の存在があったのだろう。信玄自身も、覚慶から上洛支援を要請されていたから、信玄も覚慶の政治勢力に参加するようになっていた。そして覚慶が、上洛において頼りにしていた戦国大名が、信長と輝虎、そして越前の朝倉義景《あさくらよしかげ》であった。信長が一色家との和睦をすすめ、信玄と停戦和睦を成立させ、さらに輝虎と同盟を成立させた背景には、覚慶の存在があったと考えられる。こうしたことから信玄は、覚慶からの要請に応えることを名目にして、信長と停戦和睦を成立させたと考えることもでき、それであれば今川家への説明もつくだろうと考えていたかもしれない。

この時期の信玄は、上杉輝虎との抗争こそを重視していた。そしてその姿勢は、永禄十年まで変わることはなかった。むしろそれに変調がみられるようになるのは、同年の義信死去にともなう、政治環境の変化によると考えられる。そのためこの勝頼の結婚に、将来における勝頼の台頭を用意させるものとみたり、今川家との関係解消を視野において、信長との連携を強めるものとみたりすることは、二年後の義信死去によって生じた現象に引きずられた、いわば結果論から遡及させた理解でしかないのではないだろうか。そうすると義信がこれに過剰に反応した、という見方も難しいと思われる。信玄と義信は、この時期の武田家の外交方針は、あくまでも輝虎との対決においており、そこに違いはなかったであろう。勝頼の結婚は、そのための布石の一つにすぎず、それに義信が反対するとは考えにくい。義信謀叛の背景に、こうした武田家をめぐる外交関係があったというのは考えにくいと思われる。

足利義秋による北条家と輝虎への和睦命令

永禄九年（一五六六）に入ると、二月二十二日に、足利義秋（もと覚慶）から氏康・氏政父子へ、輝虎との和睦を命じる御内書が出された。義秋の御内書は残されていないが、義秋重臣の細川藤孝《ほそかわふじたか》が北条家重臣伊勢兵庫頭《いせひょうごのかみ》に宛てた書状が残されている。

御出張の儀に就き、当国（北条家）と越後（上杉家）無事の儀、（北条）氏康・氏政に対し仰せ出され候、随《したが》って御馳走《ちそう》有るべきの旨、御内書を成され候、森坊《もりのぼう》（増隆《ぞうりゅう》）を差し下され候、猶其のこころを得申すべき由、仰せ出され候、恐々謹言、

二月廿二日　　藤孝（花押）

伊勢兵庫頭殿

（本文現代語訳）

（足利義秋が）御出陣されるにあたって、北条家と上杉家の和睦について、氏康・氏政に御命令されました。そうなのでそのことの実現に奔走しなさい、という御内書が出されました。森坊増隆を派遣します。なおその内容を承知しなさいとの御命令です。

足利義秋は、上洛にあたり輝虎から支援を獲得したかったため、それと抗争関係にあった氏康・氏政に和睦を命じてきたものととらえられる。この時の御内書が北条家に届けられた時期は判明しない。ただしあとでみるように、氏康・氏政から御内書に返答し、それをうけてあらためて義秋から御内書が出され、それについての氏政の返答が、八月におこなわれているので、それほど時間が経たないうちに届けられたとみられる。

この足利義秋からの命令に対して、氏康・氏政は、信玄を加えた「甲相越」三か国による和睦にすることを要請した。そのことは八月に義秋に出した返答によってわかる。氏康・氏政としては、信玄とは攻守軍事同盟を結んでいたから、信玄の了解無しで輝虎と和睦を結ぶことはできないと考えたためであろう。輝虎と和睦するのであれば、同様に輝虎と抗争関係にあった信玄も参加した、「甲相越」三か国の和睦でないと応じられない、として、そのことを申し入れたと思われる。

かたや信玄は、三月八日に、足利義秋の重臣一色藤長《ふじなが》・細川藤孝に書状を送って、前年九月二十八日付けで義秋（その時は覚慶）から出された御内書について返答している。

去る九月廿八日の御書、同十二月に謹んで頂戴す、抑《そもそ》も江州和田に至り御座を移さるるの由、目出度《めでたく》存じ候、尤《もっと》も罷《まか》り上り戦功を抽《ぬき》んじるべく候と雖も、遠国の儀黙止せしめ候条、無念に候、此等の趣き宜《よろ》しく御披露に預かるべく候、恐々謹言、

三月八日　信玄（花押）

一色式部少輔《しきぶのしょう》入道（藤長）殿

細川兵部大輔《ひょうぶのたいふ》入道（藤孝）殿

（本文現代語訳）

去る九月二十八日の御書を十二月に頂戴しました。さて近江和田に御在所を移されたとのこと、目出度く思います。そちらに参上して戦功をあげるべきではありますが、遠国のため行動できないので、無念です。このことをよろしく（義秋に）御報告をお願いします。

信玄は、前年の九月二十八日付けで出された義秋の御内書を、前年の十二月に拝領したこ

とを述べたうえで、義秋の上洛について支援するようにという命令に対して、遠国に在所しているため実現できないと返答している。信玄は、義秋の意向を汲《く》んで、織田信長と停戦和睦を結び、さらに美濃一色義棟との和睦をすすめていたとみなされるものの、肝心の義秋への具体的な支援をおこなう気はなかったことがわかる。信玄としてはあくまでも、輝虎との抗争を優先していたと思われる。

足利義秋は輝虎にあらためて北条家との和睦を命令

その直後となる永禄九年（一五六六）三月十日に、足利義秋は今度は輝虎に御内書を出して、氏康・氏政との和睦についてあらためて命令した。

相越和談の事、北条に対し使を差し下し申し遣わすの間、此度無事せしめ忠功を抽んじれば喜び入り候、猶大覚寺《だいかくじ》門跡（義俊《ぎしゅん》）演説有るべく候也、

三月十日　（花押・足利義秋）

上杉弾正少弼（輝虎）とのへ

（本文現代語訳）

相越和睦について、北条家に使者を派遣するので、今回和睦して忠功をひときわ励めば

嬉《うれ》しいです。なお大覚寺義俊が説明します。

この御内書とともに、他にも、義秋から輝虎への条書、大覚寺義俊による副状と条書、義秋から輝虎の一族・重臣への御内書が出されている。そのなかで大覚寺義俊が出した条書には、「相州（北条家）の事、是非共和与《わよ》せられ、参洛肝要の事」と、是非とも北条家とは和睦して、輝虎は上洛することが大事だ、と述べられており、義秋による和睦命令が、輝虎を上洛供奉《ぐぶ》させるためであったことがわかる。それらの御内書は、その後の状況をみると、四月には輝虎へ届けられたことがうかがわれる。

前年の八月に続いて義秋は、あらためて輝虎に対して、上洛に供奉させるために、北条家との和睦を命じてきた。前年八月の御内書には、北条家との和睦には触れられていなかったとみなされ、それについて前年十月に返事した際に、北条家に和睦を命じることを要請したと考えられる。それをうけて今年の二月に、義秋は北条家に輝虎との和睦を命じたのだろう。そのため義秋は、北条家に和睦を命じたことをうけて、あらためて輝虎に、北条家と和睦することを命じてきたと思われる。

このように北条家と輝虎は足利義秋から、互いに和睦することを命じられた。しかし両者は、和睦に応じる姿勢をみせながらも、実際には抗争を続けていた。永禄九年三月に、輝虎は北条方の下総小金城《こがね》（松戸市《まつど》）と臼井城《うすい》（佐倉市《さくら》）を相次いで攻撃した。氏康・氏政は救援のため進軍することを予定したが、三月二十三日に輝虎が臼井城攻めに大失敗したため、上杉軍は退陣した。これについて氏政は、三月二十五日に信玄に書状を送っていて、それを報《しら》せている。ちなみにこの時期から、信玄への連絡は氏政が担うようになっている。

輝虎は臼井城合戦での敗北により、四月に関東から帰陣するが、その直後の五月九日に、春日山城内毘沙門堂《びしゃもんどう》に願文を捧げて、「上意（足利義秋）仰せおかるる筋目に候間、（上杉）輝虎、（北条）氏康に真実和談」「武田晴信（信玄）たいじ、（北条）氏康・（上杉）輝虎真実に無事をとげ」と、足利義秋の命令によるからとして、氏康と和睦が成立することと、あわせて信玄退治について祈願している。輝虎は、義秋の命令に従って、氏康・氏政と和睦することを検討するようになっていたことがうかがわれる。

このように輝虎の姿勢に変化がみられるようになってきたところに、その五月から閏八月にかけて、上杉方の関東大名・国衆では、相次いで北条家に従属、もしくは盟約を結んでいく状況がみられた。その時に北条家に従属してきた大名・国衆には、武蔵忍領成田家・下野小山家・同宇都宮家・同皆川家・下総結城家・常陸小田家があった。

こうした動向は、輝虎による臼井城合戦での敗北が契機になっていた。合戦での大敗により、輝虎の権威は失墜してしまい、関東の大名・国衆は、輝虎は頼りにならないとして、相次いで北条家に従属していったとみられる。さらに、前年から始まった飢饉《ききん》状況もその背景にはあったのだろう。飢饉状況が深刻化していくなかで、これ以上の軍事行動をおこなうことはできないとして、北条家への従属を決めていったのであろうと思われる。

第十章　今川家・武田家の関係の変化

義秋の甲相越和睦命令

永禄九年（一五六六）八月二十五日に、氏政は足利義秋の重臣・細川藤孝に書状を出した。義秋からの、輝虎との和睦《わぼく》命令について返事したものである。

御内書謹んで頂戴致し候、長尾（上杉）輝虎指し上げらるべきに就き、彼《か》の国と甲相三和を遂げるべき趣き、仰せ下され候、過分に存じ候、甲州（武田家）え御下知肝要に存じ候、委曲は森坊（増隆）言上有るべきの旨、御披露に預かるべく候、恐々謹言、

八月廿五日　左京大夫氏政（花押）

謹上　細河兵部大輔（藤孝）殿

（本文現代語訳）

御内書を頂戴しました。長尾輝虎を上洛させるにあたって、上杉家と甲相三か国で和睦しなさいとの内容を御命令されました。身に過ぎたあつかいに思います。武田家に御命令されることが重要と思います。詳しくは森坊増隆から言上しますことを、（義秋に）御報告をお願いします。

これは二月に義秋から出された、輝虎との和睦を命じる御内書に対し、氏政は信玄を加えた「甲相越」三か国による和睦を提案しており、義秋はそれを承認してあらためて御内書を出し、それに返答したものになる。その二度目の義秋からの御内書は残されていないので、具体的な内容は判明しないが、ここでの返答内容から、「甲相越」三か国和睦を命じるものであったと推定される。

それをうけて氏政は、ここではさらに、そのことを信玄にも命令するように要請している。義秋からは、三か国和睦にすることを承知する内容が示されたにすぎなかったため、氏政はその件について、きちんと信玄にも命令することを求めたと思われる。この氏政の返書が義秋のもとに届けられた時期は明らかではない。おそらくは数か月後のことであったと思われる。注意しておきたいのは、この氏政書状は、上杉家に伝来されていて、それは義秋から輝虎に送付されたことである。氏政の返答内容を、輝虎に具体的に示すためであると思われる。

その数日後の九月二日に、氏政は、相模から京都に帰還した医者の半井驢庵光成《なからいろあんみつなり》に書状を送って、「京都の様子は如何、御入洛の御催促候哉《や》、実説聞こえず候」と、足利義秋の動向について尋ねている。この時、義秋は織田信長の供奉《ぐぶ》をうけて上洛することを計画していた。氏政はその結果を知りたがっていたことがわかる。氏政も、義秋から輝虎との和睦をしきりに要請されるようになっており、義秋の動向にそれなりに影響をうけるようになっていたため、その帰趨《きすう》を把握したがっていたことがうかがわれる。

しかし義秋の上洛は、頼みにしていた織田信長が一色家との抗争を優先したことで中止になり、そのため義秋は越前朝倉義景を頼って、越前に赴いた。九月十三日に義秋は、そのことを輝虎に伝えている。その上で、「東国の儀、大覚寺門跡（義俊）御下向を以《もっ》て、北条と和平の段、申し調えるべきの条、是非共参陣偏《ひとえ》に頼み入り候」と、大覚寺義俊を使者として派遣して、北条家との和睦を成立させる意向であることを伝え、輝虎に義秋のもとに参陣してくることを強く要請している。

義秋は、朝倉義景のもとに滞在しながら、なおも輝虎の参陣を願い、そのために輝虎と北条家との和睦を要請していたことがわかる。おそらくこの時点では、先の氏政からの返事はまだ義秋には届いていなかったと思われる。それは、ここで信玄との和睦について触れていないからである。おそらくその後に、氏政からの返事が届けられたのだろう。そして義秋は、それをうけて、氏政から提案の通りに、信玄に「甲相越」三か国和睦を命じる御内書を出すことになる。それは十二月三日付けで出されている。

甲相越三か国和睦の事、（武田）信玄覚悟次第たるべく候間、如何様宿意これ在ると雖《いえど》も、同心せしめ、出張の儀馳走《ちそう》に於《お》いては、尤《もっと》も神妙たるべく候、仍《よ》って刀一腰〈保昌五郎〉・太刀一腰〈正恒〉これを遣わし候、猶《なお》（朝倉）義景申すべく候也、

十二月三日　（花押・足利義秋）

武田大膳大夫入道（信玄）とのへ

（本文現代語訳）

甲相越三か国の和睦について、武田信玄の考え次第によるので、どのような宿意があったとしても、そのことに同意して、（義秋の）出陣について奔走したならばとても神妙になります。よって刀一腰・太刀一腰を与えます。なお朝倉義景から伝えます。

義秋は、輝虎の参陣を実現するために、輝虎と北条家との和睦を命じていたが、それにあ

たって氏政は信玄をも加えて、「甲相越」三か国の和睦にすることを要請した。それをうけて義秋は、信玄にも輝虎と和睦して、「甲相越」三か国和睦を成立させることを命じたのであった。この御内書が信玄に届けられた時期は判明しないが、これから数か月後には届けられたようだ。またそれについての信玄の返事の内容についても、関係史料が残っていないため明らかではないが、その後の状況からすると、おそらくはその件について輝虎の考えを確認することを求めたのではないかと思われる。

輝虎も氏政も信玄も、義秋からの和睦命令に、一応は前向きな姿勢をみせてはいた。しかし輝虎は、北条家との和睦を求めて、北条家にそのことを納得させることを要請し、氏政は、信玄を和睦に加えるように求めて、信玄にきちんと命令することを要請し、信玄は、輝虎にその考えがあるのかの確認を求める、というように、それぞれが他者の意向を確認することを求めるばかりであった。義秋が輝虎に参陣を求めたのは、前年八月のことであったので、それからさらに一年四か月が経過していたが、実際の和睦交渉はすすめられる気配すらみられなかった。

西上野を領国化した信玄

足利義秋による「甲相越」三か国の和睦がすすめられるようになっていたなか、永禄九年

（一五六六）七月二十四日に、輝虎は関東に向けて春日山城を出陣した。離叛《りはん》した関東の勢力に報復するためであった。けれども閏《うるう》八月十二日に、まだ越後上田庄に在陣していて、その後、一旦、帰陣してしまった。しかし関東の情勢が不安になったので、九月九日に再び上田庄まで出陣し、十月十一日になって上野に進軍した。関東の情勢の変化とは、九月五日に上野新田領の横瀬家が北条家に従属したことによると思われる。横瀬家は東上野で最大の国衆で、有力な上杉方であった。それが北条家に従属すると、周囲の国衆に大きな影響を与えることになるからであった。実際その後に、隣接して存在した小泉領富岡家・館林領長尾家、そして厩橋領・大胡領の毛利北条高広が、相次いで北条家に従属してしまうことになる。

それに対して信玄は、八月下旬から閏八月初めにかけて、信濃川中島地域に進軍している。閏八月三日に、信玄は川中島地域における軍事拠点の海津《かいづ》城（長野市）から、小県郡岡村に帰陣した。同月十九日に、上野在陣の家臣に、上杉軍が沼田に進軍してきたという情報をうけて、自身は信濃に在陣しているため、上野には進軍できないことを伝えながらも、援軍を岩櫃領（もと岩下領）に派遣したことを伝えた。

信玄はしばらく信濃に在陣を続けていて、八月二十三日と閏八月二十三日に、従軍している親類衆・側近家臣や信濃衆から、自身への忠誠を誓約する起請文を出させている。その理由はいまだわからないが、前年における嫡男義信の謀叛《むほん》事件が影響していたことは、十分に推測できるだろう。そして同月二十八日から、九月晦日《みそか》にかけて、諏訪領の諏訪上社・下社の修造や諏訪領の統治にあたっている。飢饉《ききん》状況にあったことを踏まえると、これらは飢饉からの復興政策としておこなわれたものであったと考えられる。

そのなかで九月二十九日に、上野在陣の軍勢が箕輪城を攻略し、箕輪長野家を滅亡させて、箕輪領の経略を遂げた。これにより信玄は、西上野のほとんどについて領国化を遂げた。西上野で上杉方として残ったのは、惣社領だけという状況になった。十月二十五日に、輝虎が沼田城に着陣したという岩櫃城からの情報をうけて、もし西上野に進軍してきたら、信濃佐久衆などを松井田城に在城させることを決定、同月二十九日には信濃衆を倉賀野城に派遣することを決めている。

上野に進軍した輝虎は、十月二十二日の段階で、新田領横瀬家の本拠・金山城攻撃に向かうことを表明している。それは離叛した横瀬家を攻略するためであった。十一月八日に沼田城から大胡城（前橋市）に着陣し、北条軍が進軍してきたという情報をうけて、それを撃退するために利根川沿いまで進軍したが、北条軍はいなかったので、西上野高山（藤岡市）から武蔵深谷領（深谷市）にかけて放火し、本陣に帰陣して、あらためて金山城攻めに向かうことにした。そして十九日に下野佐野城に着陣し、そこから金山城攻撃をおこなおうとした。十一月二十七日に、氏政は金山城への救援のため、武蔵本庄領まで出陣してきた。十二月五日には、厩橋城の毛利北条高広が北条家と武田家に従属した。そのことを知らなかったため、惣社城への援軍として同城に派遣された沼田城将の松本景繁《かげしげ》は、惣社領の長尾長建《ちょうけん》から厩橋城に使者として派遣されたところ、松本は捕縛され、毛利北条高広から北条家に引き渡される、という事件が生じている。同月二十八日には館林領の長尾景長が北条家に従属し、氏政に会面している。それをうけてであろう、輝虎は沼田城に帰陣したらしい。その上で氏政は、佐野城に向けて進軍した。

厩橋北条高広が離叛した直後、輝虎は、信玄が箕輪に在陣していること、「（北条）氏康も越河の由に就き」と、氏康が利根川を越えてくることを予想している。信玄がこの時、箕輪まで進軍してきたことは他の史料で確認できないので、これは武田軍の在陣について述べていると思われる。また氏康が進軍しているように述べているが、氏康はこの年から出陣しなくなっているので、この時には出陣していない。北条軍の総大将は氏政が務めていたから、これは氏政についてのことと思われる。氏政は、毛利北条高広の従属をうけて、利根川を越えて館林領に進軍し、さらに佐野城に向かったと考えられる。

こうして関東の政治勢力の大半が北条方になり、また信玄によって西上野のほとんどが領国化された。さらには常陸佐竹家も北条家・武田家と和睦した。上杉方として残ったのは、上野の白井領長尾家・惣社領長尾家・桐生領佐野家、下野佐野家、武蔵羽生《はにゅう》領広田《ひろた》家・木戸《きど》家、下総関宿《せきやど》領簗田《やなだ》家などの古河公方足利家勢力、同森屋領相馬家、房総里見家にすぎない状況になった。このように関東支配をめぐる北条家・信玄と輝虎との抗争は、にわかに北条家・信玄の優位に展開していく。北条家と信玄による対輝虎の共同の軍事行動の成果といってよいだろう。

信玄と南陸奥芦名盛氏が連携

永禄十年（一五六七）を佐野城攻撃のため越年した北条家は、正月十一日までに佐野城を攻撃したが、攻略できなかったためすぐに退陣した。二十二日に、北条家と盟約を結んだ佐竹義重《よししげ》（義昭の子）が、北条氏政との約束通りに下野に進軍してきたが、氏政は退陣したあとだった。佐竹義重はそのまま二十八日に佐野に進軍してくるが、そこに沼田城に在城していたとみられる輝虎が書状を送って、「南甲手切れ有り、筋目の弓矢肝心に候由、存じ詰め候」と、佐竹に北条・武田両家と手切れすることを働きかけている。なお佐竹義重が再び輝虎と盟約を結ぶようになるのは、この年の十月になってからになる。

その一方で信玄は、南陸奥の戦国大名・芦名盛氏との連携をすすめ、自らは北信濃に侵攻し、芦名家に越後に侵攻してもらうという、輝虎への挟撃作戦をすすめた。芦名家は、隣接して存在した国衆の白川家とともに、すでに永禄五年末から翌同六年四月の間に、北条家と起請文を交換して盟約を結んでいた。信玄が芦名家と連携したのは、北条家との政治関係を踏まえてのことと思われる。そして信玄が芦名盛氏に働きかけたのは、前年からのことであった。関東で上杉方の勢力が急激に縮小していくのにともなって、輝虎への挟撃を図るようになったと考えられる。

永禄十年（一五六七）に入って、正月二十一日・二十二日に、信玄とその側近家臣・山県昌景（この時までに苗字《みょうじ》を飯富から山県に改称）は、芦名家家臣の小田切治部少輔・同弾正忠と九徳斎にそれぞれ書状を送って、輝虎が沼田に在城を続けるなら、「甲相相談し倉内（沼田）に取り詰めるべきの事」、「来る四月に越国に至り乱入せしむべく候」と、信玄と北条家で連携して沼田を攻撃すること、今度の四月に信玄は越後に侵攻する意向にあることを述べ、芦名盛氏との共闘を要請している。

そうしたなか二月二十四日に、足利義秋から輝虎に御内書が出されている。

度々申し遣わし候三か国和睦の事、（上杉）輝虎存分これ有るべく候間、急度《きっと》一着せしめ、参洛に於いては、感悦たるべく候、諸口の義、彼是申し合わせ、智光院《ちこういん》（頼慶《らいけい》）を指し下し候、猶（三淵《みつぶち》）藤英《ふじひで》・（飯河《いがわ》）信堅《のぶかた》申すべく候也、

二月廿四日　（花押・足利義秋）

上杉弾正少弼（輝虎）とのへ

（本文現代語訳）

何回も命じている三か国の和睦について、輝虎の考えによるので、すぐに実現して、上洛してきたら嬉《うれ》しい。諸方面のことについてはいろいろと調整し、智光院頼慶を派遣します。なお三淵藤英・飯河信堅から伝えます。

同日付けで出された条書の御内書には、「越相甲無事に就き、（上杉）輝虎存分の様子委《くわ》しく聞き届けたきの事」と、「越相甲」三か国の和睦についての、輝虎の意向を問い質《ただ》している。先にみたように、足利義秋は前年十二月に、信玄に三か国和睦を命じる御内書を出していたから、それへの信玄の返答がもたらされ、そこには輝虎の意向によるとの旨が記されていたと思われる。それをうけて義秋は、輝虎に和睦についての意向を問い質したと思われる。これに輝虎がどのように返事したのかは確認できないが、その後の状況をみると、輝虎は北条家にもその意向を問い質すことを求める返事をしたと考えられる。

続いて三月二日に信玄は、信濃長沼《ながぬま》領（長野市）の諸寺院に、「今度越国に向かい出馬せしめ候間」と、今回越後に向けて進軍するためとして、戦勝祈願を命じている。信玄は北信濃への進軍の準備をしている。そして翌日三日に、信玄は芦名家家老の佐瀬大学助に書状を送り、芦名盛氏への働きかけを要請している。内容までは記されていないが、越後への軍事行動についての要請であろう。その一方で信玄は、上野在陣の家臣によって、さらに上野の上杉方の経略をすすめていて、三月六日までに、上野白井城を攻略し、白井領を経略した。

それをうけて信玄は、三月十三日までに自ら西上野に向けて出陣した。その際に甲府の留守を務めたのは、信玄の子息のなかで事実上、最年長にあり、すでに御一門衆の筆頭に位置するようになっていた四男の諏方勝頼であった。勝頼は信玄の出陣をうけて、その側近家臣の跡部《あとべ》勝忠《かつただ》に、尾張・三河・遠江情勢について連絡する意向にあることなど、信玄への報告を依頼している。ここから信玄が、今川家と織田家・徳川家の抗争状況を注視していたことがうかがわれる。

さらに西上野全域を信玄が領国化する

そして信玄は、北信濃に進軍させた軍勢により、永禄十年(一五六七)の三月十八日に越後の国境に位置する野尻《のじり》城(信濃町)を攻略した。自身は西上野に進軍するなか、北信濃に派遣した軍勢によって、北信濃攻略をすすめたのだった。さらに同月二十一日に、芦名家家臣鵜浦《うのうら》入道に書状を送って、芦名家へ越後への侵攻を要請し続けた。こうした状況のためであろう、それまで沼田城に在陣していたとみられる輝虎は、四月二日までに越後に帰国したと思われる。その後信玄は、四月十日に白井城に着陣し、新たに経略した白井領の統治に取りかかった。

その頃には、芦名家の軍勢が越後に向けて進軍していて、連絡をうけて信玄は、四月十七日・二十日に芦名家家臣山内《やまのうち》信濃守・鵜浦左衛門入道に書状を送って、芦名家家臣の小田切が越後に侵攻し、さらに芦名家の家老が越後に向けて出陣したことに満足し、武田軍が北信濃野尻城を攻略し、そのまま越後に侵攻させること、自身も「不図に越国え行《てだて》に及ぶべく候」と、すぐに越後に侵攻する意向などを伝えている。この時の信玄には、西上野のさらなる経略をすすめ、また北信濃の経略をすすめ、芦名家に越後に侵攻させ、自身も越後への侵攻を図るというように、輝虎との抗争に決着をつけようとする、強い意志をうかがうことができる。

こうした状況に輝虎は、芦名軍の越後侵攻と、武田軍の北信濃進軍の両面への対応に迫られた。まず北信濃については、四月十八日に信濃在陣の軍勢によって野尻城を武田方から奪還した。同月二十八日に芦名軍が越後菅名庄《すがなのしよう》（五泉《ごせん》市）に進軍してくると、五月二日までに越後在国の軍勢がそれを撃退した。これをうけて芦名盛氏は輝虎との和睦をすすめることにし、五月七日には輝虎と芦名家は和睦した。

かたや、西上野に在陣していた信玄は、五月五日までに、西上野で唯一、上杉方として残っていた惣社城を攻略し、惣社領を経略した。これによって信玄は、西上野全域を領国化するとともに、先に北上野の白井領も領国化したことで、上野半国を領国に併合するにいたった。逆に輝虎は、上野における勢力は、沼田領と桐生領だけになるという状態になった。

その一方で氏政は、四月には古河公方家家老で関宿領・水海《みずみ》領の簗田家、栗橋領の野田家を従属させた。従属のための交渉は、前年からすすめられていたことが知られるので、簗田家・野田家も、周囲の政治勢力のほとんどが北条方になっていったことで、北条家への従属をすすめるようになったのだろう。しかしそれに古河公方足利義氏が難色を示したために、交渉は難航したらしく、この四月になってようやく足利義氏が承知したことで、従属が確定したのであった。これにより古河公方足利家領国は、すべて北条方に帰属した。周辺で上杉方として残ったのは、武蔵羽生領・下野佐野領・下総森屋領のみとなった。

そうして氏政は、その後の五月十日に佐野城攻略に向けて出陣している。氏政は六月中まで佐野城攻撃を続けたようだが、在城衆の抵抗により攻略できなかったため、退陣したとみられる。その一方、六月二十六日までに森屋領の相馬《そうま》治胤《はるたね》が従属してきた。また二十七日までには上総土気《とけ》領の酒井《さかい》胤治《たねはる》も従属してきた。こうして関東の上杉方勢力は、次々と消滅する状況になっていた。

信玄と輝虎、信濃での対陣はならず

永禄十年（一五六七）の七月一日になって、足利義秋は再び輝虎に御内書を送った。ただし輝虎宛のものは残されておらず、輝虎に宛てたものとしては同時に出された聖護院道澄《しょうごいんどうちょう》の書状が残っているだけで、あとは輝虎家老の直江政綱と河田長親に宛てた義秋の御内書、直江宛の飯河信堅の副状《そえじょう》や大覚寺義俊の書状、二月に使者として派遣されていた智光院頼慶に宛てた義秋の御内書などとなる。

それらには、「北条かたへも和睦の儀申し遣わし候」と、北条家にも使者を送ったことを伝え、また「相州（北条家）と御和平の儀、是又仰せ下され候と雖《いえど》も、今に一途にこれ無く候条、追々仰せ越さるべく候」と、北条家との和睦が一向に成立していないために、あらためて命じたことが伝えられている。先に足利義秋が輝虎に北条家との和睦を促す御内書を送ったのは二月のことであったから、それに輝虎が北条家にもその意向を確認することを要請し、それをうけて義秋は、北条家に使者を派遣して、そのうえであらためて輝虎に和睦成立を命じてきたと考えられる。ちなみに、北条家に出された御内書は残されていないが、それに対して氏政は、翌年の二月頃には「甲相越」三か国和睦を承知する返事を出したと考えられる。

八月七日に信玄は、信濃小県郡に出陣し、一族・家臣・国衆からあらためて自身への忠誠を誓約させる「下郷起請文」を徴収している。そこでは、輝虎からどのような調略があったとしてもそれに同意しないことを誓約させているので、この時に信玄は、あらためて輝虎との対決を図っていたようだ。その同日、対する輝虎は、佐竹方の常陸片野城（石岡市）の太田道誉《どうよ》（もと資正）に、関東出陣の留守の備えのため北信濃に飯山城を構築したこと、今月中に関東に進軍することなどを伝えている。氏政は前月から房総里見家攻略のため、上総に進軍していたから、それへの支援のためであったと思われる。

そうしたなか八月十七日に、駿河駿東郡の国衆・葛山氏元が甲斐への塩荷通行を停止するという事態がおきている。いうまでもなく甲斐では塩は取れないため、塩の多くを今川家領国からの移入に頼っていた。生活必需品である塩の移入を停止するというのは、現代でいえば経済制裁にあたり、それは政治関係の断絶と同義であった。ここでの駿東郡から甲斐への塩荷通行停止が、今川氏真の指令によるのかは不明である。もしそうなら氏真は、この時点で武田家との断交を構想するようになったことを示しているが、何らかの塩荷通行をめぐる現地の輸送業者における通行権益をめぐる対応の場合も十分に考えられる。しかし結果として、これは経済封鎖にあたったことは間違いなく、このことがその後の氏真と信玄の政治関係に、影響を及ぼした可能性は高かったであろう。

信玄は九月中まで信濃に在陣を続けたようだが、越後に向けての具体的な軍事行動をとった形跡は確認されない。九月六日に、上総に進軍していた氏政は、小田原在城の父氏康の側近家臣・遠山康英《やすひで》に、信濃から井上が帰国したかを尋ね、当陣に寄越すように氏康への報告を依頼している。これにより氏政は、信濃在陣の信玄と連絡を取り合っていたことがわかる。続いて十月四日に、その時は氏政は上総から帰陣して武蔵岩付城に在陣していたが、そこから信玄に書状を送っていて、いまだに信濃に在陣しているのかを尋ねている。

少なくとも、信玄は八月から九月にかけて信濃に在陣していたとみられるが、具体的な軍事行動については確認できない。輝虎の進軍を待っていたのであろうか。あるいは飯山城・野尻城の防備が固かったため、それらの攻略をなかなかすすめられなかったのかもしれない。この時期における輝虎の動向も明確ではないが、先にみたように関東に出陣を予定していたことは間違いない。結局、この時に信濃での信玄と輝虎の対陣がみられることはなかった。

今川家・武田家は婚姻関係が断絶

信玄は永禄十年（一五六七）の十月には、信濃から甲斐に帰国していたとされるが、その直後といっていい十月十九日に、甲府東光寺に幽閉され続けていた嫡男の義信が死去した。義信の葬儀における仏事法語から、死因は病死だったことが判明するが（拙著『武田信玄の妻、三条殿』）、近世初期成立の系図史料や軍記史料には、信玄の命令による自害と伝えているので、世間ではそのようにみる向きも強かったようだ。だが、この義信の死去により、長く続いてきた今川家と武田家の婚姻関係は断絶した。義信と嶺寒院殿の間には娘が一人あっただけのようだから、その家督を継承する存在もいなかった。そのため氏真と信玄は、今後の両家の関係をどうしていくかの判断を迫られることになった。

そもそも信玄は、二年前の義信による謀叛《むほん》事件から、義信の幽閉を続けていた。しかし義信に代わる新たな嫡男を立ててはいなかった。では信玄は、義信の処分をどうしようと考えていたのであろうか。その際に注意が必要なのは、義信妻の嶺寒院殿が、その間も甲府に居住し続けていたことである。これは、義信と嶺寒院殿の婚姻関係が継続されていたことを意味している。この婚姻関係は、今川家との同盟関係の証《あか》しであったから、信玄は、同盟関係を継続する意向であったことがわかる。

ではどのような事態を想定できるであろうか。一つは、赦免することなく、幽閉し続けることである。その場合、義信は嫡男の立場を廃されたことであろう。けれどもそうはしておらず、義信は死ぬまで嫡男の立場にあったと考えられる。そうすると信玄は、いずれかの時期に義信を廃嫡し、代わりの嫡男を立てる予定であったと考えられる。もう一つは、何らかの時期を見計らって、義信を赦免する、というものである。その場合でも、それで義信が嫡男として復帰することは難しかったであろう。まがりなりにも謀叛事件をおこしたのであるから、引き続き嫡男として存在することは考えられないように思う。その場合には、出家遁《とん》世《せい》させられることになったに違いない。それによって嫡男の立場から退くことになったであろう。

どちらにしても義信は、嫡男として存在し続けることは難しかったと思われる。では死去まで二年も間があいたことについてはどのように考えたらよいであろうか。もとより現在に残されている史料からは、そのことをうかがうことはできない。しかし二年もの間、幽閉のままになっているというそれこそが、信玄が決断しかねていたことを示しているように思われる。義信に対する処分の決定は、義信の廃嫡が不可避であった。その際には、新たな嫡男を選定することと、今川家との同盟関係を維持する方法を考えなければならなかった。当時においては、どちらも困難な課題であった。

新たな嫡男は、信玄の子供から選ばれるに違いないが、義信事件の際に、最年長であったのは、御一門衆筆頭にあった勝頼で、二〇歳であった。年齢的には新たな嫡男になることに問題はない。しかし勝頼は庶出であり、かつすでに他家を継承していた存在であった。義信に代わって勝頼を嫡男に立てることに問題がなかったなら、すぐにその処置がとられたであろう。そうでないのは、いまみた理由から、勝頼を嫡男にすることは難しかったのであろう。そうすると選択肢は、五男信盛になるが、まだ九歳にすぎなかった。年長ですでに戦陣経験や領国統治の経験のある勝頼、対してまだ年少の信盛と、いずれに決するか、簡単ではない選択といわざるをえない。信玄が決断できなかったのも当然であろう。

では、今川家との同盟継続の方法についてはどうであろうか。もっとも確実な方法は、新たな婚姻関係を形成することであろう。ところが今川家・武田家双方で、その候補者は全く存在していなかった。武田家では、男子で可能なのは、九歳の信盛であり、女子で可能なのは、まだ五歳の五女・松姫であった。今川家では、当主氏真のきょうだいは嶺寒院殿しかおらず、氏真の子供も娘が産まれたかどうかにすぎなかった。もし双方において婚姻が可能な子供が存在していれば、新たな婚姻関係を形成して、同盟関係を継続することが可能であっただろう。しかしそうではなかった。とくに今川家において、対象者が全く存在していなかった。そのために信玄は、簡単には義信廃嫡を決断できなかったのだと思われる。

その状況のなかで、唯一取り得る方法と考えられるのが、義信後室の嶺寒院殿が、新たな武田家嫡男と結婚することであった。しかしその場合も、武田家の新たな嫡男をすぐに決めなければならない。しかし実際に、新たな嫡男が決まるのは、これから三年後の元亀元年（一五七〇）になる。そして嶺寒院殿には、男子は生まれていなかったから、義信死去をうけて、実家に戻ることが十分に想定された。子供が娘しかいなかった場合、夫との死別後に、娘を連れて実家に戻ることは、通例であった。それを防ぐにはただちに新たな嫡男を決めて、結婚させるしかなかったが、信玄はそれができなかった。

義信の死去は、武田家内部に多大な影響を与えるにとどまらなかった。それは武田家の外交関係にも極めて大きな影響を与えるものとなった。義信の死去にいちはやく、かつ過激に反応したのは、今川氏真であった。氏真は義信の死去について、世間一般が認識したのと同じように、信玄の命令による自害とみていたのではないか。それにより信玄は、今川家との関係断絶に舵を切ってきた、ととらえたように思われる。そのため氏真は、信玄への対抗策をとっていくのである。

氏真は、義信死去をうけてすぐさま、信玄に対して嶺寒院殿の帰国を要請したらしい。当初は、直接に要請したであろうが、信玄はそれを拒否した。今川家との同盟解消を避けたかったためであろう。そこで氏真は、共通の同盟者であった北条氏康・氏政父子に仲介を依頼した。その経緯については、翌永禄十一年（一五六八）四月十五日付けの今川家家老三浦《みうら》氏満《みつ》（氏員の子）・朝比奈《あさひな》泰朝《やすとも》連署書状にみえている。

甲州新蔵（嶺寒院殿）帰国の儀、（北条）氏康父子申し扱われ候処、（今川）氏真誓詞これ無く候わば、覚悟に及ばざるの由、（武田）信玄申し放され候条、捨て置かるべき義にあらざるの間、その意に任せられ候、要明寺《ようみようじ》を指し越され候時分に、相互に打ち抜き有

る間敷きの旨、堅く申し合わされ候、

嶺寒院殿の帰国について、氏康父子が仲介したところ、氏真から同盟継続の起請文が出されないと承知できないと信玄が主張したので、無視することはできないとして、要求通りにすることにし、要明寺（上杉家の使者）が使者として派遣されてきた頃に、互いに攻め込まないことを誓約しあった、というものである。

つまり、信玄からは、嶺寒院殿の帰国を認める代わりに、氏真からあらためて同盟を継続するとの起請文の提出を求められた。氏真は、これを無視できないと考えて、要求通りに起請文を出すことにし、上杉輝虎から要明寺が使者として派遣されてきた頃に（詳細は後述）、互いに攻め込まないことを誓約した起請文を交換したことがわかる。

これをうけて嶺寒院殿は、駿河に帰国することになった。信玄としては、それは渋々のことであったに違いない。義信との間に生まれた娘も、それに同行したと思われる。帰国について、江戸時代前期の成立で徳川家の歴史書である『武徳編年集成』（名著出版影印刊本）は、十一月十九日のこととしている。しかし、実際には翌同十一年二月二十一日に、北条家領国の伊豆三島に到着しているので（「御新造」と記される）、年明け後の二月のことであったことが判明している。そうすると『武徳編年集成』が伝える十一月十九日というのは、氏真が帰国を申し入れした日か、双方で起請文を交換して帰国が合意された日かもしれない。そして甲斐で雪が少なくなった二月下旬（現在の三月下旬）に、帰国がおこなわれたとみることができるだろう。しかも嶺寒院殿は、北条家領国を経由していることから、帰国は北条家に取り計らわれたことがわかる。北条家は両家の中人《ちゅうにん》（仲介者）を務めており、同盟継続の条件も北条家が管轄したことがわかる。

こうして嶺寒院殿は、永禄十一年二月頃に、駿河に帰国した。夫であった義信の死去から、四か月後のことであった。この時、二七歳くらいであったと推測される。なおこの年齢であれば、まだ他に再嫁するということも不可能ではなかったであろう。しかし彼女は、その後は他者に再嫁することはなかった。これが氏真の意図であったのか、彼女自身の意志であったのかはわからない。

これによって、天文六年（一五三七）以来、足かけ三二年におよんで続いてきた今川家と武田家の婚姻関係は断絶した。また義信と嶺寒院殿の婚姻関係は、駿甲相三国同盟にともなう三組の縁組みのなかで、最も早く成立したものであったが、皮肉というべきか、最も早く解消するものとなった。ここに三国同盟を支えていた三組の婚姻関係のうちの一つが消滅してしまったのである。婚姻関係は、攻守軍事同盟を維持するうえで極めて重要な要素であった。それが消滅するということは、その後の同盟関係の推移に大きな影響を与えるものとなる。こうして駿甲相三国同盟は、にわかに揺らぐことになる。

氏真と輝虎の同盟交渉開始

そして氏真は、三国同盟の崩壊をもたらす直接の要因になる、上杉輝虎との同盟をすすめていく。氏真は信玄と同盟継続を確認しあったものの、その交渉と同時期の、永禄十年（一五六七）の冬（十～十二月）に、輝虎とも同盟交渉を開始するのであった。これについてはこれまで、氏真の側から輝虎に働きかけたとみられていたが、近時、平山優氏によって、輝虎から働きかけたものであることが指摘された（『徳川家康と武田信玄』）。また氏真と輝虎の同盟交渉過程については、長谷川弘道氏が詳しく検討している（「永禄末年における駿・越交渉について」拙編『今川氏真』所収）。

両者の通信が確認される最初は、永禄十年十二月二十一日に、氏真が輝虎に書状を出したものになる。それによると、輝虎から、父の義元の時の縁によって、使者として要明寺が派遣されてきた。義元の時の縁というのは、かつて弘治元年（一五五五）のいわゆる第二次川中島合戦で、義元が武田家と上杉家（当時は長尾家）の和睦を仲裁したことにあたる。そして輝虎から、今後はとりわけ申し合わせよう、すなわち同盟を結ぼう、ということが申し入れられてきた。

この氏真の輝虎宛の書状は、輝虎からの書状に返書したものである。輝虎からの使者がいつ駿府に到着したのかについては、冬という以外はわからない。しかし先に触れたように、その要明寺が到着した頃に、氏真は信玄と同盟継続の起請文を交換していた。そうすると輝虎は、武田義信死去をうけて、今川家と武田家の関係が悪化すると見通して、迅速に氏真に働きかけてきたとみられる。輝虎の戦略眼には並ならぬものが感じられる。しかも結果として、このことが、駿甲相三国同盟の崩壊をもたらすことからすると、ここでの輝虎の戦略は、三国同盟を解体させることを目論《もくろ》んでのことで、かつそれを見事に成功させることになるのであった。

そして氏真は、その後に輝虎からの申し入れについて検討したことであろう。その結論は、「受諾」であった。氏真は輝虎に、申し入れ内容について「勿論」と返答した。これは信玄に対する、明確な背信行為であった。さらにこれは、中人を務めた北条家父子にも伏せられた秘密事項であったと思われる。氏真は信玄と起請文を交換しても、武田家との同盟を維持する考えは毛頭無く、それは嶺寒院殿の帰国を実現するための方便にすぎなかった、とみることができるだろう。

氏真は、輝虎宛の書状を作成し、家老の三浦氏満《うじみつ》と朝比奈泰朝に副状を出させて、それらを上杉家に届けさせる使者として、遊雲斎永順《ゆううんさいえいじゅん》という人物を送った。上杉家からの使者の要明寺に同行させたものであろう。それが輝虎のもとに到着したのは、年を越して永禄十一年に入ってのことであったと推測される。そして今川家の使者の帰国に同行するかたちで、輝虎から再び使者が送られてきた。

それへの氏真の返書は残っていないが、上杉家側での担当取次家老の直江政綱・柿崎景家《かきざきかげいえ》に宛てて四月十五日付けで出された、三浦氏満・朝比奈泰朝連署の副状と、使者の遊雲斎永順の書状が残っている。三浦・朝比奈の副状では、あらためて嶺寒院殿の帰国と信玄との同盟継続の経緯が伝えられ、そのうえで、信玄が「表裏」してきたら、すぐに連絡することを述べている。また永順の書状では、信玄が「表裏」するのは時間の問題であるとして、その際にはすぐに連絡すること、さらに上杉家に対して武田家から計策の書状などが寄越されてきたら、ただちに連絡して欲しいということを述べている。こうして氏真は、上杉輝虎との同盟交渉を開始した。

第十一章　駿甲相三国同盟の崩壊

「甲相越」三か国和睦をめぐる動向

武田義信死去を契機として、駿甲相三国同盟に綻《ほころ》びがみられ始めていた時期、上杉輝虎は実質的に、関東から手を引く状態になっていた。輝虎は永禄十年（一五六七）の十月二十四日に、佐野城維持のために上野に進軍した。そこに氏政が佐野城攻めをおこなったが、二十七日に敗退してしまった。しかし輝虎は、これ以上の佐野城の維持は困難と判断して、北条家に従属して佐野領から退去していた佐野昌綱に、佐野城を返還するというかたちで、佐野城と佐野領を引き渡し、在城衆を引き上げさせた。そうして十一月二十一日に越後に帰国した。佐野領に復帰した佐野昌綱は、あらためて北条家に従属し、おそらくそれにあわせて、佐野家の同族の桐生領佐野家も、輝虎から離叛《りはん》して北条家に従属したと思われる。

　これにより輝虎の直接的な関東での勢力は、沼田領と武蔵羽生領のみになった。十月には常陸佐竹義重・下野宇都宮広綱が再び輝虎と盟約するようになっていて、また翌同十一年五月から八月の間に、関宿領簗田家が北条家から離叛して、輝虎に従属してくることになるが、それからしばらくの間、輝虎は関東に進軍することはなくなる。輝虎の関東での味方勢力は、永禄十一年の時点で、沼田領・羽生領・関宿領簗田家、宇都宮家・佐竹家・里見家にすぎない状態であった。そもそも関東の入口にあたる沼田領こそ確保していたものの、その先はすべて北条方・武田方に遮られて、羽生領や関宿領に直接に支援することができない状態になっていた。輝虎は、永禄三年からこの同十年まで、毎年、幾度となく関東に侵攻してきたが、永禄十一年にはついに一度も関東に進軍しなかった。ここに輝虎の関東支配は、事実上、頓挫したのであった。

　そうした状況のなかで、永禄十一年（一五六八）の三月六日に、足利義秋はまたも輝虎に御内書を送った。


　度々仰せられ候、越甲相和与の事、両国（武田家・北条家）に対し堅く申し遣わすの処、請け状の旨宜《よろ》しく候、然《しか》らば存分有ると雖《いえど》も、此の節是非をさしおき、同心せしめ、入洛の儀馳走《ちそう》の段、頼みに思《おぼ》しめされ候、あわせて（上杉）輝虎所にこれ在るべきために候、仍《よ》って太刀一腰〈助長〉・腹巻一領〈紫、肩紅〉これを遣わし候、猶《なお》（朝倉）義景申すべく候也、

三月六日　（花押・足利義秋）

上杉弾正少弼（輝虎）とのへ

（本文現代語訳）

何度も命じている越甲相和睦《わぼく》について、武田家・北条家両国にきちんと命じたところ、請け状の内容は承知するものです。そうなので輝虎に考えはあるだろうが、この時なのでその善悪は打ち捨てて、和睦に同意して、上洛について奔走することを頼みに思っています。あわせて輝虎のもとに置くのがよいので、太刀一腰・腹巻一領を与えます。なお朝倉義景から伝えます。

ここに「両国」、すなわち武田家と北条家から、「甲相越」三か国和睦について請書が出され、内容はそれに同意するものであったので、それまでに信玄と氏康・氏政は、同意の請書を義秋に出したことがうかがわれる。義秋はそれをうけて、和睦成立は輝虎の決断にかかっているとして、あらためて輝虎に和睦に同意することを命じてきたと思われる。この文脈か

らすると、輝虎は基本的にはそれに賛成していなかったことが推測される。義秋の命令を蔑《ないがし》ろにはできないものの、信玄と氏康・氏政との和睦には応じられない、という考えであったようである。

その直後になる四月一日に、北条家の使僧玉滝坊乗与が足利義秋重臣の細川藤孝に書状を送っている。

御入洛の儀に就き御内書を成され候、謹んで頂戴す、誠に忝《かたじけな》く存じ奉り候、森坊（増隆）存じの如く似合いの儀涯分馳走仕り候、向後に於《お》いて御用等仰せ付けらるべく候、条々御取り合いに預かるべく候、委細は口上に頼み存じ候、御意を得べく候、恐惶《きょうこう》敬白、

「裏書玉滝坊」
四月朔日　乗与判
兵部大輔（細川藤孝）殿
参る人々御中

（本文現代語訳）

（義秋の）御上洛について御内書を出されました。謹んで頂戴し、とても有り難く思っています。森坊増隆の考えの通りに相応のことを精一杯に奔走します。今後は御用を命

じて下さい。条書の内容をお取り次ぎ願います。詳細は使者の口上に頼みました。御承知下さい。

現在は、この玉滝坊乗与の書状しか残されていないが、内容から推測して、この時に、北条氏康・氏政からも、義秋の御内書への請書が出されたと考えられる。ここでの義秋の御内書が、いつ出されたものなのかはわからないが、前年七月に北条家に出されたことが確認されるので、それについてのものかもしれない。あるいはさらにその後に、あらためて義秋から御内書が出されて、森坊増隆が使者として派遣されてきたとも推測できる。ともかくも、ここで氏康・氏政は、義秋からの命令に同意し、また義秋の上洛に協力することを返事したととらえられる。

しかし結局、氏康・氏政にしても、信玄と輝虎にしても、義秋の命令に同意することを返事しておきながら、一向に和睦する動きをみせなかった。三大名家ともに、義秋への返事は体裁を取り繕うだけのものであった。しかもこうした遣《や》り取《と》りは、三年近くにおよんでおこなわれていた。とはいえこの「甲相越」三か国和睦が、義秋によってすすめられ、三大名家もそれに応じる態度をみせていたことに変わりはない。そのことに反応したのが、武田家との関係悪化を見据えながら、輝虎と同盟交渉をすすめていた氏真であった。

氏真と信玄は、すでに三月頃から互いに警戒しあうようになっていた。三月二十四日に、今川家で寿桂尼が死去するが、早くもその三日後の二十七日に、甲府留守を務めていた諏方勝頼は、駿河国境の警備にあたっていた親類衆の栗原伊豆に書状を送り、「沓屋《くつや》の大方」（寿桂尼）死去の連絡を、信玄の陣所に届けたことを伝えている。武田家では、今川家の動向を注視していたことがわかる。しかもここで寿桂尼の死去を、わざわざ出陣中の信玄に報《しら》せている。寿桂尼は、かつて今川家において、「家」妻として、時には「おんな家長」として、今川家の家政を仕切っていた存在になる。すでに政務から引退していたが（拙著『今川のおんな家長　寿桂尼』）、武田家では、いまだに寿桂尼に今川家での発言力があると認識していたのだと考えられる。そのためその死去は今川家の動向を大きく左右するものとして、勝頼はわざわざ信玄の陣中に報せたのだろう。ちなみにこれによって、この時に信玄は出陣していたことがわかる。出陣先は信濃で、そこから越中の味方勢力への支援のため、越後に進軍しようとしていたと思われる。しかしこの時には、具体的な進軍はなかった。

そのなかで氏真と輝虎との同盟交渉はすすめられていた。四月十五日に、先にも触れたように氏真家老の三浦氏満・朝比奈泰朝と使僧遊雲斎永順が、輝虎家老の直江政綱・柿崎景家に書状を送っており、そこで「（武田）信玄表裏程有る間敷候」と、信玄との手切れは確実との観測を示し、「貴国（上杉家）へ甲（武田家）より計策の書状など御座候わば、急度《きっと》仰せ越さるべき事尤《もつと》もに存じ候」と、信玄から輝虎に通信があったら報せて欲しいと要請している。今川家では、信玄への警戒を強めていたことを認識できる。信玄から輝虎への通信というのは、「甲相越」三か国和睦交渉の進展を懸念しての発言であろう。

続けて四月二十二日に、今川方の宗是《そうぜ》は、上杉方の今林寺《こんりんじ》に書状を送って、「貴国（上杉家）と相甲和与の御扱いの旨、風聞し候、事実に於いては当国（今川家）を証人に成さるるの様御馳走候わば、祝着に申さるべく候」と、輝虎が信玄、氏康・氏政と和睦するという足利義昭（この年四月に義秋から改名）による周旋を知ったことをうけて、それが事実ならば、今川家を仲介者に仕立てて欲しいと述べている。

ここで注目されるのは、「甲相越」三か国和睦をすすめるのであれば、今川家がその中人《ちゆうにん》を務めよう、と申し出ていることである。この三か国和睦は、三大名家ともに和睦に同意はしていた。しかし具体的にその交渉はなされていなかった。本音は三大名家ともに、和睦に同意していなかったためと考えられるが、実際にそれを仲介する存在もいなかったことも大きな要因だったろう。そこで氏真は、自ら中人を務めることを申し出たと考えられる。

氏真は信玄および氏康・氏政とはすでに同盟関係にあった。信玄とは互いに警戒し合うようになってはいたが、まだ同盟関係は継続していた。そのうえで氏真は、輝虎とも同盟交渉をすすめていた。氏真と同盟関係、もしくはそれをすすめていた、武田家・北条家・上杉家が、互いに和睦をすすめるというのだから、氏真にとってそれは都合の良いことであるし、その中人を務めるのに最適と認識したことだろう。このことからすると氏真は、本心から信玄と対決するつもりはなかったように思われる。氏真にとっては、徳川家康との抗争が最優先であっただろうから、駿甲相三国同盟を維持したうえで、それと輝虎との和睦が成立すれば、信玄との政治関係も安定すると考えていたのかもしれない。

この氏真の申し出に、輝虎がどのように反応したのかはわからない。しかしその後、氏真と輝虎との間で、信玄を挟撃することを前提にして、同盟交渉がすすめられていくことをみると、輝虎はそれに応じなかったと思われる。輝虎としては、信玄と氏康・氏政との和睦には、どうしても応じることはできなかったのだろう。

信玄と信長・徳川家康が同盟を締結

興味深いのは、氏真が輝虎と通信を重ねている最中に、徳川家康もまた輝虎との同盟を図っていることである。永禄十一年（一五六八）三月十三日に、輝虎家老の河田長親が、家康家老の酒井忠次・石川家成《いしかわいえなり》に返書を出している。そこでは、家康から使者が送られてきて、とりわけ輝虎と申し合わせたいという申し出を喜ばしいとしたうえで、今川家との関係について（「駿州・貴州御間の儀」）、問い合わせをしている。家康が輝虎に使者を送った時期はわからないが、三月に上杉家からの返書が出されていることからすると、それより一、二か月前のことであったろうか。

家康が輝虎との同盟を図ったのは、氏真攻撃のためであったことは確実であろう。氏真と輝虎が、前年冬から同盟交渉を開始するようになっていたことを知ってのことかどうかはわからないが、足利義秋が「甲相越」三か国和睦をすすめていたことは承知していたであろうから、それが成立してしまえば氏真との抗争が劣勢に展開していくかもしれないと考え、それを何とか阻止しようとしてのことと思われる。駿甲相三国同盟に加えて、輝虎・家康が、相互に目まぐるしいまでの外交戦略を展開するようになっていた。

ともかくも家康は、輝虎に同盟を働きかけるようになっていた。もっとも家康の場合、輝虎との同盟については、こののちは消極的になっている。この時の上杉家からの返書に返事を出すのは、何と一年近く経ってからのことになる。家康にそうさせる事情の変化があったとみられる。それはおそらく、足利義昭の上洛準備の具体化と、それにともなうであろう織田信長と武田信玄の同盟強化であっただろう。足利義昭はこの時、越前に滞在していたが、七月に、信長と越前朝倉義景とのあいだで義昭上洛についての合意が成立する。そして八月に義昭は越前を出立して美濃に入り、九月に信長を従えるかたちで出陣し、上洛を遂げる。この時、家康にも動員がかけられたが、今川家への対応のため家康自身は出陣できず、家臣が派遣されている。

この義昭の上洛にあわせて、信玄と信長の同盟が強化されたと思われる。すでに信玄と信長のあいだでは、信玄四男の諏方勝頼と信長養女の竜勝寺殿の結婚がおこなわれていた。しかしその結婚は、信玄では庶子、信長では養女との間にすぎず、とても戦国大名家を代表するものとはいえなかった。そのため両者は、あらためて嫡流筋での結婚を図ったと考えられる。それが信長嫡男の寄妙丸（のち信重・信忠）と信玄五女の松姫との婚約であった。この婚約は、元亀元年（一五七〇）には成立していたことがわかっている。そうすると婚約が取り決められた時期としては、この頃の可能性が高いように思う。

そして実際に、六月十七日には、信玄と信長は同盟を成立させたことを確認できる。この同盟は、おそらくは足利義昭の仲介によると考えてよいだろう。義昭は自身の上洛実現のため、その主力軍を担う信長が行動しやすくなるように尽力していたと思われる。ここで信玄は、信長と、婚姻関係をともなう攻守軍事同盟を成立させた。それはいうまでもなく、今川家との同盟関係とは明確に抵触するものであった。ここに信玄は、今川家との断交を決意したとみなされる。

そしてその際にあわせて取り決められたのが、今川家領国攻略の申し合わせであった。信玄と信長は、「駿遠両国（今川家領国）」について「子細を契約した」。それはすなわち、両者で今川家領国を経略する申し合わせであった。また武田家と織田家の間における新たな婚約について、「甲陽軍鑑」は、前年の永禄十年のこととして、十一月二十一日の成立としている。むしろ、その日付はこの同十一年にあたる可能性が高いとみなされる。そうすると同盟が成立した六月から、婚約成立の交渉がすすめられ、十一月になって成立したと考えられる。

なおこれについては、翌年の六月に、輝虎から信長に、信玄との同盟について問い合わせがあり、信長は輝虎家老の直江政綱に、「甲州（武田家）より和親有るべきの旨、度々申し越され候、然ると雖も今に入眼無く候」と、信玄との和睦は成立していないことを述べるが、これは輝虎を気遣った方便であろう。続けて七月に、信長は輝虎に書状を送って、義昭の上洛供奉のために、信玄と「一和の儀申しあわせた」こと、それにともなって「駿遠両国の間自他契約の子細に候」と、今川家領国の分割契約を成立させたことを伝えている。つまり、信長は一年を経過したあとに、輝虎にようやく信玄との同盟を連絡しているのであった。ちなみにそれらの史料の年代については、これまでは永禄十一年とされてきたが、近年になって同十二年に比定されることが明らかになっている（菊池敏雄「美濃攻略における信長の外交」）。

信長が輝虎に、信玄との同盟について報せなかったのは、信長は輝虎とも同盟していて、そこでは互いに敵方と同盟や和睦を結ばないことを契約しており、それに違反していたからと思われる。そうした契約がありながらも、信長は輝虎と激しい抗争関係にあった信玄と同盟を結んだのであった。そもそも信長には、かつて足利義昭上洛支援のため、美濃一色家との和睦に応じたものの、すぐにそれを破棄するという前歴があった。信長はそのような契約よりも、自身の都合を優先することに躊躇《ちゅうちょ》しない性質にあったことがうかがわれる。もっともその後に、家臣らに「侍道」などを強要していくことは矛盾とも思われるが。

ともかくもここに信玄と信長は、同盟を成立させ、それにともなって今川家領国の経略を取り決めた。興味深いことに、八月には、武田家では、今川家で陣触れが出されたことにひどく警戒している。甲府留守の諏方勝頼は、駿河国境を守備する親類衆の栗原伊豆に、「駿陣触れ」のその後の情勢について連絡を求めている。今川家の軍事行動が、武田家に向けられることを懸念していた様子がうかがえる。この時の今川家の軍事行動は、実際には三河国境における拠点構築のためのものであった。武田家では、自らが今川家との断交を決したことで、逆に相手方の行動に敏感になっていたとみられる。

もっとも信玄と信長のあいだで、今川家領国を経略することが取り決められたとはいえ、信長は実際にはそこに進軍できなかった。そのためその役割は、徳川家康に委ねられた。それをうけて家康は、信玄と同盟を結ぶことになる。その時期は判明していないが、両者は十二月にともに今川家領国への侵攻を開始することから、その一、二か月前には、家康と信玄の間で、種々の取り決めを申し合わせた起請文が交換されたことであろう。またその内容については判明していないが、その後の経緯をもとに、今川家領国の経略は互いに切り取り次第とすること（丸島和洋「武田信玄の駿河侵攻と対織田・徳川氏外交」）、互いに裏切らず騙《だま》さない（平山優『徳川家康と武田信玄』）、という内容が含まれていたと考えられている。そしてその「契約の証拠」として、家康から信玄に、家老筆頭の酒井忠次の娘が人質に出された。

輝虎へ信玄が攻勢をかける

信玄は、まだ織田信長との同盟が成立をみていなかった永禄十一年（一五六八）の五月四日に、輝虎に従属していた越後国衆の本庄繁長《ほんじょうしげなが》を、輝虎に叛乱させた。その工作は、それより以前からおこなわれていたととらえられるので、それは四月に信濃に出陣し、越後への侵攻を図っていた時に、すすめられたものであったかもしれない。

信玄は、その後は一旦、帰国していたと思われるが、七月十四日になって、本庄支援のため再び信濃に出陣した。さらにそれにあわせて、越中の味方勢力に対して後詰めを図った。しかし十八日の時点で、千曲川・犀川の増水により、それ以上は進軍できなかった。八月十日になると、長沼まで進軍し、飯山城を攻撃した。これに対して輝虎は、飯山城に上杉景《かげ》信《のぶ》・山本寺《さんぽんじ》定長《さだなが》などの上杉家一族を派遣して、防備を固めた。

また八月二十六日には、北条氏照が越中の斎藤刑部丞に書状を送っていて、斎藤から通信されたことをうけて、今後は盟約することについて、氏政から使者が派遣されることを伝えている。これは氏政が、信玄と連携する越中勢力との連携をすすめていたことを示している。氏政はこの時点でも、信玄との軍事協力を展開していたのであった。信玄が信長と同盟を成立させて、今川家攻撃を協約していたことは知らなかったとみて間違いない。だからこそ信玄に協力していると考えられる。ちなみにこの時、氏政は離叛した関宿領の簗田家への攻略をすすめていた。

このように信玄は、越後で本庄を叛乱させ、越中の反輝虎勢力と連携して、輝虎方への攻勢を展開させて自身で飯山城攻略をすすめていった。輝虎はこの三方面への対応に、軍勢の派遣などについて、困難な事態におちいっている。そうするとこの動向も、信玄としては、輝虎との抗争に決着をつけようとしていた、ととらえられるだろう。もっともこの時の信玄の戦略について、その後に展開する駿河侵攻を見据えて、輝虎を牽制《けんせい》するものととらえられることが多い。しかしこの時の信玄の行動をみると、とてもそのようには考えられない。むしろこの時にこそ、輝虎を滅亡させようとしていたのではないか、と思われてならない。

だが、輝虎方の抵抗も頑強であり、そのため飯山城攻めについては諦めて、八月二十二日には後退したとみなされる。その後も、信玄は十月初めまで信濃に在陣を続けたとみられる。

その間の九月八日には、本庄繁長は輝虎との和睦交渉をすすめており、信玄からの使者を抑留し、信玄とは断交することを条件にあげられるようになっている。その一方で、十月十六日に輝虎は、上野沼田領から陸奥会津《あいづ》領を通じて、信玄からの使者が本庄のもとに自由に通行しているという状況に対し、会津領との通行を停止して、信玄と本庄との連絡を切断しようとしている。

こうして本庄への有効な支援を展開できなくなってきたためであろうか。信玄は帰陣したと思われる。そして帰陣の直後にみられたのが、今川家との国交断絶であった。十一月三日に、甲斐と駿河の通路が断絶していることが確認される。これは今川家と武田家で、互いに国境封鎖がおこなわれたことを意味している。これはすなわち両家は、実質的に国交断絶状態になったこと、それはやがて両家の間で開戦されることを意味した。信玄は、にわかに今川家との対戦に取り組んでいくことになる。

もっとも信玄としては、すでに織田信長と同盟し、今川家領国の経略を取り決めていたから、今川家との開戦は予定のうちであった。さらに氏真が、輝虎と同盟交渉をすすめていたこともおそらくは把握していたと思われ、そのことからも今川家との開戦を予想していたことがわかる。こうして両家の政治関係は、完全に断絶した。そうして信玄と氏真は、互いにそれに備えての行動をとっていった。

駿河に侵攻を開始した信玄

先に触れたように、信玄は十一月二十一日に、織田信長との間で、五女松姫と信長嫡男の寄妙丸との婚約を成立させたとみられる。これにより信長との間で、攻守軍事同盟が成立したことになる。信長の同盟者であった徳川家康との間で、ともに今川家領国に侵攻する契約を取り決めたのも、この頃のことであったかもしれない。さらに今川家領国への侵攻にあたって、今川家の有力武将の調略をすすめたと考えられる。その後の駿河侵攻時に、信玄は、今川家御一家衆の瀬名氏詮《うじあき》（氏明とも、のち信輝）と葛山氏元、家老の朝比奈三郎右兵衛尉（のち駿河守《するがのかみ》信置《のぶおき》）らを今川氏真から離叛させているが、それらへの調略はこの頃からすすめられていたと思われる。

対して氏真は、上杉輝虎との同盟について、成立の直前までこぎ着けていた。十一月二十五日に、氏真家老の三浦氏満・朝比奈泰朝が、輝虎家老の柿崎景家・直江政綱に起請文を出していることが知られる。輝虎から使者として要明寺が派遣されてきて、輝虎が信濃に出陣すること、今後において互いに「抜き公事」（騙すこと）しないことが申し入れられてきた。今川家ではそれらに同意し、両者はその内容を誓約する起請文を作成している。これは氏真と輝虎の間で、同盟のための条件について合意をすすめていたことを示している。

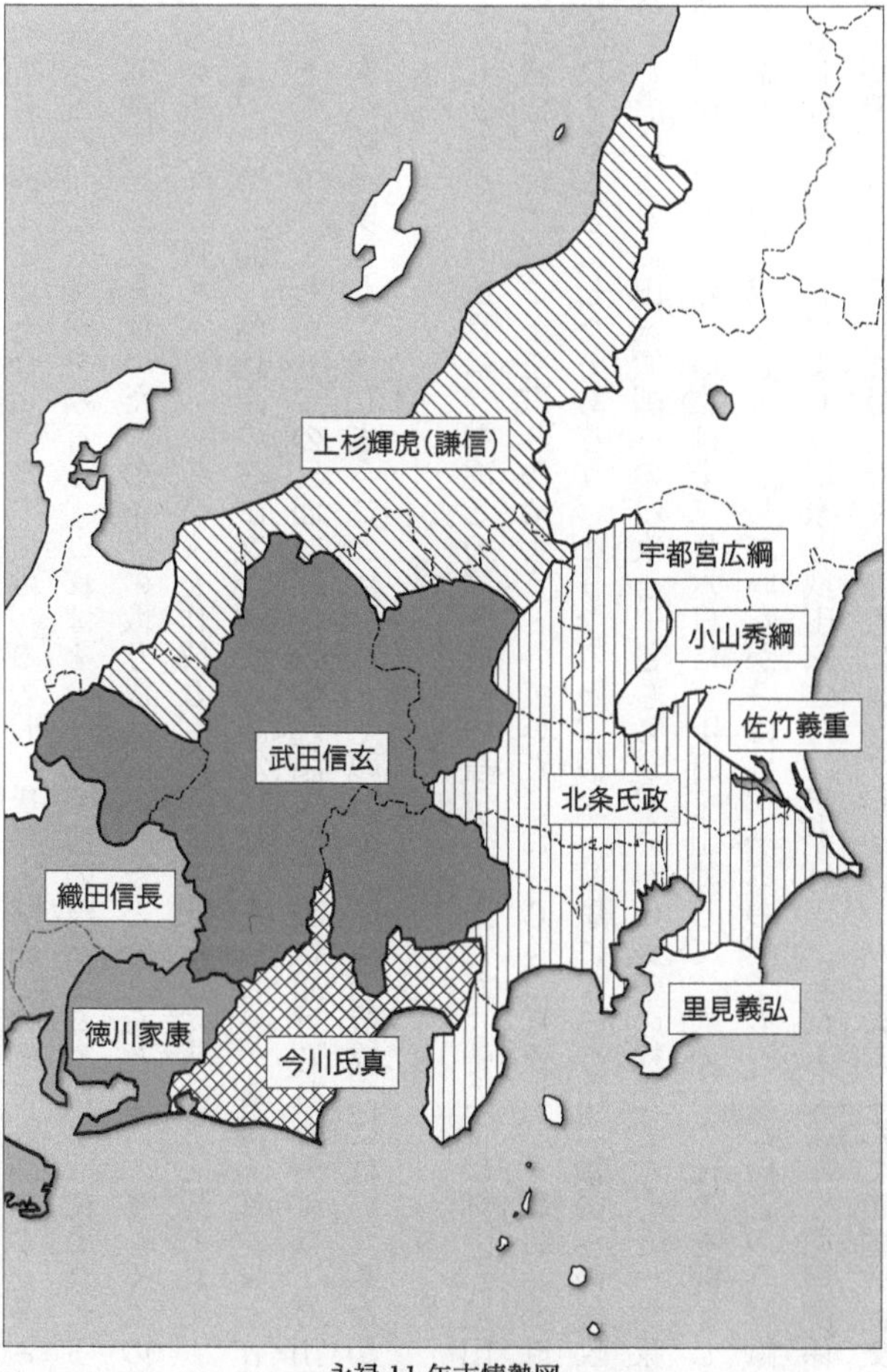

永禄11年末情勢図
(黒田基樹『関東戦国史』より)

なお拙著『徳川家康と今川氏真』では、この時に氏真と輝虎との間で起請文が交換されたととらえたが、この文面をみると、これはその一つ手前の段階にあったように思われる。これは、起請文の案文作成のための条件の取り決めであったと考えられる。おそらくこの今川家からの返答をうけて、互いに起請文を作成し、交換する段取りに入ったと思われる。そうであれば、この三浦・朝比奈の起請文が輝虎のもとに届けられたら、輝虎の起請文が作成されたことであろう。しかしこの三浦・朝比奈の起請文が輝虎に届けられた時には、今川家領国は信玄から侵攻をうけてしまうことになり、そのため正式な同盟成立にはいたらなかったと思われる。

しかしともかくも氏真は、輝虎との同盟成立の段取りを整えた。そこでは輝虎が武田家領国の信濃に侵攻することを取り決めようとしていた。おそらくは氏真も、それにあわせて甲斐に侵攻することにしたであろう。こうなると、信玄・家康による今川家領国への侵攻と、氏真・輝虎による武田家領国への侵攻と、どちらが早いかの競争の様相となった。結果は、信玄・家康が早かった。信玄は十二月六日に、甲府を出陣して、駿河への侵攻を開始した。氏真と輝虎の同盟が成立しようとしていたからには、一刻の猶予もならないという認識だったかもしれない。これにより今川家と武田家との、足かけ三二年にもおよんだ同盟関係は、ついに解消された。それだけでなく、これによって足かけ一八年におよんで東国政治史の展開を大きく規定していた駿甲相三国同盟も、ついに崩壊したのであった。

信玄が駿河に侵攻してくると、氏真は十二日には、重臣の庵原《いはら》氏を大将とする軍勢を薩埵《さった》山に布陣させ、自身はその麓の興津《おきつ》清見寺《せいけんじ》（静岡市）に在陣した。信玄の出陣から六日ほど経っての進軍なので、信玄の出陣が突如のことであったように思われる。ところが信玄の調略をうけていた、瀬名・葛山・朝比奈・三浦（員久《かずひさ》か）に、今川家家臣になっていた武田信《のぶ》友《とも》（信玄の弟、駿河時代の信虎の後継者）・信堯《のぶたか》父子らが今川軍から離叛したことで、氏真は迎撃を諦めざるをえなくなり、駿府に退陣した。

さらに十三日、武田軍が侵攻してきたため、駿府を脱出し、家老の朝比奈泰朝が城主を務める遠江懸川《かけがわ》城（掛川《かけがわ》市）に後退した。その際、氏真は家族らも引き連れたが、妻の早川殿は輿《こし》を用意する時間の余裕が無く徒《かち》で逃避した。移動の際に輿に乗るのは、身分の高い女性にとっては必須のことであった。しかし早川殿は、身分の低い者と一緒に徒で移動せざるをえなかった。このことを知った父の氏康は、娘にそのようなことを強《し》いた、すなわち輿に乗って移動する猶予を与えなかった信玄に対して、「此の恥辱雪《すす》ぎ難く候」と、怒りを激しくすることになる。

信玄は、駿河に侵攻するにあたって、もう一方の同盟者であった北条氏康・氏政に、駿河侵攻の理由を説明するとともに、味方になるよう要請する書状を出した。そこでは「駿（今川家）・越（上杉家）示し合わせ、（武田）信玄滅亡の企てを取り成され候、此の処慥《たし》かに承り届けるの旨、此の度手切れに及ぶ」、「此度の手切れ、年来今川（氏真）殿駿（今川家）・越（上杉家）しめし合わせ、（武田）信玄滅亡の企て歴然、然る間信越の境深雪人馬に及ばざる砌《みぎり》、駿州仕置き有るべく候、此の一理を以《もっ》て干戈《かんか》を働く」と、氏真が輝虎と結んで信玄を滅亡させようとしていることが明確で、信濃・越後国境が雪で移動できない時にあるので、駿河を攻略しようと軍事行動をおこした、と述べている。

これについてはこれまで、外交上の方便とみられることが多かったが、案外、信玄の本音であったようにも思われる。氏真と信玄は、攻守軍事同盟を結んでいたのだから、互いに相手の敵方勢力と同盟や和睦することはしないと取り決めていたはずである。にもかかわらず氏真は、輝虎との同盟をすすめ、それが信玄攻略のためであったことから、信玄がそれへの報復として氏真を攻撃することは正当な行為であったといってよい。とはいえ信玄も、氏真の敵対勢力である織田信長・徳川家康と同盟を結んでいるので、人のことを言えた義理ではなかったが。

しかし、この信玄からの説明をうけた氏康・氏政は、それに応じることなく、氏真への支援を決めた。そうして十二日までに、敵対関係にあった輝虎に同盟の働きかけを開始し、さらに氏真への援軍を駿河および懸川城に派遣し、その十二日に氏政自身も駿河に向けて小田原を出陣した。駿東郡に進軍した北条軍は、十四日には富士川を越えて蒲原城に入城して、薩埵山在陣の武田軍と対峙《たいじ》している。

三国同盟が崩壊した理由

北条氏康・氏政は、信玄からの味方の誘いに全く応じず、氏真への支援を決めた。ここに武田家と北条家の同盟は解消された。北条家は、信玄の駿河侵攻開始をうけ、信玄から連絡をうけても、すぐに氏真への支援を開始しているから、信玄に味方することを全く検討することなく行動したことがうかがわれる。それは同家が、前年に両家の同盟継続の中人《ちゅうにん》にあたっていたにもかかわらず、事前の相談なしに、信玄がそれを一方的に反故《ほご》にしたからであった。これは中人のメンツを潰す行為であった。当時、そうした場合には、中人はもう一方に加担した。それによって損害された名誉を回復するのである。そのため北条家は、躊躇することなく今川家支援を決定したのであった。

北条家は信玄の行為について、「意趣無くも国競望の一理を以て、今般甲（武田家）より駿州へ乱入」と、理由もなく領国経略のためだけに駿河に侵攻した、「武田信玄多年（北条）氏政と入魂《じっこん》在り、数枚の誓句を取り替わし、忽《たちま》ち打ち祓《はら》い」と、信玄は長年に氏政と入魂にして、何度も起請文を交換し合っていたのを、突然に破棄した、「駿甲相は親子兄弟同前の間に候処、国競望の一理を以て、（武田）信玄は駿州へ乱入」と、駿甲相三か国は親子兄弟同然の間柄であったのに、信玄は領国経略のためだけに駿河に侵攻した、と評価し、非難した。

もっともそれらは、北条家が氏真を支援して、信玄と対戦することの理由という性格にあった。実は北条方でも、信玄の行為に一定の理解は示されていた。北条氏照は、この十二月十九日に、輝虎との同盟交渉を開始するため、輝虎方に接触して書状を出したが、そこで「貴国（上杉家）へ内通の故か、今川（氏真）殿御滅亡是非無く候」と、氏真が輝虎と内通したため、その滅亡は仕方のないことだ、と述べている。また北条家に従属する国衆で、北条家と上杉家の同盟交渉において取次を務めていた上野新田領の由良成繁は、輝虎家老の河田長親に送った書状で、「駿相甲は累年鼎《かなえ》の三足の如く相談され候処に、今川氏真は越府（上杉輝虎）へ内通の由これ有り、甲（武田家）より不慮に取り懸かられ候」と、「駿相甲」三国は「鼎の三足」のように互いに相談しあう関係にあったが、氏真が輝虎に内通したため、信玄から攻められた、と述べている。

これをみると北条家では、信玄の駿河侵攻の直接の原因は、氏真が輝虎との同盟をすすめていたことにある、と認識していたと思われる。しかも氏真と輝虎との政治交渉について、「内通」と表現している。それは本来はあってはならない行為であるという認識だけでなく、北条家にもそのことは報されていなかったため、それを「内通」と表現しているととらえられる。北条家としても、氏真が断りなしに輝虎と同盟交渉をすすめていたことについて、それは同盟契約に違反するものと認識し、面白く思わなかったに違いない。しかし信玄の行為は、そもそも北条家の中人としての立場を一方的に否定するものであったため、北条家はそれに報復しないわけにはいかなかった。そのため「相府（北条家）の事は、誓約の筋目を曲げられず、（今川）氏真を引き立てられ御申し置き有るべし」と、北条家は氏真との同盟関係を維持して、氏真を支援することにしたのであった。

こうして駿甲相三国同盟は崩壊し、信玄による今川家領国の経略に対して、氏真とそれを支援する北条家は、信玄と全面戦争を展開した。また北条家は信玄との抗争の展開にともなって、それまで抗争を続けていた上杉輝虎と里見家に、同盟を申し入れた。輝虎については、信玄と抗争していくうえで、輝虎との抗争を継続することはできなくなるため、すぐに同盟を申し入れている。その際、すでに氏真が輝虎と同盟交渉をおこなっていたから、それに乗っかるかたちで取り組んだともみることができる。里見家については、翌年正月に、氏真からの要請をうけて、氏康は里見家に、「駿州（今川家）より申し越さる如くは、房（里見家）・相（北条家）一和を遂げ、甲（武田家）に向かい大軍を発すべき旨」と、氏真から、里見家と和睦して信玄に対して大軍を動員して欲しい、と要請があったことをうけて、和睦を働きかけている。

そしてその後は、氏真を支援する北条家と武田家の全面戦争、北条家と輝虎の同盟関係の形成、里見家らの関東の反北条家勢力が信玄と盟約を結んでいく状況が展開されていくことになる。東国の政治動向は、駿甲相三国同盟の崩壊によって、一転して新たな政治的枠組みの構築に向けて動き出していった。

駿甲相三国同盟の歴史的意味とは

ここまで駿甲相三国同盟について、その成立の状況から崩壊までの足跡をたどってきた。この同盟は、大規模な戦国大名家へと展開しつつあった、駿河今川家・甲斐武田家・相模北条家の三つの戦国大名家が、互いに婚姻関係を結んだ攻守軍事同盟であり、しかもそれは足かけ一八年におよんで維持された。そもそも戦国時代において、三つの戦国大名家による同盟というのは類例がない。かつ三つの戦国大名家による互いの婚姻関係の形成というのも、類例のない事柄になる。このことからも、この三国同盟は、戦国史において極めて特異な事象であった。

三大名家は、互いに婚姻関係にあったことで、「親子兄弟同前」の関係にあり、それにより周囲の政治勢力から、「鼎の三足」のように、一体的な政治勢力として認識された。朝廷も室町幕府も、三大名家に命令する場合に、それらに一体的に命令した。またそのうちの一つの大名家に、敵対勢力との和睦を命令する場合にも、残りの二つの大名家に、それに協力することを命令していた。一つの大名家との政治関係が、残りの二つの大名家とも自動的に政治関係を展開する、という状態にあった。また三大名家相互の領国間では、公的輸送制度の連結がおこなわれて、通行と物資輸送が円滑化されていた。これらのことは三大名家の領国全体が、一つの政治的まとまりを成していたことを示している。つまり、東海・中部・関東にまたがる巨大な政治勢力が出現したことを意味していた。

この同盟が、二〇年近くにおよんで存在したことが、東国の戦国史の動向に大きな影響をおよぼしたことはいうまでもない。そこでは互いに援軍を派遣しあい、時には共同の軍事行動が展開された。三大名家の当主が揃って共同の軍事行動をすることもみられ、それは永禄四年（一五六一）と同六年におこなわれていた。その間の同五年にもそのことが構想されていたから、三大名家共同の軍事行動は、頻繁に計画されていたのであった。こうした事態も、戦国史において類例をみない特異なことであった。三大名家が揃わなくても、二つの大名家による互いの援軍派遣は、しばしばおこなわれていた。そのうえで、二つの大名家による共同の軍事行動もなされていた。とくに武田家と北条家は、上杉輝虎との対戦にあたってたびたびおこなっていた。それは永禄四年から同六年まで繰り返しおこなわれ、同十年までは表明が続けられていて、両家は同十一年の半ばまで、連携した政治行動をみせていた。

三国同盟の動向は、永禄三年九月の上杉輝虎（当時は長尾景虎）による関東侵攻開始を境に、大きく区分できる。それまでは、三大名家は互いの軍事協力・政治協力によって、それぞれ領国拡大をすすめていった。今川家は東海地域を西に進んで、三河に加えて尾張東部までを、武田家は北に進んで、信濃について北部だけを残すまでを、北条家は東に進んで、武蔵北部に加えて上野・上総を、それぞれ領国化している。三大名家はそれぞれ異なる方向に進んで、互いの領国の拡大をすすめたのであった。そうしてそれぞれ、列島を代表する大規模な戦国大名家に成長したのであり、それはまさに三国同盟の効果に他ならなかった。

ところが上杉輝虎の関東侵攻が開始され、関東での北条家の勢力が縮小したことをうけて、武田家と北条家は、関東で共同して輝虎との対戦をすすめ、その甲斐《かい》あって信濃では輝虎の勢力を最北部に押し籠《こ》め、関東では上野の最北部にまで押し籠めた。しかしその一方、今川家は織田家・徳川家によって尾張・三河を経略され、勢力を後退させていた。本来なら武田家・北条家が今川家を支援して、織田・徳川両家に対抗すべきであったが、武田・北条両家は輝虎への対抗に追われて、それをおこなえないでいた。そのため今川家は、織田・徳川両家に独力で対抗せざるをえない状態が続いた。

さらに永禄八年、将軍候補として足利義昭（当時は一乗院覚慶）が登場したことが、三国同盟に種々の影響をおよぼした。義昭は、輝虎と織田信長を軍事支援者に頼み、そのため輝虎と北条家、さらには武田家との和睦を命令した。信長は義昭の存在を背景にして、輝虎と同盟し、武田家と和睦をおこなった。そうしたなか同年に、武田家では嫡男義信の謀叛《むほん》事件がおき、同十年に義信が死去したことで、武田家と今川家の婚姻関係が断絶し、それをうけて両家の政治関係が不安定化した。そこに輝虎が今川家に武田家との敵対を想定した同盟を働きかけたので、武田家への政治的不信感を拭えずにいた今川家は、輝虎との同盟成立をすすめていくのであった。

そして同十一年に義昭が、織田信長の支援により上洛を実現するにあたって、武田家は信長と同盟を結び、今川家攻略を取り決めた。そうして織田・徳川両家と結んだ武田家と、輝虎と結んだ今川家は、敵対関係にすすみ、同年末に武田家が今川家領国に侵攻して、ついに三国同盟は崩壊するのである。直接の要因は、今川家が輝虎と同盟形成をすすめたことにあった。その交渉は輝虎から持ちかけたものであった。輝虎は、武田・北条両家との抗争のうえで、三国同盟の解体を目論《もくろ》んでいて、義信死去による今川・武田両家の婚姻関係断絶を絶好の契機とみて、間髪を容《い》れずにそこにつけ込んできたといえる。結果は輝虎の目論見通りに、今川家と武田家は決裂し、それにより三国同盟は解体、さらには北条家は今川家を支援したことで、武田家と北条家の同盟も解体し、両家は全面戦争を展開していった。輝虎はにわかに、武田・北条両家による共同の軍事行動を相手にすることから、解放されたのであった。

三国同盟が成立した頃は、それぞれの大名家が、広域地域を統合する大規模戦国大名家として展開していく時期にあたる。ところが二〇年近く経った時には、上杉輝虎という他の大規模戦国大名家との抗争が展開され、また織田信長の台頭をうけて武力をともなった中央政権が成立する状況になっていた。そうして三国同盟は、輝虎との抗争、そして信長の台頭をともなった中央勢力からの政治的影響により、結合力を弛緩《しかん》させて、ついに崩壊にいたったのである。その後の時代は、中央での「天下人」の確立、それによる地域の大規模戦国大名家の統合へとすすんでいく。

つまり、三国同盟は、東国戦国史において「一つの時代」を形成していたといってよい。広域地域を統合する大規模戦国大名家の展開という、時代の趨勢《すうせい》に合致し、それを推進する役割を果たし、それゆえに誕生したといえる。そしてそれは、武力をともない、地域の戦国大名家を服属させていくという、新しい中央政権の在り方が形成されていくなかで、その役割を終えたといえるであろう。

あとがき

駿甲相三国同盟は、東国戦国史の展開において極めて重要な役割を担うものであった。本書はこの同盟の成立前史から崩壊まで、その過程を可能な限り復原し、そのうえでこの同盟の性格について明確に評価することを目的に執筆した。

三つの戦国大名家によって結ばれたこの三国同盟を理解するためには、駿河今川家・甲斐武田家・相模北条家の三大名家の動向を把握したうえでおこなわなければならない。しかし三大名家はいずれも時代を代表する大規模大名家であり、それぞれの動向を一度に把握するのは容易ではない。

これまでの研究で、二つの大名家についての政治関係を取り上げたものは多かったが、三大名家の動向を一遍に取り上げたものはみられなかった。それは、三大名家の動向を同時に把握することが簡単ではないからである。

しかし近年、今川・武田・北条の三大名家について、関係文書集と年表が完備され、それをもとにした具体的な政治動向の復原もすすんできた。また武田・北条両家と密接な政治関係にあり、その動向を大きく規定した越後上杉謙信についても、関係文書集と年表が完備されるようになっている。その結果、三大名家、さらには上杉謙信を加えて、具体的な政治動向の復原がかなり可能な状況が生まれ、本書を著す前提条件は整ってきていた。

そのうえで近時、私は三大名家の動向を点検する仕事を重ねてきていた。『北条氏康の妻瑞渓院』『今川のおんな家長　寿桂尼』『武田信玄の妻、三条殿』『徳川家康と今川氏真』『図説 北条氏康』などの著作である。それらでは一様に、この三国同盟が関わっていた。そのため三国同盟の全体像の把握が、あらためて必要と認識するようになった。そこで本書を著すことにしたのである。

なお原稿段階では個々の事実関係について逐一史料典拠を示していたが、刊行にあたり、読みやすさを優先してそれらはすべて削除することにした。記述の正確性と読みやすさの両立は簡単なことではないというのが現実である。史料典拠は削除したが、将来機会が得られればその部分を復活させたいと考えている。

本書によって、駿甲相三国同盟の全貌《ぜんぼう》がはじめて明らかになったと思われる。そこでは、典拠史料のこれまでの年代比定を改めて、政治動向を復原したところも少なくない。こうした研究は今後もさらに精緻《せいち》にすすめられていくだろうし、それによって本書でおこなった年代比定についても、改められるところがでてくるかもしれない。それでも現時点での関連研究の到達点をもとに、三国同盟の全貌を把握したものとして、その役割を担えると考えている。

あらためて三国同盟の経緯を把握してみると、戦国時代の流れを看取することができる。成立当初の動向は三大名家相互の関係を中心にしていた。ところがその周囲で、一国を領国とする戦国大名家と接触するようになると、その動向は、周囲の戦国大名家との関係が中心となるようになってくる。

具体的には、越後上杉謙信、次いで中央政権の足利義昭・織田信長である。そして周囲の政治勢力との関係をうけて、三国同盟そのものが崩壊していった。それは戦国時代における「列島統合」の動きを反映したものととらえられる。

戦国時代の「統合」は、なぜ生じたのか、それはどのような論理によるものか、という問題は、古くて新しい難問である。三国同盟の展開をみていくことで、その一端に接触できたように思われる。しかしその問題に本格的に取り組むには、列島各地域における動向を明らかにすることが必要となろう。本書は、そのための重要な事例を提供するものとなることだろう。

本書もまた、ＫＡＤＯＫＡＷＡの竹内祐子さんにお世話になった。これまで角川選書・角川ソフィア文庫というレーベルで著書を刊行してきたが、今回は角川新書での刊行を取り計らっていただいた。末筆ながら御礼を申し上げます。

二〇二四年九月

黒田基樹

主要参考文献

浅倉直美『後北条領国の地域的展開〈戦国史研究叢書2〉』(岩田書院、一九九七年)
同　『小田原北条氏一門と家臣〈中世史研究叢書37〉』(岩田書院、二〇二三年)
有光友學『今川義元〈人物叢書254〉』(吉川弘文館、二〇〇八年)
磯貝正義『定本武田信玄』(新人物往来社、一九七七年)
今福匡『上杉謙信〈星海社新書141〉』(星海社、二〇一八年)
同　『図説 上杉謙信』(戎光祥出版、二〇二二年)
上野晴朗『定本武田勝頼』(新人物往来社、一九七八年)
大石泰史『今川氏滅亡〈角川選書604〉』(KADOKAWA、二〇一八年)
同編『今川氏年表 氏親・氏輝・義元・氏真』(高志書院、二〇一七年)
同　『今川義元〈シリーズ・中世関東武士の研究27〉』(戎光祥出版、二〇一九年)
小和田哲男『今川義元〈ミネルヴァ日本評伝選11〉』(ミネルヴァ書房、二〇〇四年)
菊池敏雄「美濃攻略における信長の外交」(『日本歴史』八三〇号、二〇一七年)
久野雅司『足利義昭と織田信長〈中世武士選書40〉』(戎光祥出版、二〇一七年)
同編『足利義昭〈シリーズ・室町幕府の研究2〉』(戎光祥出版、二〇一五年)
黒田基樹『戦国期東国の大名と国衆』(岩田書院、二〇〇一年)
同　『戦国期の債務と徳政』(校倉書房、二〇〇九年)
同　『戦国期山内上杉氏の研究〈中世史研究叢書24〉』(岩田書院、二〇一三年)
同　『増補改訂 戦国大名と外様国衆〈戎光祥研究叢書4〉』(戎光祥出版、二〇一五年)
同　『北条氏康の妻 瑞渓院〈中世から近世へ〉』(平凡社、二〇一七年)
同　『関東戦国史〈角川ソフィア文庫〉』(KADOKAWA、二〇一七年)

同『北条氏政〈ミネルヴァ日本評伝選179〉』（ミネルヴァ書房、二〇一八年）
同『戦国大名・伊勢宗瑞〈角川選書624〉』（KADOKAWA、二〇一九年）
同『北条氏綱〈ミネルヴァ日本評伝選209〉』（ミネルヴァ書房、二〇二〇年）
同『今川のおんな家長　寿桂尼〈中世から近世へ〉』（平凡社、二〇二一年）
同『戦国関東覇権史　北条氏康の家臣団〈角川ソフィア文庫〉』（KADOKAWA、二〇二一年）
同『武田信玄の妻、三条殿』（東京堂出版、二〇二二年）
同『徳川家康と今川氏真〈朝日選書1033〉』（朝日新聞出版、二〇二三年）
同『増補　戦国大名　政策・統治・戦争〈平凡社ライブラリー943〉』（平凡社、二〇二三年）
同『増補改訂　戦国北条家一族事典』（戎光祥出版、二〇二四年）
同『図説　北条氏康』（戎光祥出版、二〇二四年）
同「新出の上杉憲勝書状」（『戦国史研究』八四号、二〇二二年）
同編『北条氏年表　宗瑞・氏綱・氏康・氏政・氏直』（高志書院、二〇一三年）
同『北条氏綱〈シリーズ・中世関東武士の研究21〉』（戎光祥出版、二〇一六年）
同『北条氏康〈シリーズ・中世関東武士の研究23〉』（戎光祥出版、二〇一八年）
同『北条氏政〈シリーズ・中世関東武士の研究24〉』（戎光祥出版、二〇一九年）
同『今川義元とその時代〈戦国大名の新研究1〉』（戎光祥出版、二〇一九年）
同『北条氏康とその時代〈戦国大名の新研究2〉』（戎光祥出版、二〇二一年）
同『今川氏真〈シリーズ・中世関東武士の研究35〉』（戎光祥出版、二〇二三年）
黒田基樹・浅倉直美編『北条氏康の子供たち』（宮帯出版社、二〇一五年）
柴裕之『織田信長〈中世から近世へ〉』（平凡社、二〇二〇年）
武田氏研究会編『武田氏年表　信虎・信玄・勝頼』（高志書院、二〇一〇年）

野澤隆一『戦国期の伝馬制度と負担体系〈戦国史研究叢書18〉』（岩田書院、二〇一九年）
平山優『戦史ドキュメント　川中島の戦い　上下〈学研M文庫〉』（学習研究社、二〇〇二年）
同『武田信虎〈中世武士選書42〉』（戎光祥出版、二〇一九年）
同『図説　武田信玄』（戎光祥出版、二〇二二年）
同『徳川家康と武田信玄〈角川選書６６４〉』（ＫＡＤＯＫＡＷＡ、二〇二二年）
同「川中島合戦再考」（『武田氏研究』七〇号、二〇二四年）
前嶋敏『戦国期地域権力の形成〈同成社中世史選書33〉』（同成社、二〇二四年）
同編『上杉謙信〈シリーズ・中世関東武士の研究36〉』（戎光祥出版、二〇二四年）
松村響「永禄元年の越甲和睦交渉と武田・今川両氏の関係について」（『武田氏研究』六八号、二〇二三年）
丸島和洋『戦国大名武田氏の権力構造』（思文閣出版、二〇一一年）
同『戦国大名の「外交」〈講談社選書メチエ５５６〉』（講談社、二〇一三年）
同『武田勝頼〈中世から近世へ〉』（平凡社、二〇一七年）
同『東日本の同乱と戦国大名の発展〈列島の戦国史５〉』（吉川弘文館、二〇二一年）
同「諏方勝頼・望月信頼の岩櫃在番を示す一史料」（『武田氏研究』五七号、二〇一七年）
同「武田信玄の駿河侵攻と対織田・徳川氏外交」（『武田氏研究』六五号、二〇二二年）
同編『武田信玄の子供たち』（宮帯出版社、二〇二二年）
村石正行『検証　川中島の戦い〈歴史文化ライブラリー５８８〉』（吉川弘文館、二〇二四年）
山田邦明『上杉謙信〈人物叢書３０７〉』（吉川弘文館、二〇二〇年）

黒田基樹（くろだ・もとき）
1965年東京都生まれ。早稲田大学教育学部社会科地理歴史専修卒業。博士（日本史学）。専門は日本中世史。駿河台大学教授。著書に『真田信之』『羽柴を名乗った人々』『井伊直虎の真実』『戦国大名・伊勢宗瑞』『戦国大名・北条氏直』『家康の天下支配戦略』（角川選書）、『関東戦国史』『戦国大名の危機管理』『戦国関東覇権史』（角川ソフィア文庫）、『徳川家康の最新研究』（朝日新書）、『下剋上』（講談社現代新書）、『百姓から見た戦国大名』（ちくま新書）、『戦国北条五代』（星海社新書）、『増補 戦国大名』（平凡社ライブラリー）、『北条氏康の妻 瑞渓院』『今川氏親と伊勢宗瑞』（平凡社）、『北条氏政』（ミネルヴァ書房）、『小田原合戦と北条氏』（吉川弘文館）、『図説 北条氏康』（戎光祥出版）などがある。

本書は書き下ろしです。

駿甲相三国同盟《すんこうそうさんごくどうめい》
今川《いまがわ》、武田《たけだ》、北条《ほうじょう》、覇権《はけん》の攻防《こうぼう》
黒田基樹《くろだもとき》

2024年11月10日 初版発行
2025年1月20日 再版発行

◆◇◇

発行者 山下直久
発　行 株式会社KADOKAWA
〒102-8177 東京都千代田区富士見2-13-3
電話 0570-002-301（ナビダイヤル）

装丁者 緒方修一（ラーフイン・ワークショップ）
ロゴデザイン good design company
オビデザイン Zapp! 白金正之
印刷所 株式会社KADOKAWA
製本所 株式会社KADOKAWA

角川新書

ISBN978-4-04-082526-7 C0221